—淮上教育学者文库—

生态教育理论与实践研究

——以江苏省清浦中学为例

陆仁华　何　杰　著

编委会

南京大学出版社

图书在版编目(CIP)数据

生态教育理论与实践研究：以江苏省清浦中学为例/
陆仁华,何杰著.—南京：南京大学出版社,2019.8(2022.5 重印)
(淮上教育学者文库)
ISBN 978-7-305-22581-9

Ⅰ.①生… Ⅱ.①陆… ②何… Ⅲ.①生态环境—环
境教育—教学研究—中学 Ⅳ.①G633.982

中国版本图书馆 CIP 数据核字(2019)第 160637 号

出版发行 南京大学出版社
社　　址　南京市汉口路 22 号　　　邮　　编　210093
出 版 人　金鑫荣

丛 书 名　淮上教育学者文库
书　　名　**生态教育理论与实践研究——以江苏省清浦中学为例**
著　　者　陆仁华　何 杰
责任编辑　徐 媛　　　　　　　编辑热线　025-83685720

照　　排　南京开卷文化传媒有限公司
印　　刷　广东虎彩云印刷有限公司
开　　本　787×960　1/16　印张 18.25　字数 340 千
版　　次　2019 年 8 月第 1 版　2022 年 5 月第 2 次印刷
ISBN 978-7-305-22581-9
定　　价　58.00 元

网　　址：http://www.njupco.com
官方微博：http://weibo.com/njupco
官方微信号：njupress
销售咨询热线：(025)83594756

总　序

在中国古老的大地上,在江苏省中北部、江淮平原东部有一座已有2200多年历史的文化名城,她叫淮安。淮安,秦时置县,境内有著名的"青莲岗文化"遗址。淮安,地处长江三角洲地区,滨临洪泽湖,淮河下游穿城而过,曾是漕运枢纽、盐运要冲,驻有漕运总督府、江南河道总督府,历史上与扬州、苏州、杭州并称运河沿线的"四大都市",有"中国运河之都"的美誉。明代姚广孝在《淮安览古》盛赞淮安为"襟吴带楚客多游,壮丽东南第一州"。

淮水浩荡,大湖决决。淮上自古重视教育,名人名家辈出。汉代大军事家韩信、汉赋大家枚皋枚乘父子、南朝宋文学家鲍照、巾帼英雄梁红玉、《西游记》作者吴承恩、《温病条辩》作者吴鞠通、民族英雄关天培、《老残游记》作者刘鹗等。中华人民共和国主要领导人之一、开国总理周恩来出生于淮安。历朝历代,淮上人才济济,灿若星辰。在绵延千里的淮河之滨洪泽湖畔,伫立着一座深耕教育、承传师范的高等学府——淮阴师范学院。1997年由淮阴师范专科学校和淮阴教育学院合并组建成立淮阴师范学院,其后淮阴师范学校和淮安师范学校于2000年并入,目前其已成为学生规模超2万人的高等学府。淮阴师范学院的历史文脉可以溯源至江苏省淮阴师范学校前身1902年创办的江北大学堂(1906年更名为江北师范学堂),那可算是近代高等师范教育的一支源流了。而江苏省淮安师范学校前身为1766年在淮安创办的丽正书院,后为淮安府中学堂,其虽非现代意义上的师范学堂,但其确实也培养了大量的师资。如果从1958年设立的淮阴师范专科学校算起,淮阴师范学院的办学历史到今年刚好是60年。60年来淮阴师范学院为地方基础教育和经济社会发展培养了一大批骨干教师和应用型人才,毕业生达10万余人,毕业生中有中国科学院院士、南京大学博士研究生导师祝世宁教授,有获老舍文学奖和鲁迅文学奖的著名青年作家徐则臣等一大批学界精英和社会翘楚,对社会各行各业贡献可谓大矣。2018年4月23日,满天星业余交响乐团来淮阴师范学院演出,国家一级导演陈燕民教授现场为淮阴师范学院赋诗:"江北有学堂,百年更荣

2

昌。崇德是根本,励志为自强。博学基础厚,笃行心路长。淮师人才旺,古城满星光。"2018 年 10 月 16 日淮阴师范学院举办 60 周年校庆,届时嘉宾满座,盛况空前。淮阴师范学院校歌《报国壮志酬》曰:

> 南船行,北马走,淮水东南第一州。
> 滋兰树蕙,鸾翔凤集,文脉传千秋。
> 群科济世,十年破壁,报国壮志酬。
> 洪泽波,运河舟,江淮儿女竞风流。
> 坚守朴实,追求崇高,精神永不朽。
> 育才润德,中华崛起,报国壮志酬。

甲子风雨铸辉煌,桃李芬芳著华章。为进一步弘扬淮阴师范学院"坚守朴实,追求崇高"的办学精神,同时也为促进教育学学科建设与培育一批淮阴师范学院本土的教育学学者,淮阴师范学院教育科学学院经过商量后决定推出"淮上教育学者文库",争取在两年内陆续推出一批教育学学者的学术著作。经过申报与遴选,入选"淮上教育学者文库"的作者或是教育科学学院的中青年学者,或是教育科学学院近年来新引进的优秀博士;这些学术著作或是研究者的个人研究结晶,或是与中小学研究者的合作研究成果。总之,文库的顺利出版,既赖于教育科学学院同仁与学者的辛勤耕耘,同时也得到了南京大学出版社的大力支持,实为一幸事。

当前,我国的教育学学科日益枝繁叶茂,教育学学科学术研究队伍阵容强大。淮阴师范学院是一所地方综合性本科高校,加强教育学学科建设既是淮阴师范学院新时期转型升级的迫切需要,也应该成为每一名教育学人的自觉行动。我们希望,淮阴师范学院教育学学科的每一名教育者与研究者,应自觉行动起来,加强学科理论的学习,通过与基础教育的深度合作,以各自的思与行,不断建树淮阴师范学院本土的教育学学术成果。值"淮上教育学者文库"出版之际,我们祝愿淮阴师范学院教育学学科建设取得越来越多的高质量成果,也衷心祝愿淮阴师范学院办学越办越红火,事业越来越壮大。

编委会
2018 年 9 月 24 日于中秋之夜

序

　　江苏省清浦中学提倡并且研究"生态教育",这是一件带有变革性、创新性、引领性的大好事。

　　现代"生态"观念,似乎是从国外学来的。但是,中国早就有"生态"思想的珍贵萌芽。先秦时期,人与自然关系的观念与实践,主流是"天人以和"。它虽然还承认天有人格与意志,但更强调自然的意志(或"天命")必须通过人的行为来实现。天视自我民视,天听自我民听。"皇天无私阿兮,览民德兮错辅"。(屈原《离骚》)"天人以和",初步认知天人将通过对立面的斗争走向和谐。是"和而不同",而不是"同而不和"。这是孔夫子的意思。但此前的史伯就指出:"和实生物,同则不继"。(《国语・郑语》)"和"就是不同或对立的事物冲突而后和合,就像有男女而后有夫妇,有夫妇而后有父子,有人类。如果没有男女之异、之和,就不能"生物"。绝对的"同",就是"熵增到最大值",人类与世界全都"不继"了。所以要保证自然的多样性,生态的和谐性。"以他平他谓之和。"(引同上)这个"平"不是"平定"而是"平衡",如汉・韦昭注所说,"谓阴阳相生,异味相合",是积极的平衡,动态的平衡。这应该成为现代生态观念、生态教育的中国话语,中国背景。

　　孔子的一大贡献,是把"仁"独立与突出起来,并且使之系统化。"仁"已见于殷商的甲骨文刻辞,是"人二"与"二人"的意思。"人是社会关系的总和。"二人以上就构成"关系",触及"社会"。但"仁"又不限于人与人,还兼顾到人与自然,即"天人关系"。"子在川上曰:'逝者如斯夫!'"敬畏自然、赞赏自然、热爱自然,还有纲领性的行动。

　　子钓而不纲,弋不射宿。(《论语・述而》)简单说,就是"钓"鱼,不用"排钩"的办法("纲"或作"網",指在特定的时空不可一网打尽),射鸟不射归巢的鸟。可谓爱施万物,仁及宇宙。它引出了一系列保护生态与生物,多样性的办法。如《礼记・月令篇》以正月的措施为例:"禁止伐木,毋覆巢,毋杀孩虫,胎夭飞鸟,毋麛毋卵"。(汉・郑玄说是"为伤萌幼之类")真是民胞物与,仁至义尽。

　　还有个故事说,鲁宣公不顾时令,夏季滥捕泗水之鱼。大夫里革把他的渔网砍断。里革向鲁宣公指明生物有其自然生长的规律,绝不能在繁殖时期捕杀,"蕃庶物也,古之训也"。鲁宣公接受劝谏,把断网保藏起来,引以为戒,乐师师存认为,这样还不够,提出:"藏罟(网)不如置(倡导生态保护的)里革于侧之不忘也。"(《国语·鲁语》)这样的好事好人,真应该成为文化自信和生态教育的内容。

生态教育当然要基于人的全面发展。上古儒家"六艺","礼(德育)/乐(美育)/射/御(体育)/书/数(智育)",四育兼具而统一于以德育为首的成人、做人、为人的教育,这很了不起,但还有欠缺。所以,现在的提法是"德智体美劳"五育并举。先秦儒家对"劳"(尤其"劳力")的看法与说法都不全面,后人的理解更成问题,以致养成了一批四体不勤、五谷不分的庸才或者饭桶。樊迟希望学习种庄稼,孔子说:"吾不如老农。"又说要学种菜。孔子更生气:"吾不如老圃。"老先生的本意也许是,人的"分工"不同,业有专精。儒家的"君子"应该学习齐家治国平天下的大道,"劳心者治人,劳力者治于人",不应该醉心于稼圃之类的小道,"农艺"和体力劳动全部都给漠视乃至放弃了。这是传统教育的致命伤。

我们从前对"劳"的理解也很片面,以为"劳"只是"劳力",连马克思说的"简单劳动/复杂劳动"的区别与联系都不顾了。是物极必反吧?现在很多人以为,"劳"只是技术操作,不明白其与"劳力"、与基础研究的关系。现代生态教育,必须是立德、立人、立艺的"全面发展"和"可持续发展"的教育。普通教育必须跟职业教育结合起来,还是要提倡"干一行爱一行""行行出状元"。清浦中学与淮阴师范学院协作探讨并实验"生态教育",还撰著专书,虽然可能会有些粗疏或偏颇,但其决心之大,建树之功,实行之力,都是值得称道的。

萧 兵

2019 年 5 月 8 日

(萧兵:淮阴师范学院文学院教授,上海交通大学神话学研究院特约研究员,曾任中国文学人类学学会会长,东南大学东方文化研究所、华中师范大学中文系兼职教授、中国社会调查所人类学中心特约研究员,中国比较文学学会文学人类分会会长等职,享受国务院政府特殊津贴。著有《楚辞研究》系列七种、《中国文化的人类学破译》系列四种、《中国小说的人类学趣读》系列四种、《中国文化的精英》《傩蜡之风》《神话学引论》《活页文史丛刊》等,先后荣获中国图书奖以及江苏省各届社会科学优秀成果奖等。)

前　言

　　清浦中学始建于新中国成立之初,2004 年迁至新校区,2008 年晋升为江苏省四星级高中,2016 年升格为副处级事业单位,并更名为"江苏省清浦中学"。

　　清浦中学近 20 年来的快速发展得益于学校所践行的生态教育。生态教育将学校视作一种特殊的生态系统,运用现代生态学理论和思维,系统整体地审视教育过程,理解教育现象,解决教育问题,进而促进学生全面而有个性的发展,生态教育的核心是尊重教育主体的生命性,遵循教育的多样性,促进教育的可持续性,提高教育的集约性和效能性,它既是教育理念,也是教育实践,既是办学思想的集中体现,又是育人模式的实践创新。

　　生态教育的提出有着深刻的时代背景。20 世纪 50 年代以来,工业文明所导致的种种环境和社会问题逐步凸显,这迫使人们对工业文明时代的生产、生活方式及与之对应的价值观念不断反思,到 21 世纪初,探寻以生态文明超越工业文明,实现人类社会与自然和谐共生的可持续发展之路的尝试已成为一种全球性潮流。

　　作为社会系统重要组成部分的教育,毫无疑问也受到这一潮流的影响。与工业文明相适应的传统教育服务于所谓经济理性,以标准化和功利性为特征,强化了人类对自然资源的无限攫取而弱化了人的精神追求,加剧了人类自然家园的破坏和精神家园的荒芜,面对困境,人们迫切要求教育作出变革,以适应建设生态文明社会的要求,生态教育正是在这样的背景下应运而生。

　　生态教育就是要遵循教育规律和人的成长规律,放下对教育的土壤、空气、水质的无视和破坏,力图创造一个充满尊重、富于人文气息的和谐氛围,让学生在其中充分而有个性的成长。生态教育既是教育内容的生态——学习、传播、理解、掌握生态的知识、观点、方法;也是教育方式的生态——摒弃急功近利、竭泽而渔、不择手段的发展方式;还是教育结果的生态——追求生态平衡,实现生态价值,促进人的持续发展和终身发展。一言以蔽之,生态教育的终极目标就是要回归教育培养人、发展人的本质,以适应生态文明社会对人才的需求,从这个意

2

义来讲,生态教育代表了先进教育的发展方向。

我的教育生涯已经走过了近40个春夏秋冬,当我还是一名普通教师的时候,就深刻体会到,教育面对的是如朝阳、如鲜花般灿烂的生命,是心智禀赋各异的孩子,这些孩子就像一粒粒不同植物的种子,有些可能会开出美丽的花朵,有些可能会结出香甜的果实,有些可能会长成参天大树,也有些终其一生也只能是一株平凡的小草。面对他们,教育者该做的不应是筛选和催促,而应该像一个园丁那样,给予他们适合的阳光和土壤,以及足够的耐心和等待,让这些种子各因所长,茁壮成长,哪怕只是一株小草,也能收获属于自己的精彩。

明代理学家王阳明说:"大抵童子之情,乐嬉游而惮拘检,如草木之始萌芽,舒畅之则条达,摧挠之则衰萎。今教童子,必使其趋向鼓舞,中心喜悦,则其进自不能已。譬之时雨春风,沾被卉木,莫不萌动发越,自然日长月化。若冰霜剥落,则生意萧索,日就枯槁矣。"(《训蒙大意示教读刘伯颂》)我心中的理想的教育就应该像他说的那样春风化雨,日长月化,舒畅情怀,鼓舞心灵,就应该站在学生的生命立场上,给予他们成长所需的温暖和煦的阳光和肥沃润泽的土壤,就应该为他们的心中保留一块诗意的空间,不为功利的尘埃所封闭,无论平凡还是伟大,都能享有充满诗意的美丽人生,而这正是生态教育所追求的境界,这可能就是生态教育的思想在我心中最初的萌芽。

2001年,我来到清浦中学担任校长。当时学校正处于发展的转型期,如何使这所历经半个世纪的老校焕发活力是我需要面对的首要问题,此时正值国家实施可持续发展战略,大力倡导科学发展观和生态文明建设,恰在同时,第八次基础教育课程改革也正全面推进,课程改革所倡导的尊重学生个性,促进学生全面、和谐发展的核心理念与生态教育思想不谋而合,这使我们下定决心,让学校回归"育人"初心,以生态教育为价值追求,就此踏上了生态教育的探索之路。

顶层设计,专家引领。我们邀请江苏省教育学会会长杨九俊教授、江苏省教育科学规划领导小组办公室主任彭钢教授、淮阴师范学院教科院顾书明教授等知名学者组成专家咨询团队,经专家咨询团队反复研讨论证认为,生态教育是为了生命主体的自由和幸福以及可持续发展所进行的现代教育,其主要特征是:以培养完整人格为目标,主张网络化开放的知识体系,注重动态情境式的教育方式,倡导平等和谐的师生关系。正如杨九俊教授所言,生态教育是对陶行知先生所说的"千教万教教人学真,千学万学学做真人"的生活教育的现代诠释。2005

年,我们将生态教育写入学校的中长期发展规划,生态教育思想成为学校建设与发展的指导思想,在十多年的研究和探索中,学校始终坚守"为学生"这一中心,形成"开放、多元、个性、共生"的生态化理论,确立"遵循规律、因材施教、善教乐学,师生和谐"的教育原则,以培养"有理想、有本领、有担当的积极向上的当代中学生"为终极目标,用生态教育的理念和目标领航学校的教育改革。

科研驱动,贴地而行。十多年来,学校紧紧依托数十项国家级、省市级教改课题,在五个基本领域(即课程生本化、课堂生态化、德育生活化、教研生成化、管理人文化)中深入开展研究,在研究中,我们既关注宏观政策,适时调整研究思路,又聚焦微观问题,找准切入点,优化微生态,解决学校的具体问题。近两年,学校把研究的重点放在课堂教学改革上,总结出"四三五"生态课堂教学模式,利用校内外公开课、教学沙龙、赛课等互动平台,开展生态课堂交流学习。

正如一句电影台词说的那样:不是因为有同行者才上路,而是因为在路上才有同行者。2012年,我校的生态教育的研究与实践引起了淮阴师范学院教育科学学院何杰教授及其科研团队的关注,愿就生态教育的理论与实践与我们开展合作。有了专业教育科研队伍的加入,我校生态教育的研究如虎添翼,走上了快车道。又经过不断的实践和反思,我校的生态教育的理论之基日益坚实,实践之路越走越宽,逐步褪去生涩,走向成熟,从宏伟的愿景变成了美好的现实。在新校区的建设中,我们坚定地把生态教育理念贯彻始终,生态校园、生态德育、生态管理、生态课堂、生态课程五维并进,全面推进教育教学质量的提升,走出了一条特色发展之路。生态教育改变了学校的教育生态,促进了师生关系和谐共融,实现了师生生命的共同成长。

为了总结和反思我校生态教育的探索历程,以便与教育同行交流互鉴,我们不揣浅陋编写了这本《生态教育理论与实践研究》,全书共分为八章:第一章为《江苏省清浦中学生态教育的研究纪事》,第二章为《生态教育研究源起及其分析》,第三章为《生态教育的理论之基》,第四章为《生态教育的实践框架》,第五章为《生态课堂教学策略的应用》,第六、七、八章为各学科生态教学设计。书稿由我本人及淮阴师范学院何杰教授执笔统稿,淮阴师范学院杨绪辉和朱守信两位博士以及清浦中学张大海、符文成、张化、王清霖等老师参与了本书的编辑整理。全书从理论和实践两个维度系统阐述了我校生态教育的理论基础和实践框架,书中既有对教育理论的深层思考,也不乏对教育实践的鲜活呈现,字里行间不但凝聚了我们的艰辛与快乐,倾注了我们的情怀与智慧,也蕴藏着我们在教育改革

4

道路上继续前进的不竭动力。当然，囿于水平和精力，书中观点和做法难免粗浅与片面，谨此抛砖引玉，以求正于方家，如果本书能引起大家对生态教育的关注和讨论，则是我们莫大的安慰了。

　　橙黄橘绿之际，本书即将正式出版。在此，谨向长期关心支持我校发展的社会各界表示崇高的敬意，谨向鼎力促成本书诞生的各位专家表示诚挚的谢意，特别要感谢淮阴师范学院的萧兵教授，以 86 岁高龄，不辞辛劳，亲自为本书作序，这不仅是对我校生态教育研究实践的肯定，更是对我们继续办好人民满意教育的鞭策。

2019 年 8 月 18 日

目　录

第一章　江苏省清浦中学生态教育的研究纪事

　　教，上所施下所效也。育，养子使作善也。作为新时代的学校教育，需要着力解决"培养什么人、怎样培养人、为谁培养人"这一根本问题。在全面贯彻落实素质教育、全面深化基础教育课程与教学改革的当下，我国中小学办学自主权、主动权得以极大提高，许多中小学追求自身办学特色，锻造自身办学品质，学校内涵建设水平和育人成效得以不断提升，学校教育也渐次回归教育的本来轨道。江苏省清浦中学原本是苏北区域内一所普通到不能再普通的中学，在近70载的办学旅程中，清浦中学矢志不渝追求教育质量提升，"生态教育"从实践到研究，再从研究到实践，特别是近十多年间，清浦中学以"生态教育"理念为指引，以人为本，立德树人，自然和谐，实现了又好又快的发展，已成为江淮大地上一颗璀璨的明珠。

图1-1　清浦中学学生晨读

第一节　清浦中学 70 载风雨辉煌路

　　韩信故地，文化名隅。在淮安大运河畔，江苏省清浦中学怡然静卧。近70

2

载深厚的积淀,孕育了这所百姓身边的满意学校。在这片教育热土上,一代代的浦中人秉承理想,昂首阔步。

21世纪初,陆仁华担任江苏省清浦中学校长后,以哲理思辨、随处可感的灵性,以"生态教育"为抓手,引领着教育管理者向教育的本质回归。伴随着"蜗居"50多年的老校搬迁到了新校区,学校发展可谓"翻天覆地",新校区占地面积是老校的6倍,班级规模是老校的4.6倍,教学班扩大到120个,达到"航空母舰"级别。在近20年里,清浦中学由小而大,由弱而强,完成了一次次辉煌的壮举,书写了淮安基础教育的一部传奇。

江苏省清浦中学创办于新中国成立之初(校址:淮安市淮海南路105号),是由一些私人文化补习班合并而成,因而得名城南民中,1968年学校更名为东方红中学,1987年清江市区划调整,又更名为清浦中学。学校于2000年被评为"江苏省重点中学",2004年投资一亿多元于现址(淮安市解放东路66号)建成新校区,并转评为"江苏省三星级高中",2008年晋升为"江苏省四星级普通高中",2010年被评为"江苏省艺术教育特色学校",又先后被评为"江苏省园林式校园""江苏省教育先进集体""江苏省运河文化课程基地"……各种荣誉纷至沓来,学校办学质量蒸蒸日上。2016年升格为副处级事业单位,并更名为"江苏省清浦中学"。

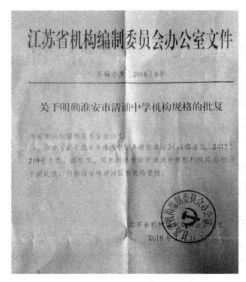

图1-2 学校晋升副处级单位文件

图1-3 学校更名"江苏省清浦中学"文件

图1-4　清浦中学获评
"江苏省四星级普通高中"

图1-5　清浦中学获评
"江苏省艺术教育特色学校"

图1-6　清浦中学获评
"江苏省文明单位"

图1-7　清浦中学获评"江苏省
教育工作先进集体"

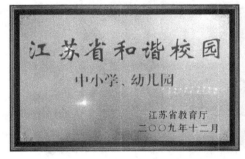

图1-8　清浦中学获评
"江苏省和谐校园"

图1-9　清浦中学获得的
各种奖杯(部分)

　　近70载峥嵘岁月,近70年砥砺前行。百姓不会忘记:从清浦中学诞生的那天起,这里就汇聚着一批仁人志士和教育专家,他们艰苦奋斗,顽强拼搏,追求卓越,培养了一大批军政干部与优秀人才,为民族的振兴与祖国的强盛立下了赫赫功勋。

　　近70年追求真理,近70载历久弥新。历史不会忘记:这里是一所追求真理的学校。正如习近平总书记强调的那样,"培养什么人,是教育的首要问题"。陆仁华来到清浦中学后,首先就将"培养什么人"的问题,作为"第一要务"来研究,并在办学实践中,率先确立了生态教育的办学理念,将生态学及教育生态学理论融入学校教育,让教育回归对生命本身的关注,尊重规律,呵护每一个孩子的成长。他以"特色文化促进品牌发展"的办学思路,在"为了每一个孩子健康、快乐、智慧的成长"的办学理念支撑下大力实施生态教育,构建了"多样、共生、平衡、发展"的多元教育生态共同体,培养了一批批灵魂丰满、成绩卓著的人才。

同时,他还创立了"生态教育＋"范式:"生态课堂"——呵护生命苗壮成长;"生态课程"——激发生命如花绽放;"生态队伍"——激活生命成长动力;"生态德育"——塑造生命必备品格……

"生态教育＋"范式的逻辑起点:落实国家意志的需要,超越教育不足的需要,形成校本特色的需要,弘扬中华传统文化的需要。如今,生态教育已在这里生根、开花、结果。

近70载春华秋实,近70年辉煌鼎承。时代不会忘记:浦中已进入淮安教育的第一方阵。建校初期,学校仅有9名教师,80多名学生,全校仅4间草舍。如今,学校占地156亩,在校生近6 000人,一所现代化的淮安名校已巍然屹立。

图 1 - 10　清浦中学新校园俯视图

近70年躬耕不已,近70载桃李芬芳。人民不会忘记:这里是淮安人民心中响当当的品牌学校。近70年间,这所学校为国家培养了80 000多名优秀人才,创造了无数个淮安教育发展史上的奇迹。其学子遍布大江南北、长城内外和世界各地。他们为民族、为国家、为人民谱写了一曲"学不忘国、学不忘民"的历史长歌！

第二节　从"天井学校"到"教育巨轮"

浩浩运河，九曲回肠。她桀骜不驯，她开山劈岭，她穿黄越江，她在丛丛林立的山峦间恣意冲突，她在广袤无垠的平原上激荡前行，她在坎坎坷坷的大地上留下勇者跋涉的足迹。"天下莫柔弱于水，而攻坚强者莫之能胜，此乃柔德；故柔之胜刚，弱之胜强坚。因其无有，故能入于无之间……"以无有入无间，这就是千年大运河汇聚百川的原因所在，也是江苏省清浦中学能够在近 70 年（尤其是近 20 年）风雨中傲岸教育潮头的立身之本。

图 1-11　清浦中学 20 世纪 70 年代校门

近 70 年的历史，她总在拼搏，没有一丝一毫的懈怠；近 70 年的辉煌，她用自己的勤勉、汗水和思想为中国教育写下浓墨重彩、荡气回肠的篇章。

她就是有这样的气量：纵使前路茫茫，愿收尽天下英才而育之；即便烟雨满河，也要背负学生破浪起航。

清浦中学老校区原址在淮海南路楚秀园旁边，仅弹丸之地，人称"天井学校"，学校规模小，设施落后，生源基础差，尽管到 2000 年贴上了"省重点中学"的标签，但在众多名校的光环下，还是显得有些黯淡。

谁能引领处于黯淡中的清浦中学走向光明坦途？

区委在寻觅……

"向陆仁华学习！"一位区委主要领导在一次干部大会上突然宣布。何故？

原来，陆仁华是淮安市第四中学（淮安市建筑工程学校）校长，他仅用不到1 年的时间就将濒临关闭的四中打了个"翻身仗"。他 30 岁就是全国优秀教师、淮阴市十佳优秀青年教师，是一位智慧型校长，又是一位专家型校长，更是一位有担当敢闯敢干的校长。

图 1-12　清浦中学 20 世纪 80 年代的校门

图 1-13　清浦中学 20 世纪 90 年代的校门

图 1-14　清浦中学新校正门

2001年7月28日,区委将陆仁华从四中调往清浦中学任校长。带着35万清浦人民的殷殷期盼,带着区委的嘱托,肩负神圣使命的陆仁华走马上任了。

到任后,陆仁华深感压力巨大,因为他既要面对学校教学质量在低位徘徊的局面,又要面对校园"进退两难"的空间格局。校园26亩,四面被困,前有淮海路相阻,后有楚秀园堵截,南北两路"夹击",无任何发展空间,在此谈发展等于"清零"。更为严重的是,当时的形势逼人,普通高中处于大发展时期,江苏省淮阴中学已率先走出老校,建设新校区并完成整体搬迁。周边兄弟学校都在抢抓机遇,乘势而上,纷纷加快高中发展,而老百姓对优质教育的需求也越来越强烈。此时的清浦中学,正处于发展的十字路口,而瓶颈越来越窄,怎么办?

"跳出老校办新校!"

当陆仁华将这一大胆的想法提出,就如同在平静的湖面上扔下一块石子。怀疑者有之,反对者有之,说"异想天开"者有之,说"瞎折腾"者有之。他们说的并不是没有道理,当时的清浦中学确实是质低、量差、底子薄,哪有力量建新校?

值得庆幸的是,当陆仁华将这一想法向区委区政府领导汇报后,区委主要领导不仅给予充分肯定,还表示全力支持,并把清浦中学新校区建设列为当年政府的十大民生工程。

于是,对清浦中学而言,一个具有颠覆性的"蝶变"计划,即"一个目标、三项决策"横空出世。一个目标:以"生态教育"为引领,实现学校"做大、做强、做优"的战略目标;三项决策:一是跳出老校办新校,二是冲刺"省四星",三是创办"淮中班"。

震撼人心的"蝶变"计划,如同一声炸雷,一时间,新旧观念碰撞非常激烈,其中,也不乏反对之声。

陆仁华校长首先在全校干部教师中开展了为期一个月的"清浦中学发展"专题大讨论活动,大家踊跃参与献计献策。活动的过程也是凝聚人心、鼓舞士气、达成共识的过程,更是解放思想转变观念的过程。活动达到了预期效果,全校上下统一了思想,突围攻坚战就此打响。新校区选址:解放东路66号。2004年建成。

根据当时测算,新校区建设总投资约需1.5亿元。这对清浦中学来说,简直就是天文数字。然而,学校领导班子的选择是知难而进,开拓创新。

新校建设中的困难和矛盾是可想而知的,也是常人无法想象的。征地审批、房屋拆迁、规划设计、施工建设、工程质量、资金筹措等,难事一波接着一波,而最大的问题就是:缺钱! 怎么办? 区政府也拿不出这么多资金,唯一出路只有招商引资、借鸡下蛋。资金问题暂时得到解决,但学校也由此背上了沉重的包袱。

2003年6月6日新校区建设的第一枪打响:土地征用、房屋拆迁正式开始。按计划年底前必须完成,时间紧迫。以陆仁华为首的校领导班子,以高尚的敬业精神和开拓能力,始终奋战在拆迁第一线。哪里有艰险,哪里就有他们的身影。征地拆迁工作是新校建设遇到的第一难,拆迁房屋有100多户,都是城郊农民,其中有不少困难户,也有一些钉子户。由于区里派出的拆迁队伍人员少,学校就将干部教师组织起来分成若干拆迁小组,挨家挨户地做工作。应该说,大部分拆迁户是通情达理的,但也有少数户非常难缠,有根本不让进门的,有谩骂他们的,有侮辱他们的,有用棍子赶他们的,甚至有的还点燃汽油威胁他们。对此,拆迁组的同志没有退缩,仍苦口婆心,不厌其烦而耐心地一次一次地上门做工作,动之以情,晓之以理,还积极帮助拆迁户解决实际困难,尽一切可能为他们争取优惠政策。经过艰苦细致的工作,最终提前一个多月完成了拆迁任务。

在拆迁的同时,学校完成了新校规划认证、立项审批、图纸审查、招标监理、地基勘探、施工单位考察等一系列工作。

2003年11月18日,是清浦中学发展史上值得纪念的日子,规划有办公楼、教学楼、实验楼、餐厅、宿舍等功能齐全的现代化新校区破土动工。时任淮安市委市政府区委区政府主要领导参加了开工仪式。

为保证工期质量,基建办杨生华副校长、张鑫、苏守亚、朱益农等同志,每天早上6点到工地,一干就到深夜12点,有时忙到凌晨2点。他们吃饭在工地,休息在工地,对建设每个环节严格把关,一着不让。凡涉及工程建设的重大事项,如项目招标、材料采购、资金使用、工程变更等,一律阳光操作,按规矩,走程序,并由校领导班子集体研究通过,光会议记录就做了几十本、上万页。"公平、公开、公正、廉洁"是建新校区的原则。同时,陆仁华还加了一个原则,就是"少花钱,办大事"! 例如,为了节省新校绿化开支,他们把要搬迁的无线电厂、清棉厂、涤纶长丝厂等企业不要的树木花草,找关系刨回来,种下去,一下子就省了上百万元。

在新校区建设中,资金问题一直困扰着学校领导,由于施工方又没有严格履行合同,出现了许多波折。施工方为了要钱,经常以停工相要挟。有的工程队为了多要钱,甚至多次派人对陆仁华围追堵截、跟踪,甚至堵他家的门,围他的办公室。有人甚至在校门口打起横幅:"还我血汗钱!""欠债还钱!"向学校不断施加压力。有一次,陆仁华校长被 100 多个工人围困在老校区办公室整整两天两夜,不许吃饭,不让睡觉……

因为资金问题,有人还打起了"卖学校"的主意,由此引发了近一年的学校改制风波。

此时,有人奉劝陆仁华放弃。谁知他说出了一句掷地有声的话:"只要新校区能尽快建设起来,吃再大的苦都值。"

最终,通过向职工借资,向企业融资,向银行贷款,向上级争取配套资金等各种办法,资金问题逐渐被"摆平"。

"千淘万漉虽辛苦,吹尽狂沙始到金。"清浦中学领导班子以"我以我血荐轩辕"的气概与执着追求和无私奉献精神,为学校跨越发展争来了重大机遇,新校区建设一期主体工程最终于 2004 年如期竣工。她的竣工,不仅使清浦中学发生了翻天覆地的沧桑巨变,而且,她的华丽蜕变,更可以看成是淮安教育史上的奇迹。

图 1-15 清浦中学校园十景之一——镜湖

如今,漫步浦中典雅精致的校园,移步换景,你能感受到一草一木、一楼一宇都是那么的别出心裁、意趣盎然。新校占地 156 亩,建筑面积 12 万平方米。校园设计整合了生态教育关注"开放、主动、多元、和谐、依存、可持续"的要求,教学区、生活区、运动区、休闲区布局合理,科学人文,和美现代,成为淮安个性鲜明、风格独特的现代建筑艺术名片,诠释着生态教育的真谛,体现了一所文化底蕴深厚的现代化名校应有的价值追求。

第三节　冲刺"江苏省四星级高中"

春华秋实,岁月如歌。伴随着浦中人的砥砺奋进,青春的浦中在奔跑,2004年新校区建成,完成了整体搬迁。陆仁华校长又迅速推出了"蝶变"第二步决策——冲刺"省四星"。2008年,"江苏省四星级高中"高票通过省专家组验收。至此,学校的大格局乃定,成为清浦中学发展史上的又一重要里程碑。

今日浦中,如一艘教育航母,积近 70 年之雄力,载数百名职工,6 000 多名学子在教育改革的大潮中劈风斩浪,扬帆远航。

回望创"四星"征程,种种困难险阻未能阻止其前进的步伐,却锤炼了浦中人矢志不渝的坚韧,让他们在江淮大地上踏出的每一步都发出了铿锵的跫音……

不惧挑战,尽显生命张力。

"新校的建成,我们这届领导班子接受了巨大的挑战,经历了严峻的考验。然而,建成新校,仅仅是清浦中学发展的战略第一步,要想真正实现清浦中学的蜕变,必须要'更上一层楼'——创建'江苏省四星级高中'。"

在班子会上,陆仁华校长深情地说:"作为区内唯一的重点中学,我们有责任带领全校师生冲刺'省四星'! 这是应有的责任担当,这是一种当仁不让的豪情,一种坚定不移的志气,这种责任不仅是对个人之责任,对家庭之责任,更是对国家与民族之责任!"

可是,对清浦中学来说,就当时的背景、条件、资历而言,升"四星""比登天还难"是一点也不夸张的,是常人想都不敢想的事,与省四星评估条件差距实在是太大。

淮安市 2008 年之前"江苏省四星级普通高中"仅有 9 所,都是实力雄厚的老牌县中和市直中学,市区仅有淮阴中学、清江中学,他们都是淮安基础教育的排头兵。而清浦中学仅仅是三流四流的学校,不论是硬件、软件,还是办学业绩,与这些"省四星"的差距都是有天壤之别的,但她却是淮安市三星级高中里第一个提出创"四星"的。

什么是路? 路就是从没路的地方踏出来的,从只有荆棘的地方开辟出来的。

陆仁华对全校干部教职工进行了鼓励,努力坚定大家的信心和决心。他说:"要实现学校跨越式发展,就必须有敢为人先的勇气,要敢于同高的攀,敢于同强的争。"

后来,陆仁华校长感慨地说:"当时如不铁下心来创'省四星',清浦中学就会永远失去最好的发展机遇,也就不会有今天,那样我们就成了历史的罪人!"

2005年，清浦中学创"四星"全面启动。他们首先邀请淮安师范学院相关教育专家以及淮中、清中、南师附中等同行帮助指导，制定出《清浦中学2005—2008年发展规划》，明确了总体目标、具体步骤和重点任务。规划明确提出，2008年申请并创建成"江苏省四星级高中"。此后还多次请来省教育厅及评估院专家领导现场指导把关。

于是，一场以"优美的校园环境、一流的硬件设施、良好的精神风貌、鲜明的办学特色、优异的办学业绩"为重点任务，由全员参与、全力以赴的创四星、迎评估战役打响了。

在这场战役中，清浦中学以"和谐生态"升华学校文化，凝结成了"厚德载物、臻于至善"的校训，以及"崇德、求实、合作、创新"的校风，"严谨、精业、爱生、求真"的教风，"砺志、勤勉、慎思、笃行"的学风。她努力将科学思想和人文精神结合起来，把造就社会发展需要的高素质人才作为学生发展的目标，经提炼升华，终于凝结成了如今的"生态教育"理念。

在这场战役中，清浦中学没有退路，只有背水一战。为达目标，清浦中学精心谋化实施了"五年三步走"战略，向五年内建成"省四星"目标全力冲刺。

第一步：从2004年到2005年，制定五年发展目标，完善新校区建设。

第二步：从2006年到2007年，美化、优化校园环境，营造特色校园文化，加大软硬件投入度，实施品牌发展战略。

第三步：2008年，强化管理，促进内涵发展，加强软件建设，全员参与，全力以赴，全面准备，迎接现场评估。

一切工作皆围绕"省四星"评估标准展开，理念、管理、师资、教科研、质量、生源等"六张牌"全部亮出：坚持生态教育理念，着力打造"科学、规范、人文、系统"的管理体制，努力建设一支"师德好、素质高、能力强"的师资队伍，坚持走"科研兴校"的发展道路，牢固树立"质量就是生命"的核心意识，奋力挖掘生源市场，全面提高优质生源比例。

这是一出长剧，一幕幕跌宕起伏的曲折过程令人难忘。五年创建中，清浦中学领导班子把创建作为提高学校管理水平的重要抓手，"以创促建，以评促改，以改促发展"。让创建过程成为凝聚人心、促进师生发展的过程，成为促进内涵发展、提升办学品位的过程。

"以创建为己任，青年壮志，舍我其谁。"陆仁华宣布，"创四星是我们向着太阳的宣誓！"

起步就是冲刺，开局就是攻坚。为此，他们紧盯目标，把握环节，逐一突破，精准发力。面对困难，不等不靠，不推不让，主动作为，创造性地开展工作。他们抓重点，攻难点，创亮点，瞄准突出问题和薄弱短板，查漏补缺，一项一项找问题，

图 1-16　清浦中学生态馆

一处一处抓整改,一条一条抓达标。

为了创建,他们靠的是良心与责任,凭的是高瞻远瞩与巧心匠思。为了创建,他们白天上课,夜里加班,牺牲几乎所有休息时间,忙创建变成了他们的自觉行动。其中,贾才桂、谈晓才、杨生华、沈惠洁等校领导更是吃苦在前,冲锋在前,部门主任吴洪生、高海波、左万勇、张大海、周培根、张鑫、丁华中,校办主任刘跃,副主任常保平、符文成等教干加班加点,每天都要忙到夜里 12 点。最后呈现给评估专家的 170 多本 100 多万字的创建材料就是由校领导和教师们的心血、汗水凝结而成的真实写照。

经五年创建,清浦中学的硬件与软件、队伍建设、管理和可持续发展等方面都取得了巨大成就。

图 1-17　清浦中学天文地理馆

图 1-18　清浦中学体育馆

各种教学设施得到进一步完善。各种教学设备配齐配足,按国家一类标准装备了理化生实验室 5 间,通用技术室 5 间,计算机教室 6 间,购得学生电脑 350 台,教师人人配备了笔记本电脑,初步建成智慧校园,分别建成 A 级食堂、二级图书馆、心理咨询室,每个教室均配有多媒体设备,安装了监控广播、网络系统,建立了网格中心和覆盖全校的校园网,还建成各类特色场馆 10 个,即地理馆、历史馆、天文馆,生态馆、美术馆、科技馆、乒乓球馆、羽毛球馆、运河文化体验厅、民族乐团排练厅。这些设施设备共投资1 263万元。

校园自然与人文环境品格提升。绿化面积达33 000平方米,覆盖率达45％。建有各种人文景观、假山池沼、雕塑石刻等,设置了主题园,放置周恩来、陶行知、张衡、爱因斯坦、孔子等名人塑像,还建设了各种文化长廊,如淮上名胜、百年诺贝尔、淮楚才俊、世界文化遗产等,又规划设计了翔宇广场、镜湖、和园、谐园、庠序苑、折桂亭等精致景观。这些共投资686万元。学校被评为"江苏省园林式校园""江苏省绿色学校"。

图1-19 清浦中学校园的"和园" 图1-20 清浦中学校园的"曲桥水榭"

清浦中学打造了一支高素质的教师队伍。培养出特级教师4名,正高级教师2名,市区学科带头人95人(其中大市学科带头人26人),培养和引进研究生27人,专任教师本科达标率100％。三年内,有28位教师在省级教育教学比赛中获奖,有96人次在市级教育大赛中获奖。主持市级以上课题18项,其中省级规划立项课题6项,有156名教师在省级以上正式刊物上公开发表论文231篇,有57篇论文在省市论文评比中获奖。

制订完善了学校各种规章制度。如《清浦中学中层干部考核办法》《清浦中学中青年骨干教师培养工程实施计划》等77种,还制订审编了《学校章程》《学校管理手册》,创办了《清浦中学》校刊,编印了《生态校园》画册等。

材料是创建工作的首要环节,是多年来学校发展的高度概括和升华。创建评估指标有5大项25条66个考查点,每个点都必须有完整的材料支撑。在这些材料的基础上还要提取出自评报告,并要求在2008年上半年完成。时间紧,任务重,在材料组组长谈晓才的牵头下,杨生华、刘跃、符文成等同志夜以继日,奋笔疾书。在撰写材料时,他们都要坐下来认真钻研评估指标,领会每条的背景与含义,把每条指标当作一项选题来学习研究,全面、科学界定各项指标构成要素和目标要求,把评估指标分解成66个要点进行概述总结,为了高质量撰写好评估材料,他们多次走出去,到兄弟学校参观学习,同时请专家现场指导,一稿、两稿……一次又一次地反复修改,一次又一次地讨论,终于如期完成了材料的撰写任务。最终,提供给专家查看的评估材料是装订成册的173本图文并茂的精美图书。因其全面、规范、系统、科学、准确而使专家组看后惊叹不已,且给予了高度评价。

图1-21 清浦中学创建四星级高中汇报会

为做好迎评工作,学校还与淮安电视台共同制作了《奋进中的清浦中学》宣传片,邀请了校友、奥运冠军邱健作国旗下讲话,还准备了一台精彩的师生才艺展示和文艺节目,筹备了多场教育论坛活动,每个班级还开设了主题班会以及形式多样的课外活动。每位老师则精心准备了一节汇报课(专家组听课优课率达86%)

2008年12月18至2008年12月20日,清浦中学终于迎来了具有历史意义的大考!省教育评估院专家组一行五人来到学校进行现场考察评估。专家组首先听取了学校创建工作汇报、实地察看了校容校貌以及功能设施,观看了全校师生的升旗仪式和文艺演出。还观摩了教师论坛,考察了学生自主发展和研究性学习汇报会,专家组还进行了随堂听课和师生访谈。清浦中学以一流的校园环境、先进的设施、年年攀升的办学业绩以及师生呈现出的追求卓越、拒绝平庸的精神风貌给省评估专家们留下了深刻印象。专程赶来参加评估的省教育厅副厅长杨湘宁说:"这次的评估验收对清浦中学来说应该是一个全新的起点,必将在其历史上写下浓重一笔!"

图 1-22　清浦中学 60 华诞庆典

潮涌催人进,风正好扬帆。"省四星级高中"的清浦中学,与现代化新校的清浦中学并驾齐驱,作为一个时代的记忆符号,作为具有淮安教育第一方阵的资格与身份,作为万千学子的福祉象征,她正以开放的姿态,在欢迎八方学子。我们有理由相信,与时俱进、人文日新、致力于生态教育的江苏省清浦中学在实现了一次次"蜕变"之后,必将迎来更加辉煌的明天!

第四节　倾力打造"淮中班"

英国前首相丘吉尔说过这样一句话:"高尚、伟大的代价就是责任。"

"淮中班"如日中天的声誉在很大程度上源于他们创造的"高考神话"与"低进高出的神话"。在生源三流四流的情况下,从 2010 年开始,清浦中学一年一个台阶,在淮安乃至全省拥有越来越高的位置。此后几年,一直高位走强,各项指标都处于全市前列。

"淮中班"的成功,关键在责任,根本是得益于陆仁华校长当初确定的"生态教育"理念。拥有灵魂和思想,一锄深掘下去,就探到了教育发达的根部,所以,"淮中班"从创办之日起就有了正确的方向。

理念决定行动。陆仁华创造了不俗的起点,高点的"立意","弱势控制",稳健超越,尊重规律,最终演绎了"淮中班"的成功。陆仁华是一位善于透过现象看本质的创新者,是一位抓铁有痕、踏石留白的实干家,更是一位有责任、敢担当的校长。他在班子会上说:"如果说'跳出老校办新校'是浦中'蝶变'计划的第一个大动作,创'省四星'是浦中'蝶变'计划的第二个大动作的话,那么光有这两个动作还远远不够,浦中还缺什么? 缺品牌! 缺内涵! 所以,创办'淮中班'就是浦中'蝶变'计划的第三个大动作——'借船出海'。"

这只船在哪里呢?

远在天边,近在眼前。眼前就有一只大船——江苏省淮阴中学。

淮阴中学创办于1902年,前身是清末江北大学堂,历史悠久,底蕴深厚,而现在是国家级示范性高中,是中国名校,如今与清浦中学又成了一路之隔的友邻,可以说是天然资源。陆仁华认定,两校如能在清浦中学联办"淮中班",将是一件具有战略意义的壮举。这一意向一提出,淮阴中学以非常开放的姿态欢迎合作,尤其是张元贵校长以博大的胸怀给予了鼎力支持,他认为这样的合作必将会产生 1+1>2 的效果,他深知优质教育资源辐射最大化是淮一直追求的目标,他更知道"大特色、大辐射、大未来"是办好人民满意教育的根本,更是淮阴中学的价值追求。

基于这样的认识,两校一致认为,把"淮中班"办好,对两校都是一件不可多得的好事,也是造福万千学子的大事。

于是,2007年"淮中班"成功创办,在全市高中率先实施小班化教学,全力打造精品"淮中班",从而以"淮中班"为试点,开展生态教育理念的实践。

这是一个成功的典范,全市独一无二。生命的成长需要良好的生态环境。从生根发芽、茁壮成长到开花结果,清浦中学生态教育的探索、实践与成功,源于他们持之以恒的坚守。

在这里,"生态教育"照亮每一个独特的生命,让每一个生命美丽,关注每一个生命的个性需求,关注生命每一次成长的历程,用生命培育生命,用爱心滋养爱心,用温暖传递温暖,用智慧启迪智慧,从而促进了师生自主、全面、健康、和谐的发展。

在这里,如果你想成为优秀教师,这里是熔炉,如果你想混日子,这里是炼狱。

在这里,每天都有春的旋律——舞动绚丽青春乐章;每天都有和谐的乐章——映射璀璨思想火花;每天都在授之以渔——明德之首放飞梦想;每天都在真情投入——呵护百花竞相绽放;每天都有璞玉之美——开凿诗意育人空间。

请看历史镜头的回放。

2007年3月26日,清浦中学与淮阴中学举行了隆重的合作办学仪式,清浦中学校长陆仁华与原江苏省淮阴中学校长张元贵,在清浦中学加入省淮中教育集团暨创办"淮中班"协议上签字。淮安市教育局为此专门下发了文件(淮教发

〔2007〕27 号)予以支持,文件指出,要发挥集团办学优势,通过互助合作、资源共享,积极探索互利共赢的联合办学机制,促进高中教育高位均衡。

图 1–23　清浦中学加入淮阴中学教育集团签字仪式

　　为打造"淮中班"品牌,陆仁华校长倾注了大量的心血和智慧,他从"立在当下、功在千秋"的战略高度,举全校之力来办好"淮中班"。

　　"淮中班"实行"三限"原则:限人数、限班数、限分数。每班人数不超过 40人,只办四个班,招收淮中录取线下 30 分的学生,实行小班化教学。在严把入口关的同时,对"淮中班"实行"滚动式"管理,从高一到高三,一律以"淮中班"标准画线,成绩滑坡者调出"淮中班",成绩上升至"淮中班"分数线的调入"淮中班",一视同仁。此举对全校学生既是公平,也是激励。激励之下,调出者极少,调进者来越来越多,实践表明,这样激励的力量是无穷的,开始"淮中班"仅有 4 个班,如今已扩大到 8 个班。

　　清浦中学的"淮中班"是淮阴中学教育集团成员校中创办最成功的典范,他们与淮中的联办是无缝对接的合作,没有任何形式主义的色彩。淮中班纳入淮中统一管理,"五统一"是他们成功的法宝,即:统一备课、统一学案、统一考试、统一阅卷、统一分析。每周一晚上,清浦中学从高一到高三的 27 名备课组长,都要到淮中与淮中教师一起备课。每周二、三晚上再由这些教师讲授淮中备课内容。他们持之以恒地实施培优拔尖计划,实践表明,此举是有效的,成功的。每个学期下来,都能有 10 名左右的学生进到淮中前 500 名。经过三年培养,"淮中班"创造出了无数个"低进高出"的神话,其中,有的学生中考入学时最低才 500 多分,三年后,竟然考上了一类本科。

　　团结务实的学校领导班子,爱岗敬业的教师队伍,积极向上的学生团体,使"淮中班"日益显现出跨越发展的良好势头。在"淮中班",让低分入校的学生也能考上本科已不是空话,"低进高出"已成为"淮中班"最明显、最引人注目的办学成果之一。

"淮中班"的成功,还在于陆仁华校长按照"生态教育"理念,为每一位学子的发展筑就了高起点,为他们提供了最丰富的营养,造就了浦中人高瞻远瞩的视野、海纳百川的胸怀、自强不息的信念,带给了浦中人不断追求真理、追求进步、追求卓越的动力。因此,"淮中班"才取得了辉煌成就,那么主要成就是什么?

请看镜头回放:

2010年,首届"淮中班"文考二本以上突破百人大关,达109人,达线率达81.2%;

2011年,第二届"淮中班"文考二本以上为129人,达线率达83.3%;

2012年,第三届"淮中班"文考二本以上为141人,达线率达85.8%;

……

2017年,第八届"淮中班"文考二本以上人数为406人,达线率为91.6%;

2018年,文考本科达线502人,"淮中班"达线100%。

2019年,文考本科达线565人,其中一本达线119人,最高分397分,"淮中班"达线100%。

一鸣惊人后的"淮中班",连续数年招生"人满为患"直到"一个也不能多"!广大学生家长把"淮中班"称之为"点石成金班"。

"点石成金"的背后是什么?请看浦中领导班子与教师是怎样"唤醒大地的沉睡"!

2007年8月26日,在区委区政府召开的全区教育工作大会上,陆仁华校长庄严地立下军令状:"首届淮中班三年后高考,本科达线人数超双百(文考100人,艺体100人),完不成任务,辞去校长职务!"当即,会场内长时间地响起了雷鸣般的掌声。

会后,有一同行说:"陆仁华这不是给自己挖坑、自己往里跳吗?高考能达双百,除非太阳从西边出!"

此话不无道理,当时,清浦中学每年文考本科达线也就十人左右,最辉煌的年份也就30多人。

为达"双百",陆仁华别无选择,只有背水一战。

他把"双百"目标称为"八二六双百工程",并制定出三年的实施方案。

淮中班建制原则是:唯分数、限人数、滚动制。考虑特长生,杜绝关系生,强化竞争,末位淘汰。

淮中班教师是全校选配而来的骨干教师,要求思想第一、业务第二,合作第一、能力第二,管理第一、教学第二;一主多辅,荣辱与共,年轻优先,中青结合。

为强化对淮中班的管理，专门成立了管理工作领导小组，陆仁华亲自担任组长。推行"三全三制"，即：全员参与，全程管理，全面服务；岗位责任制，目标责任制，奖惩考核制。做到各项管理有章可循。

领导小组及成员要求做到"四个一"，即每月召开一次成员会，听取淮中班有关情况汇报，包括班级情况分析，优生培养情况等；每学期召开一次学生座谈会；每周蹲点一次备课组并参加集体备课活动；每天到淮中班推门听课1节，并检查教师教学案和学生作业批改情况。

他们针对淮中班学生基础差的实际情况，实施了三步走战略：高一狠抓习惯，高二夯实基础，高三强化训练。不急于求成，不急功近利，着眼长远，稳扎稳打，一步一个脚印。

在教学上采取6项"绝招""培优拔尖"。

第一招：实施"三单"策略，即教学计划单列、课程单列、训练单列。

第二招：让师生坚定必胜信心。信心比黄金还重要，学校经常邀请专家作励志报告，召开专题班会，演讲比赛来鼓劲和获取信心。

第三招：促进自主学习。淮中班教学全面落实以"四有、三限、五环节"为基本特征的"435"生态课堂教学模式的要求，四有，即有教案、有学案、有课件、有检测；三限，即课堂教学中教师讲解不超过25分钟，学生自主学习合作探究不少于15分钟，课堂总结反馈不少于5分钟；五环节，即课堂教学的目标引领、自主学习、合作探究、精讲点拨、巩固检测五个基本步骤。

第四招：限时训练，面改面批。每天中午，上课前30分钟，在老师的组织下，对相关学科进行限时训练，老师及时批改，查找不足。

第五招：实行"下海上岸"制度。要求老师每周必须及时足量做题，每学期举办"淮中班"老师高考题解题比赛，"下海"是为了"上岸"，只有老师进题海，学生才能出苦海。

第六招：实施"边缘生"转化工作。建立"边缘生"档案，采取一人一策、一类一策的方法，使因材施教落到实处。

自从"淮中班"创办以后，每届高考都有一批学生被南京大学、复旦大学、东南大学、山东大学、上海音乐学院、南京师范大学等985、211高校录取。这一个个教育传奇，就是在浦中校园内流动的音符。

首届淮中班的王栋同学以399分的高分列当年全市高考理科前100名；汤明日以384分列全省文科第489名，被东南大学录取；董翔以全国专业考试前三名成绩被上海音乐学院录取，这在淮安还是有史以来的第一人；2014届的周哲同学考取南京大学；2015届的沈雪荣考取南京大学；2016届的徐韩芝同学考取南京大学；2017届的钱嘉馨同学考取南京大学……

　　这是"生态教育"的结果,"让学生一生幸福",这是陆仁华带领全校教师努力追求教育生涯的最高境界。

　　清浦中学利用半个多世纪的教育积淀和现代学校一流的设施,确立了"生态教育"体系,为每一个学生成功人生的起点做好各方面的准备,为他们享受幸福人生奠定了坚实的基础。

　　清浦中学的老师是真诚的,他们以"不放弃每一个学生,让学生不同层次都得到发展"为宗旨,从最差的学生抓起,认真上好每一节常态课。

图 1-24　清浦中学一年一度全市公开课

　　清浦中学的教师是睿智的,他们在追求升学率的同时更注重营造和保护教育生态,不会去盲目追求升学率而破坏教育生态。

　　清浦中学的教师是谦和的,他们善于培养师生情。师生都是教学活动的主体,而情是维系两者的一根红线。它模糊了传统的师生概念,鲜活了素质教育的灵魂,简单而又质朴,生动而又亲切。

　　"教师进题海,学生驾轻舟,教师下水,学生上岸。"这是教育专家对"淮中班"老师作出的概括。然而,当每年高考成绩公布后,当人们沉浸在高考创历史新高的喜悦之时,当那些"低进高出"的学生家长收到孩子大学录取通知书而欣喜若狂之时,可曾有人知道,老师无私奉献,并不仅仅像专家概括的"宁可老师多做题,不让学生做废题"那样的单一,并不仅仅是每天早早进校,晚上迟迟回家那样的日夜辛劳,那么,老师到底还做了什么?请看"淮中班"的"教师群雕像"。

　　班主任周颖红所带班级里的团支书露露是个好学生,但她很不幸,从小就是单亲家庭。高一时,妈妈又得了癌症,躺在床上挨日子。露露与年幼弟弟的生活靠亲戚、邻居周济,生活极度困难。平日里,周老师常与她谈心,鼓励她"人穷志不能短!"天冷了提醒她加厚衣服,没钱买饭了周老师把自己的饭卡递到她手里……高三上学期她妈妈病情恶化,露露难以承受这种痛苦,想一走了之。闻讯后,周老师立即找她谈心,并安排同学照顾她。她母亲去世后,周老师对她的关爱更是无微不至,陪她走过那段艰难的岁月……火红的七月,周老师收到了露露的来信:"周老师,我已收到大学录取通知书,真的谢谢您,在我心中,您是老师、是朋友,更是妈妈! 我这辈子都会铭记您的恩情!"

周老师总是这样用生命影响生命来收获精彩,她带的 2011 届高三(13)班达二本线以上的有 34 人。

"淮中班"老师的付出总是巨大的。张亚兵老师为了"淮中班"不知道牺牲了多少个人利益,无论家里出任何事,他从未缺过一节课,母亲三次生病住院,父亲两次生病住院,岳父岳母相继生病住院,他都未能床前尽孝,他的孩子成绩落下了,他也没空辅导……而是全身心地扑到了学生身上。所以,他带的班高考升学率一直很高,其中,他带的高三(18)班有 36 名学生达二本录取线,"低进高出"者比比皆是。

因材施教,因人施策。杨艳是"淮中班"数学老师、班主任,是一位年轻教师,她对待不同学生采用不同的方法。学生中,性格有内向的,有外向的,高中阶段正处青春期,有的甚至为谈恋爱、单相思不成就要离家出走的……面对种种情况,她总是一人一策,把爱洒向每一个学生的心田。有一男生因家庭贫困,天冷了还穿单衣,杨老师就将丈夫的羽绒服拿来给这位男生穿。中秋节,她怕住校生想家,就带着月饼、牛奶、水果来与学生一起赏月。她带的班级学生成绩年年攀升,其中一届取得了只有一人没达本科线的"大面积"丰收。"低进高出"者占多数,一男生入学时才 600 分多一点,三年后被内蒙古科技大学录取,同样是入学时 600 多分的 2014 届周哲同学还被南京大学录取了。

两个"注重"是徐晓功老师的独特风格,即注重与任课老师沟通,注重学生的心理调适。徐晓功老师每天都是全身心地扑在"淮中班"上,心血与汗水没有白费,2017 年,他教的班百分之百达二本线,其中,王子铭被湖南理工大学录取,张秋雨被南京医科大学录取。他教"淮中班"的体会只有一句话:"只要吃苦就能出成绩!"

"从弱势科目入手,寻找突破口。"这是王春亚的从教之道。王春亚是"淮中班"的化学老师,他从 2008 年担任备课组长至今,工作一直是满负荷运转,加上后来又担任教研组长,工作更加繁忙。但无论压力有多大,他都十分关注学生的心理状态,他认为状态决定一切,学生情绪一有波动,他就及时干预、及时沟通。同时,他常用的办法是从薄弱学科入手,寻找突破,所以,他所带班的成绩一直名列前茅,在语数外达本的前提下,化学等级 100% 匹配,其中,朱春祥、钱嘉馨、朱海洋同学分别被 985 高校的山东大学、南京大学、中南大学录取。

语文老师钱正军,以"学有所为、教有所成、凿石索玉、克明峻德"为执教理念,敬业爱岗,乐于奉献。从教20多年,时刻把学生放在心上,体察学生的内心世界,同情学生的痛苦与不幸,与学生建立起和谐、友爱的师生关爱。2010届,他所带班里的王栋、胡高科、鲁亮等同学,家境贫寒,且学习基础较差,认为学习没有出路,一度没有了前进的动力。钱老师找他们聊天,鼓励他们要不怕输,敢于往前冲。钱老师还多次到王栋家里家访。在"小高考"前一个月,王栋突然不想学了,就没有来校,钱老师冒着大雨去找,一个多小时后终于在一个小巷子里找到了淋着雨的王栋。两人在雨中交流了很长时间,钱老师被雨淋成了感冒,而王栋终于被打动了。王栋表示坚持一个学期看效果,结果,2010年,王栋以399分的成绩被东南大学录取。

有一次,钱老师被机动车撞伤,动了大手术,医生要求他休息一年,可他刚过半年就拄着拐杖走进了课堂。每到六月,总有那一张张高考成绩单和幸福的泪水以及给钱老师的拥抱,还有那一声声的"钱爸爸"!钱老师认为这些就是对他最好的奖赏。

平凡成为奇迹就不再平凡。"淮中班"能有今天,是老师以团队精神来拼搏的结果。吴洪生、董建奎、高海波、左万勇、刘跃、戴湘初、朱宜绵、常保平、孙建祥、朱家云、季凯、孟青、苏春陵、符文成等老师在创造"低进高出"奇迹过程中,人人都有说不完的故事,为了教育的永恒追求,他们虽苦犹荣。

清浦中学把爱播撒到了每个孩子身上,同时又让每个孩子成为爱的传播者、创造者。

"生态教育"实践表明,陆仁华"让优秀学生更加优秀、让一般学生变得优秀、让潜能待开发的学生获得最好的发展"的生态教育思想,已经在"淮中班"落地生根。"淮中班"每班不超过40人的小班化教学获得圆满成功,为全市提供了典范,淮安市教育局将其列为全市打造生态教育品牌试点学校。

总结浦中"淮中班"的成功经验,它诠释了"一个好的区域教育需要一个好的领导集体,一个好的领导集体一定能打造出一个好的区域品牌"的核心价值观。"淮中班"的成功,离不开当地党委政府和教育局的高度重视,离不开学校领导班子和全体教职员工的辛勤努力,是他们为丰富教育理论宝库探索了新路。

第五节　春风化雨润物无声

在近70年的办学历程中,学校始终秉承"厚德载物,臻于至善"的校训,坚持"一切以学生未来发展为本"的办学宗旨,注重内涵发展,强化特色办学,紧紧围绕教育教学质量提升、师资队伍建设、课程改革深化、特色办学彰显等方面展开工作。

近年来,学校大力弘扬优良传统,坚持以"发展教师,成就学生,服务社会"为目标,深入实施生态教育。按照生态学方法,注重自然生命规律下的知识传授、智慧开启和文化传承。通过建设绿色、雅致的生态校园,实施规范、自主的生态管理,倡导求真、尚美的生态德育,打造灵动、有序的生态课堂,开发多元、个性的生态课程,因材施教,让每个生命个体都能生态成长、个性发展、终身发展,在这片"生态"沃土上绽放生命精彩,为打造"学在淮安,教在淮安"品牌作出了新的贡献。

一、清浦中学实施生态教育的五大举措

(一)构建生态校园,优化育人环境

学校将校园生态环境和人文环境营造,作为构建生态校园的基础。因此,在校园建设与布局时处处关注师生的闲暇状态、情感体验、情绪调节、心理成长、情操陶冶,着力凸显生态特点。

在整体建设上,力求做到"三个融合",即理论文化与人际文化的融合,制度文化与行为文化的融合,绿色文化与楼宇文化的融合。从构建校园生态入手,努力实现"让绿色拥抱生命,让景观寓意生命,让文化涵养生命"。

1. 让绿色拥抱生命

如今的校园,各类树木有 160 余种,校园绿化面积达 33 016 平方米,绿化覆盖率达 45%,形成了四季有鲜花,终年可见绿的优美校园。春季,春风拂面,桃李芬芳;夏季,绿树繁茂,芳草如茵;秋季,丹桂飘香,石榴染红;冬季,修竹丛生,松柏苍翠。学生徜徉草地边,林荫下,水池畔,清新优雅的环境,浸润着学生心田,陶冶着师生情操,为生命的成长营造了怡人的环境。

2. 让景观寓意生命

学校根据楼、台、亭、榭以及地形、草木的特点,按"天圆地方,方正规矩"的人文理念进行校园规划与设计。将自然景观和人文精神相融合,设计、建造了校园三大主体景观——和园、谐园和镜湖。和园、谐园遥相呼应,寓意生命自然、和谐生长;镜湖、上善若水、折桂亭,相映成趣,一步一景,寓意人要时刻静思明志,树立远大目标,实现人生抱负;师陶桥、行知园,携手相连,典雅宜人,寓意要传承陶行知先生的教育思想,知行合一,臻于至善,翔宇广场伟人风范。这些景点已成了校园内一张张靓丽的名片。

图 1 - 25　清浦中学"翔宇广场"

图 1 - 26　清浦中学"行知园"

3. 让文化涵养生命

在校园里，学校设置了多尊名人雕塑，如周恩来、孔子、陶行知、达尔文等，还设置了别致的石刻与文化墙，如操场边的毛泽东手迹"数风流人物"石刻，翔宇广场刻有周恩来少年立下的誓言"为中华之崛起而读书"以及诗词"大江歌罢调头东"文化墙，教学楼后刻有《劝学》《师说》篇的庠序苑，校大门内侧所刻的诗人赵恺为学校题写的《智慧之城》,实验楼设置的"百年诺贝尔科学奖"文化墙,综合楼设置的"世界文化遗产长廊"以及教学楼内设置的"淮安本土文化长廊"等,达到了"人在廊中走,情在景中生"的艺术效果。

图 1-27 清浦中学"庠序苑"

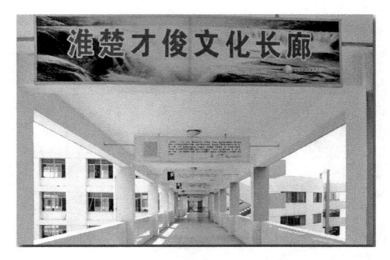

图 1-28 清浦中学"文化长廊"

除此之外,学校还十分强调以"自我创造、自我发展"为核心的班级生态文化建设。班级文化对学生的影响既是无形的,又是有力的,就像"润物无声"的细雨,无形中净化了学生的心灵,融进了学生的生命。

学校通过对班级环境的净化、美化、诗化,使学生在潜移默化中受到感染,

班级文化布置以绿色为基调,分为"外墙文化"和"内墙文化",外墙文化分为"统一制作区"和"自由发挥区",统一制作区有班牌、班级誓言,班主任寄语等;自由发挥区则是五彩斑斓:"学习园地""美文赏析""生活剪影""班级公约"等栏目各具特色;内墙文化则有"心愿墙""竞技场""读书角""班歌班标"等,可谓百花齐放,各展风采。

精心的布局与规划,让校园每一面墙都会"说话",体现了"方寸之地皆教育"的真谛,蕴含着浓浓的文化气息。

(二)实施生态管理,绽放生命精彩

生态管理是指在办学中尊重、信赖、赏识、关爱每一位师生,通过为他们提供优良的成长环境,构建适应师生发展的机制与策略,从而满足他们身心发展和专业成长的不同需求,实现师生的自主成长与和谐发展,使生命绽放精彩。

1. 为教师架设专业成长阶梯

学校坚持实施"师表工程""青蓝工程""名师工程",为教师成长搭台子、铺路子,提升教师的职业认同与教育教学水平。倡导让每一名教师的优点闪光,用人文关怀凝聚人心、启迪心智,点燃他们奋发向上的心灵之火。采取个人自修、集体充电、师徒结队、教学观摩、校际交流、课题带动、评估激励等多种方式,促进教师专业成长。

图1-29　著名教育家魏书生来校讲学并开设观摩课

图 1 - 30　《中学教学参考》九位专家莅临讲学

图 1 - 31　教师外出考察学习

学校先后邀请了著名教育家魏书生、全国教育技术专家钟绍春等一大批专家学者来校讲学 30 多场次,组织教师观摩名师示范课数十节,选派教师赴南师附中、南通中学、宜兴一中等校学习参观,还派出吴洪生、张大海、常保平、高连斌、李春红等优秀教师赴加拿大、澳大利亚、英国等国进修学习。这些举措使全体老师开阔了视野,更新了观念,提升了育人境界。

目前,学校拥有了一支师德高尚、业务精良、富有创新精神的教师队伍。2016 年以来,在全国第二届"一师一优课、一课一名师"评比中,学校有 2 位老师的课获部优,有 12 位老师的课获省优,有 6 位教师在全省教学基本功大赛中荣获一等奖,有 8 位老师被评为淮安市学科带头人,有 70 多篇教师论文在省级以上刊物上发表。

2. 为学生铺设自我教育之路

苏联著名教育家苏霍姆林斯基说过:"真正的教育就是自我教育。"学校十分注重培养学生的自我管理和自我教育能力,积极营造和谐向上的班级生态,激发学生成长的生命能量,让集体成为学生感受生命价值的精神家园,成为成就学生身心成长的绚丽舞台。

学校为学生设计了一条"认识自我—规划自我—管理自我—超越自我—反思自我"的自我教育成长之路。通过开展"我就是我"的班级讨论,让学生认识到:我就是与众不同,独一无二的精彩的自我;通过开展"说出心中梦想"活动,告诉学生:要看好自己,给自己发光的机会,成就更好自我;通过学生自定班级公约、举行"战胜自我"故事会等形式,让学生明白:管好自己是一种能力,一种自信;通过开展志愿行动,让学生承担责任,使他们懂得:超越自我,必先学会担当;通过每周写个人成长记录,使学生铭记:只有善于反省,才能成就更加完美、更加智慧的自我。

(三)推进生态德育,健全高尚人格

生态德育是指以主题教育活动为载体,让德育回归生活、回归本真,尊重学生的个性发展,关心学生的心灵需求,关注学生的精神成长,提升学生的生命质量,让生命得到潜移默化的熏陶和浸染,从而不断夯实学生健全的人格,让学生具有人情之真,人性之善,人格之美。

在探索生态德育过程中,学校把思想道德建设放在了首位,逐步做到"四化",即德育管理规范化,德育考评科学化,德育内容系列化,德育途径多样化,让德育工作与时俱进,不断追求生态德育的鲜明特色与独立品质。

1. 用德育规范指引成长

在德育管理中,学校形成了严密的德育领导机制,建成了以德育处、团委、学生会、年级部与班主任为基本框架的德育管理网络,制定了一系列的德育规章,如《清浦中学学生行为"十不准"》《清浦中学学生常规管理"18 零"制度》("18 零"即,上学零迟到、上课零睡觉、作业零抄袭、考试零作弊、错题零放过、碎时零放弃、出操零掉队、集会零讲话、就餐零浪费、宿舍零脏乱、校园零吸烟、校内零骑车、仪表零另类、交往零打骂、卫生零乱抛、出门零无证、交通零违章、手机零违规。)等。对于德育管理团队,则做到责任分明,奖惩有依,特别是在思想道德与法制建设方面,实行学生重大违规违纪"一票否决",时刻提醒年级部与班主任过细做好学生德育工作,确保全校良好的教育教学秩序。

2. 用科学评价激励成长

一个学生的成长,离不开家庭、学校和社会的多方努力。在对学生的思想道德素质评价方面,学校成立了学生综合素质评价小组,成员由德育处、教务处与各年级协同组成,评价小组每学期定期开展师对生、生对生、家长对学生、学校对学生的评价活动,所有评价进行量化并各占一定权重。一项由学校、家庭、社会组成的德育评价网络与机制基本形成,对学生的德育评价更加全面、科学。

3. 用主题活动砥砺成长

学校长期坚持周一升旗仪式,充分利用"国旗下讲话",不失时机地对学生进行爱国主义教育、文明礼仪教育、法制教育、环保教育、安全教育等。每年开展"四季四节两仪式一主题"系列活动,即春季踏青节、夏季读书节、秋季体育节、冬

图 1‑32　隆重的升旗仪式

图 1 - 33   专题法制报告会

季艺术节、青春仪式与十八岁成人仪式、文明礼貌月主题教育活动。每学期的文明礼貌月活动,在文明礼仪框架下,形成了"提升综合素养,争做文明先锋""进德修业、做胸怀天下的担当者"等一个个丰富而有教育意义的主题。长期坚持法制宣传教育,长期聘请法治专业人员担任法制副校长或法制辅导员,坚持每学期定期邀请他们来校开设法制报告,举办专题法制讲座与法制竞赛。同时,充分利用校园广播站、板报、班会等形式广泛宣传《预防未成年人犯罪法》《公民道德规范》等法规,学生的法治意识不断增强。长期坚持重大节日活动,每逢重要节日,如清明节、国庆节、教师节等,都会组织学生开展丰富多彩的德育活动,如祭扫烈士陵园、感恩主题演讲等,通过这些节日系列活动,丰富学生的节日生活,提升学生思想道德素质。

4. 用多种途径助力成长

学校积极通过多种途径,逐步提升德育水平。一是进行学科渗透,提高育人实效。积极组织教师参与学科渗透培训,提升教育理念,增强育人责任意识,自觉有计划地在教学中加强德育渗透,提高育人水平,营造"课课有德育,人人是德育工作者"的良好氛围。二是开展实践活动,丰富德育内涵。学校十分注重活动育人功效,积极开展各种德育实践活动,让学生在活动中健康成长。如开展"走进自然,励志远足"活动,磨炼了学生意志,增强了集体凝聚力;组织"爱心捐赠"

活动,让学生在被爱的同时学会关爱他人,将爱心传递;开展"学雷锋志愿者在行动"活动,让雷锋精神代代相传。三是丰富文化生活,健康学生身心。学校经常开展有益学生身心健康的文化活动,如诗歌朗诵比赛、经典阅读等活动。邀请了著名校友,2008 年北京奥运会冠军邱健、铁人三项赛全运会冠军范丹来校演讲,让学生明白:要志存高远,树立信心,名人就来自你我身边;邀请著名围棋大师聂

图 1-34　北京奥运会冠军、校友邱健

卫平、著名教育家魏书生、全国作协副主席高洪波、省作协主席范小青、著名相声演员李金斗来校讲学与演出,让学生与大师零距离,拓宽了生命视野,放大了人生格局。丰富多彩的活动打造了精彩校园,提升了生态德育水平。

图 1-35　全运会冠军、校友范丹来校做励志报告

图 1－36　江苏省作家协会主席范小青来校讲学

（四）打造生态课堂，激活师生潜能

生态课堂是指在课堂教学过程中，遵循学生的自然成长规律，尊重学生的天性、个性，突出学生的主体地位，通过创设轻松舒展、和谐愉悦的教学环境，使课堂充满人文关怀，充满生命活力，使学生幸福、快乐成长。

生态课堂具有自主性，强调要彻底解放学生，创造条件让学生自主发展、成长；生态课堂具有共生性，师生是完整的生命共同体，通过交流、合作实现共同发展和进步；生态课堂具有生成性，课堂要给学生的主动参与预留一定

图 1－37　南京师范大学汪少华教授来校讲学

的时间和空间,给课堂生成创造条件,提高机会;生态课堂具有高效性,它追求的是"轻负高质"的"智慧型教育",是师生精神愉悦、身心和谐、幸福快乐的场所。

图 1－38　江苏省教研室李善良博士来校讲学

图 1－39　南京师范大学高朝俊教授来校讲学

为适应生态课堂的建设要求,学校积极推进课堂教学改革,创建新型教学组织形式,建立了生态课堂"435"教学模式。

"435"即"四有、三限、五环节"。

"四有"指每一堂课必须有教案、有学案、有课件、有检测;

"三限"指课堂教学中教师讲解不超过 25 分钟,学生自主学习合作探究不少于 15 分钟,课堂总结反馈不少于 5 分钟。

"五环节"具体要求如下。

第一步,目标引领,自主学习。

每堂课,教师备课,学案的编制都要给学生以明确的学习目标。让学生在课堂上学有目标、行有引领、进有助力、成有反馈。这样做,有助于调动学生的学习积极性,减轻师生教与学的负担,让学生真正成为学习的主人。

第二步,创设情境,启发思考。

课堂要从学生的需求出发创设情景,还原知识的本源及其实际应用的价值,尽可能贴近学生的实际生活,才能真正引发学生的兴趣,进而启发学生的思考。

第三步,合作探究,协作交流。

合作探究是新课程理念下的基本课堂形式,旨在引导学生主动思考,设计研究问题的方案,小组交流共同研究问题,将问题解决或问题研究中遇到的困难及时进行总结。

第四步,精讲点拨,引申拓展。

针对学生在自主合作探究中发现的问题,教师在课堂上必须给予及时的点拨,但要做到少而精,倡导"三讲",即讲规律、讲思路、讲方法。教师的点拨重在引导学生回归课本,练习巩固,拓展运用。

第五步,检测矫正,巩固提升。

检测环节是每堂课的一项硬性规定环节,通过检测,矫正学生的知识误区,巩固一堂课所学知识,进而由教师引导学生共同小结,构建完备的知识体系。

生态课堂规范了教师课堂教学行为,让学生学会了如何学习,如何思考问题、解决问题、再提出新问题。学生的创造力得到了保护和认同,学生学会了如何与人交往、协作,他们可以在没有教师指导的情况下进行自主合作学习。

(五)开发生态课程,成就幸福人生

生态课程是指着眼学生的兴趣爱好和个性特长,通过构建"国家课程校本化、校本课程常态化、班本课程多元化"的课程体系,促进学生的全面发展和个性发展,培养学生的创新精神和实践能力,为学生的幸福人生助力。

学校紧紧围绕育人目标,贯彻办学宗旨,走课程校本化、特色化之路,构建起适合师生发展的课程体系,促进学生多样化发展。

1. 依据国家标准,开展多元课程开发

为了确保课程开发的科学性、序列性和实施的可持续性,学校依据国家教育部门有关文件精神,结合学校教育教学实际,规划设计富有学校特色的校本课程体系,用课程满足学生多元发展的需要,先后开发的校本课程达 40 余种,如《小

说欣赏》《趣味数学》《音乐欣赏》《射击》《科技天地》《快乐足球》等,涵盖了文学、数学、音乐、体育等多门学科。为了便于课程实施,学校还建设了包含科技创新意味的"科技馆"和植物繁茂、标本多样的"生态馆",有吸引学生大胆实践的数字化物理实验室,还有记录学校发展足迹的校史馆,走进其中,你即刻就能感受到科学的奥秘和教育现代化的豪迈。

图 1-40　清浦中学戏曲艺术表演课程

图 1-41　清浦中学校史馆

2. 立足学生个性，组建特色学生社团

学校将学生社团作为实施课程活动的有效载体。通过积极开展社团活动，为学生全面发展提供空间。目前，学校已经组建了40多个学生社团，如文学社、校园广播社、民乐团、航模社等。这些社团定期开展活动，既丰富了校园生活，又促进了学生发展。其中，航模社团队员在全省中学生航模比赛中获金奖；《镜湖》文学社、校园广播社分别被评为淮安市"十佳社团"和"优秀社团"；民族乐团曾参加市、区多场大型演出，备受好评。

图 1-42　校民族乐团进行民乐表演训练

3. 依托本土资源，建设校外课程基地

学校注重利用本土丰富的传统教育资源，加大校外课程基地建设。每年都利用重大节日组织学生到周恩来童年读书处、苏皖边区政府旧址等地进行主题教育活动，用先辈的精神品质来激发学生的爱国热情；利用暑假组织学生到周恩来故居、苏皖边区政府旧址开展军训等活动；利用清明节、国庆节，组织学生参观刘老庄烈士纪念馆、黄花塘新四军军部纪念馆，让学生了解革命历史，体验革命豪情。此外，还组织学生到韩信故里，漂母祠等教育基地，对学生进行传统美德教育，引导学生形成爱心、学会感恩。

图 1-43　学生赴周恩来纪念馆开展弘毅之旅

4. 弘扬传统文化,打造精品特色课程

淮安曾经与扬州、苏州、杭州并称运河沿线的"四大都市",运河文化源远流长,历史积淀深厚,文化氛围浓郁。学校以此为依托,以弘扬运河文化为己任,积极打造精品特色课程。先后开发了《人文淮安》《淮安名人》《淮扬美食》等多本运河文化课程系列校本教材,让学生更多地了解与运河文化相关的历史、地理和人文知识,感悟运河文化的多样性和包容性。投入 300 多万元建设了 600 多平方米的运河文化体验厅。通过 3D 视频、文物和史料的巧妙结合,展示了运河的恢宏历史和灿烂文化,让学生体验和感悟了运河文化的精髓。建成运河文化课程学生活动中心,便于学生相互交流互动、自主探究学习。建成了运河文化课程基地专题网站,展示了运河文化丰富的内涵和课程基地建设成果,给学生提供了更多的学习和交流空间。还专门成立以运河文化为中心的运河文化学生社团。目前已初步建成了"秀运河"摄影社、"咏运

图 1-44　清浦中学运河文化体验厅
——江苏省优秀课程基地

河"文学社、"运河韵"书画社等社团组织,激发了学生自主学习的热情,促进了学生个性发展。学校运河文化基地被评为"江苏省优秀课程基地",基地课程成为学校众多特色课程中的精品。

二、清浦中学实施生态教育的总体成效

清浦中学通过大力实施生态教育,教师的专业能力不断增强,学校的办学特色逐渐彰显,学校的教育教学质量稳步提升,人才培养结出了累累硕果。

1. 教育教学质量稳步提升。

近5年来,学校紧紧围绕以"质量提升,特色发展"这一主线,积极开展工作,教育教学质量逐年提升。近四届学生学业水平测试一次性合格率分别为98.04%、98.23%、98.84%、99.12%。高考升学率连年提升,连续获得了市教学质量奖与教学进步奖,升入本科以上比率都在80%以上,2015年高考升入本科以上比率为81.32%,升入本一以上比率为11.05%。2016年高考升入本科以上比率为80.11%,升入本一以上比率为11.19%。2019年高考升入本科以上比率为85.27%,升入本一以上比率为18.09%。周哲、沈雪荣、徐韩芝、王栋等一大批同学被南京大学、东南大学、南京航空航天大学、南京理工大学等名牌高校录取。此外,近年还有王舒、董翔、李游等几十名同学被中央戏剧学院、上海音乐学院、南京艺术学院等知名艺术院校录取。

近几年学生学科竞赛成绩显著。在各级各类竞赛中有200多人次获奖,其中陆莹、徐千云、许珂、许璐等同学获江苏省"中学生与社会"作文竞赛现场作文一等奖,王子铭同学获江苏省高中数学竞赛二等奖,武云同学在江苏省中学生电视口语大赛中获二等奖,王馨悦同学在共青团江苏省委举办的"菁菁杯"第三届江苏省中学中职学校"微团课"大赛中荣获一等奖。另有多人在省生物和化学学科竞赛中获省二等奖,校足球队在"省长杯"足球比赛中获第六名、淮安市第一名,校篮球队多次获得市中学生联赛冠军。

2. 教师专业能力不断增强。

学校坚持以人为本,重视教师专业成长,采取多种措施引领教师向专业化方向发展,已经形成了一支年龄结构、学历层次合理,具有较高专业水平和科研水平的高素质优秀教师队伍。学校现有特级教师3人,分别为陆仁华、吴洪生、张大海,正高级教师2人,有陆仁华、吴洪生、张大海、高海波、董建奎、江家华、高连斌、何正芳、刘跃、张化、杨艳、秦玄等二十多名市学科带头人,覆盖绝大多数学科;周颖红、程治国、常保平、戴湘初、王丽芳、左万永、张玉玲、杨二俊、许明宏、董建奎、孙建祥等区级学科带头人及骨干教师83名,覆盖绝大部分学科,优秀教师

群体已经形成。

近几年,每年都有教师在省、市级课堂教学竞赛中获奖。其中江家华、李强两位老师先后在"一师一优课"活动中被评为部级优课;江家华老师还在 2016 年"德育精品课"活动中荣获部级优课。教师中有 53 人次在省级以上(含省级)教育教学比赛中获奖,其中,陆婵、时坤明、王子铭、张嵩、鲁同心等获得省教育基本功大赛一等奖。304 人次在市级教育教学比赛中获奖,119 人次在区级教育教学比赛中获奖。

近五年,学校教科研成果丰富,共有市级及以上课题 18 项,其中省教研规划立项课题 6 项,省电教馆课题 2 项。有 86 名教师在有刊号的省级及其以上刊物上公开发表论文 308 篇,有 81 篇论文在省市级及其以上论文评比中获奖。

图 1-45　清浦中学获评"江苏省体育传统项目学校"

3. 体艺办学特色不断彰显。

学校十分重视体育教育,既坚持全员参加,全面开花,又突出特色训练。学校广播操在市、区比赛中多次获得一等奖。校篮球队连续多年获市中学生篮球比赛冠军;校足球队获淮安市 2016 年中学生足球比赛冠军。校航模兴趣小组获江苏省航模比赛金奖。校民族乐团获市器乐比赛特等奖、省二等奖。作为江苏省射击传统学校、游泳特色学校,我校先后为省、市体育队输送了大量优秀人才。从这里走

图 1-46　清浦中学一年一度的田径运动会

出的有射击世界冠军、北京奥运金牌获得者邱健,釜山亚运会射击冠军邱末,全国游泳比赛十项金牌获得者杨梦,亚洲铁人三项锦标赛冠军范丹,国家皮划艇队员倪倩、柔道队员李丽、宁夏射击队队员程崇伟等都在各自的领域内获得了优异成绩。学校被教育部命名为"全国校园足球特色学校""全国校园篮球特色学校"。

图 1-47　清浦中学一年一度的体艺节

图 1-48　全国中小学艺术展演比赛合唱一等奖

图 1－49　《弟子规》等吟诵比赛

　　艺术教育也是清浦中学的办学特色之一。学校十分重视艺术教育的专业化发展，特聘中国作协会员、江苏省作协副主席、全国著名诗人赵恺，淮安市书画院院长、著名画家吴夕兴，淮阴师院教授、著名书法家姜华为名誉校长，并邀请他们定时到学校为教师和艺术班同学开设讲座。学校装备有先进的音乐教室、钢琴室、舞蹈房、器乐训练室、合唱排练厅、书画室等艺教活动场所，有专职音乐、美术、舞蹈教师 15 名，外聘教师 8 名。作为苏北唯一一所与南京师范大学联合办班的学校，为国内多所高校输送了一批又一批的艺术特长生，被南京师范大学音乐学院确定为教育实习基地。学校艺体考生高考本科上线数逐年上升，学校艺术团多次代表省、市、区参加各种类型的艺术活动，获得全国第四届中小学生艺术展演比赛一等奖、市啦啦操比赛一等奖；校友董翔以全国第三名的成绩考取上海音乐学院，并于 2012 年在上海成功举办个人演唱会；王舒同学是 2016 年被中央戏剧学院表演系录取的江苏唯一一人。学校被评为“江苏省艺术教育特色学校”。

　　在近 70 年的发展历程中，始终走在教育改革与发展前列的江苏省清浦中学，见证着时代的大变迁，积淀了深厚的人文底蕴。这是一方以“人本”“和谐”为主旋律、学生不断成长的沃土；这是一片浸透中华文化精髓、经历历史沧桑、桃李遍地、栋梁柱天、浇铸着中华民族灵魂的世纪名校；这是一座以“人民满意”“对师生和社会负责”的千秋基业为己任、江淮知名的中国现代教育的神圣殿堂……岁月铸就辉煌，历史昭示未来。江苏省清浦中学正以其朝气蓬勃的活力和生态文化育人的教育理念,向人们诠释着新的教育内涵!

图 1-50　清浦中学大课间跑操活动

图 1-51　"棋圣"聂卫平走进清浦中学

第二章 生态教育研究源起及其分析

生态教育最早起源于对地球生态危机反思而产生的环境保护教育,后来逐步过渡到对生态系统的教育,再到最后发展为用生态系统的思维改造教育。教育生态化伴随社会各领域生态环境危机和教育精神失落而产生,现代教育必须及时调整自己的发展方向和指导方针,逐步走向生态学化,建立起符合生态规律的新型教育系统。从这个意义上说,生态教育观既是一种教育理念,也是一种教育实施策略,是运用生态学的视野来审视教育、运用生态学的原则和方法来观察思考教育,其实质是把教育发展看作是全面的、系统的、协调的和可持续的发展过程。生态教育正是新教育背景和新社会经济发展需求下形成的一种新的教育思想,实施生态教育即要求在教育过程中遵循自然,尊重规律,采取多元教育策略,实施全环境育人,促进孩子的生态成长,全面发展,最终实现师生生命成长。

第一节 现代教育的生态转向

一、生态环境危机突显

18 世纪后半期开始的工业革命开创了人类历史的新纪元,世界教育也开始了历史性大变革,形成和工业文明相一致的现代教育体系。伴随着人口的爆炸性增长和人类对地球影响规模的空前扩大,在以大工业生产和市场经济为标志的现代生产生活方式下,大工业生产对科学技术的运用和市场经济对人们物质需求及欲望带来强大刺激和驱动,导致现代人类对自然资源与环境的破坏性开发和不合理利用。特别是从 20 世纪中叶以来,伴随着第三次工业技术革命的发展和世界经济工业化、市场化进程的加快,造成了从局部到整体、从区域到全球的生态危机。现代生态危机突出的表现在:全球性的气候变化,臭氧层耗竭与破坏,生物多样性锐减,土地退化和荒漠化,酸雨污染日趋严重,有毒化学品危害加

44

剧,垃圾泛滥,森林锐减,水源短缺等生态灾难接踵而至。①

地球的生态系统正在遭到空前的破坏,生态危机已经超越局部区域而具有全球的性质,威胁着全人类的生存和发展。生态危机的产生引起了人们的普遍忧虑和不安,给人们敲响了生存的警钟,迫使人们不得不进行深刻的反思。20世纪60年代初,美国海洋生物学家蕾切尔·卡逊(Rachel Carson)发表了《寂静的春天》这部划时代的绿色经典著作,被列为"改变美国的书"名录,成为人类生态意识觉醒的重要标志。该书是作者历时4年对于杀虫剂使用的危害情况进行调查研究的结晶,书中详细预言了由于滥用农药而引发的一系列危害人类环境的可怕后果,告诫"人类正生活在幸福的坟墓之中"。《寂静的春天》强烈震撼了社会公众,开创了生态学在解决环境、资源、发展问题中综合作用的新时代。其后,《人类处在十字路口》《增长的极限》《只有一个地球》等专著报告相继出版,深刻阐述了生态环境的重要性以及资源与人口之间的基本关系。

事实上,人类对生态的影响自从人类开始在地球上活动就已经开始出现了。但在前现代社会人类对自然界的影响非常小,即便是破坏性影响也是局部的;并且自然界具有很大的弹性、恢复力和自洁能力,足以能够消解当时情况下人类对自然界的影响和破坏。换言之,当时人类对自然界的影响从整体上还没有超出自然界的承受阈限。但自从现代社会以来,随着科技生产力的发展,物质生活的提高所带来的高消费和人们对奢华生活方式的追求终于引来了人的生存危机,其中最为引人瞩目的就是生态危机,并且现代社会生态危机问题出现了前所未有的新特点。②

1. 生态危机具有整体性或全面性的特点

首先,从空间地域而言,在前现代社会各个国家或地区闭关自守,生态危机只是局部性的问题。但是,工业革命把整个世界连成一体,把整个地球变成了一个村庄。任何一个地区的环境破坏,都会对整个国际社会带来损害,地球正在成为"受难的村落"。其次,农业社会的生态破坏表现方式比较单一,主要是以破坏地球植被为主。现代文明时期,人类对环境的破坏,不仅破坏植被,而且涉及大气、水源、土地直至整个生态系统的平衡与和谐。

2. 生态危机具有持久性和快捷性的特征

农业社会的生态破坏,虽然也曾经有严重的后果,但从对人类发展的威胁来看,其影响仍是短暂的。现代社会的生态危机则不然,目前的生态危机可能通过

---

① 温远光.世界生态教育趋势与中国生态教育理念[J].高教论坛,2004(2):52-55.
② 徐湘荷.生态教育思想研究[D].济南:山东师范大学,2012:27-28.

遗传基因的力量造成了世世代代的生态遗传隐患,比如争论不息的也让民众焦虑不安的转基因食品,其是否对物种的进化导致畸变和人类自身的再产生而产生持久和滞后的负面影响,至今仍未定论。但是,可以肯定的是,目前的生态破坏通过一定的潜伏期,会持续地对人类产生有害的影响,全面性的生态危机已经使生态系统十分脆弱,多年累积下来的生态旧账随时都有可能以"一日清算"的极端形式爆发。

3. 生态危机具有不可逆性的特征

生态系统具有自我组织性或自我调节的功能来尽可能恢复起初状态,但前提条件是在生态破坏还没有超出生态系统承受阈限的情况下,它可以通过各种介质物理的、化学的、生物的作用,自动消解生态破坏所造成的负面影响,恢复生态平衡状态,这即所谓生态系统的自净能力。如果说农业文明时代对生态环境的破坏还可以通过补救措施如退耕还林、植树种草来挽回的话,现代文明时代对生态环境破坏和大自然对人类全面报复造成的损害,却是不可挽回的。因为生态系统的自净能力是有限的,当生态系统遭受的破坏超过了生态系统的自净能力阈限时,生态失衡就难以重新恢复到平衡状态。①

在全球生态危机日益加剧和可持续发展理念日益成为全人类共识的背景下,生态教育应运而生。工业革命时代之后,人类作为地球上的高级智能物种,以现代手段创造了无与伦比的物质财富与文明。相比宇宙,人类虽然卑微渺小,却在自私本性与智能头脑的控制下,对地球生态造成了毁灭性的攫取与破坏。20 世纪 60 年代,警钟长鸣,生态时代到来,生态主义萌芽发展,生态保护者们强化普及了相当数量的生态知识,凸显了那个特殊时代的生态意识。在此基础上,人类逐渐了解生态资源不是人类的专利和私有物,所有的生态环节生而平等。在宇宙的无限超循环中,地球只是一颗小小的粒子,人类甚至是可以忽略不计的微尘,若想更好地生存,必须遵循其中的生态规律。② 地球资源的有限性,生态系统的生命自在、规律自在,都需要人类在生态科技的多维教育中,谦虚平和地摆放好自己的生态位,身体力行地做真正意义上的生态人。

二、从环境教育到生态教育

生态环境的急剧恶化是导致现代生态思想运动的直接原因,一般认为蕾切

---

① 李培超. 自然的伦理尊严[M]. 南昌:江西人民出版社,2001:17-18.

② 龚丽娟. 从生态教育到生态美育——生态审美者的培养路径[J]. 社会科学家,2011
(7):130-133.

尔·卡逊 1962 年发表《寂静的春天》是这场运动的开始。这场运动波及世界各个地方,各类环保与生态组织大量涌现。环境保护成为生态思想运动的首要问题,也成为政府部门和各种环境组织的首要任务。人们也充分认识到教育对于环境保护的重要性,必须发挥教育在应对生态危机中的作用。于是,教育参与到生态思想运动中,首先是以环境保护教育的形式出现的。

环境教育是针对环境问题的教育,其目的是使人们更好地认识人与自然或人文环境的关系,并处理好这种关系。之后,对环境教育的解释和定义层出不穷,但基本可以归纳为,环境教育是针对人类周围环境的认识、保护、改善而进行的教育活动,并且把环境保护教育作为首要任务。例如,美国环保署(EPA)给出的环境教育的最新定义为:环境教育能够提高公众对环境问题和环境改变的知识与意识,人们通过环境教育获得人类活动对环境影响的知识,以及全面认识环境问题的技能,从而能够做出更加明智的决策。

人们对环境保护和改善生态状况的迫切要求促使环境教育在二三十年的时间里飞速发展,也取得了很大成就。但是,随着对生态危机以及人与自然关系的不断深入的挖掘和研究,人们发现环境教育停留在对人类周围环境的认识、保护、改善是不够的,必须加强生态意识、生态伦理的教育。[①] 生态危机的根本原因在于人类对人与自然关系的错误认识,因此很多学者注意到生态环境问题不仅仅是生态环境问题,而且涉及政治、文化等人类社会的根本问题。教育以环境教育的形式参与到生态思想运动中,开始受到了质疑。"环境教育"这一术语本身并没有很好地表达它的本意,实质上,环境教育广义内涵应当对应的是"生态教育"这一术语。正如皮尼克(Pivnick)指出,生态教育是建立在生态哲学基础之上,为改善人与自然的关系,并认为解决环境问题的根本途径是我们的世界观进行根本变革的教育。[②]

生态教育是工业化时代环境不断恶化的产物。20 世纪后半期,生态教育在西方一些学校开始兴起。它是学校对环境教育的拓展和延伸,传统的环境教育重视人们对环境状况的认识、保护,强调人类要积极保护环境,改善生存环境。生态教育比环境教育前进了一步,它重在培养人的生态的意识和自觉性、生态保护能力,并通过生态教育来改善人和自然之间的关系,在人类持续发展的同时,注意与生态系统和谐共进。

因此,生态教育是继环境教育之后提出的更为全面和深刻的概念,不仅要求

---

① 刘伟,张万红. 从"环境教育"到"生态教育"的演进[J]. 煤炭高等教育,2007(6):11-13.

② Pivnick, J. Against the Current: Ecological Education in a Modern World[D]. Canada: University of Calgary, 2001:1-30.

对全社会进行环境保护的教育,更加要求从根本上革新人们的思想观念,树立生态整体观、和谐观,承担起个性与社会发展的责任,积极融入社会、政治改革之中。传统环境教育必须向着以生态哲学观为基础,把人培养成为自觉、主动、富有创新精神的批判者,使其能够承担起个性、社会发展的责任,并积极融入社会、政治改革之中,从而回答教育在道德与社会方面的问题。[①] 现代意义上的生态教育正是指向启发个体以相互联系的视角去理解人和环境的关系,旨在引导个体在行动活动中采取正确的生态方式。

可以说,世界生态教育是在生态危机逐步演变为全球问题,人类不得不改变经济发展模式,走可持续发展道路的背景下兴起。自 1972 年以来,联合国环境规划署和教科文组织在生态、环境保护和教育等方面召开了一系列国际会议,从而为全球生态教育起到了极大的促进作用。1992 年,联合国在斯德哥尔摩召开环境与发展大会,会议通过了"21 世纪议程",对环境及生态教育问题进行了详细的论述,使世界生态教育迈向了一个新的台阶。进入 21 世纪以后,国际生态教育逐渐向全民教育、终身教育跨越,极大地推动了国际生态事业的发展。[②]

三、生态文明与教育

人类历史上经历了三次重大的文明革命:第一次发生在 10 000 年前,农业的产生使农业文明代替了狩猎文明;第二次发生在 300 年前,随着工业革命的发生,工业文明代替了农业文明;第三次则发生在 21 世纪的今天,生态文明正在取代传统的工业文明。[③] 与此相适应,人类文化的发展也经历了自然文化、人文文化、科学文化这样三个阶段,现在在将向新的阶段"生态文化"的文明方向发展。

作为一种新的文明形态,生态文明是人类反思工业文明社会带来的弊端,不再陶醉于科学的万能并对工具理性主义产生怀疑,而提出的人与自然、人与人、人与社会和谐共生、良性循环、全面发展、持续繁荣为基本宗旨的文化伦理形态。随着科学技术的飞速发展和世界人口的急剧膨胀,人类再也难以吞噬工业文明带来的生态苦果。特别是 20 世纪以来,科学技术空前放大了人类征服和改造自然的力量,同时也空前放大了人类破坏生态和毁灭自身的力量。造成的结果是,资源耗损、能源短缺、水体污染、光化学烟雾、尘暴酸雨、温室效应等系列生态环境问题。这一切酿成越来越严重的生态危机和生态赤字,迫使人类开始反思以

---

① Fien, J. Advancing sustainability in higher education: issues and opportunities for research[J]. Higher Education Policy, 2002(15): 143 – 152.

② 余谋昌. 生态文明论[M]. 中央编译出版社,2010:278.

③ 黄承梁. 生态文明简明知识读本[M]. 中国环境科学出版社,2010:11.

往破坏生态环境的行为,代而树立生态哲学观、生态伦理观、生态价值观、生态文明观、生态法治观和生态审美观,倡导生态文化,建立生态社会,最终谋求人类与之生存环境的和谐共荣。① 生态文明也是继物质文明、精神文明及政治文明之后,形成的一种以持续发展为基本宗旨的文化伦理形态。

一般认为,生态文明是在和谐的生态发展环境、科学的生态发展意识和健康有序的生态运行机制基础上,实现经济、社会、生态的良性循环与发展。它将人类的发展与整个自然生态系统的发展联系在一起,以人类与自然的相互作用为中心,强调自然界是人类生存与发展的基础,倡导对自然的开发利用要按照可持续发展的要求,既能满足当代人的需求,又不损害后代的生存与发展。生态文明的产生、进化与发展离不开教育。而生态文明的兴起,既丰富扩展了教育的内容,又对教育变革提出了新的要求。一方面对于教育价值观我们需要重新认识与思考,另一方面如何使现代教育顺应生态文明的发展潮流也是我们每个教育工作者所面临的崭新课题。② 它反映了一个事实,全新的生态化社会正在形成。教育作为社会大系统的子系统,必然也存在着自身的生态文化,生态教育是人们对生态危机反思的产物,其本身也是教育发展的必然选择。

生态文明建设要求创新教育观念,也就是用生态系统观来认识教育及其功能。首先要充分认识到教育是社会生态系统的一个有机组成成分。这需要充分发挥教育对生态文明建设的支撑功能,必须准确认识教育与社会生态系统其他组成成分之间的相互联系和相互作用,尽可能调整和优化教育的外部环境。另外,应认识到教育本身也是一个由多个成分组成的生态系统。要使教育这一生态系统内部得到健康运行,也必须准确认识教育生态系统各组成成分互相联系和互相作用的原理和机制,尽可能使教育生态系统形成最佳的结构形态,发挥出最佳功能。③ 生态教育主要承接生态文明建设对教育内容更新的要求,以生态知识作为教育的一个主要内容,目的是培养生态意识,普及生态知识,从而使学生乃至全体公民能够自觉保护、建设我们所处的地球。

现代教育必须适应社会生态化的需要,生态教育是在全球生态危机的背景下产生的,也是社会生态化发展的客观要求。教育的发展总是和经济、政治、文化乃至整个社会的发展内在一致的和历史统一的,教育必须适应社会发展的需要。社会的生态化导致了教育的生态化。在未来社会的生态化发展中,不仅为

---

① 方创琳.论生态教育[J].中国教育学刊,1993(5):23-25.

② 杨克涛,陈敬佑.生态文明理念下的生态教育探析[J].经济与社会发展,2010(10):180-185.

③ 孙芙蓉.生态教育与生态文明建设[N].光明日报,2012-06-23(5).

教育的生态化发展提供了现实的社会条件及其背景,而且对教育的生态化发展提出了现实的社会需求。在这种情况下,教育必然要适应未来社会生态化发展的需要,致力于自身的生态化改革,并通过自身的生态化而为社会的生态化发展服务。社会的生态化发展为我国教育事业的改革,指出了新的方向,提出了新的要求,而且这个方向和要求更具有根本性、全局性、时代性和前瞻性。因此教育必须进行生态化改革,以适应社会生态化、可持续发展和生态文明时代的需要。教育生态化改革的重点应该从教育观念、课程体系、教学体制、教材、教学方法和手段等方面的变革入手,运用生态学的基本理念和思想对当前教育实践进行再造。①

要实现人类文明的持续发展,只有提高全人类的生态意识和生态道德,养成良好的生态世界观,而生态意识和生态道德的形成依赖于生态教育体系的建立和生态教育的全面开展。近几十年来由生态危机推动的世界生态教育运动,正在昭示着世界现代教育发展的生态化趋势。② 在生态危机加剧和人们崇尚生态文明的今天,工业大生产和市场经济条件下孕育的工业文明时代的教育体系已不能完全适应 21 世纪可持续发展以及生态文明时代对教育的全新要求。教育生态化是世界教育发展的必然趋势,代表着人类教育的未来方向。因此,在世界教育的生态化发展的背景下,我国的教育必须推行生态化改革,以此推动我国教育事业的生态化发展。

四、现代教育的生态转向

1. 当代教育危机的生态表现

与 20 世纪 60 年代全球性生态危机出现的同一时期,"教育危机"风暴也席卷全球。1968 年,国际教育计划研究所(IIEP)第一任所长菲利普·库姆斯在其代表作《世界教育危机》中指出:"教育体制与周围环境之间的各种形式的不平衡正是这场世界性教育危机的实质所在。"教育存在的这种不平衡主要表现为:一是日益过时的陈旧课程内容与知识增长及学生现实学习需求之间的不平衡;二是教育与社会发展需要之间的不相适应。③ 自美国生态学家潭斯利首次提出生态平衡的概念以来,有关生态平衡的问题越来越引起世界范围内的广泛重视,教

---

　　① 温远光.世界生态教育趋势与中国生态教育理念[J].高教论坛,2004(2):52-55.

　　② 邢永富.世界教育的生态化趋势与中国教育的战略选择[J].北京师范大学学报(社会科学版),1997(4):70-77.

　　③ [美]菲利普·库姆斯.世界教育危机[M].赵宝恒,李环,等,译.北京:人民教育出版社,2001:1-30.

育的生态平衡问题也是如此。"现代教育危机"是教育生态失衡的突出表现,教育的生态平衡乃是教育发展必须遵循的一条基本规律。这种"非平衡性"突出表现为现代教育正在远离理想的家园,成为一种"离土""无根""机械"的育人器具。① 西方教育思想反思他们的"现代教育"的视端有好几项。

(1)现代教育是"离土教育",着重于开发和征服自然,以逃离乡村实现"城市化"为目标。进入"现代社会"以来,教育以开发和控制自然的启蒙理念为特征,伴随着资本主义自由市场的崛起,教育注重的是如何大规模地开发自然资源以满足不断增长的消费欲望。② 在此情形下,人与自然的关系被割裂,自然作为"客体"对象被分解和利用。伴随着人与自然的断裂与对立关系,乡土文化和生活方式失去合理性;城市奢侈与高消费生活成为学生的奋斗目标。

(2)现代教育是"无根教育",优良传统文化在教育中的消退与其非人文化倾向形成强烈对比。离开历史,离开牢固的教育根基,我们成为不知道我们要去何处的人,因为我们不知道自己从哪里来。在我国,这一问题同样有所体现,在以"全盘西化"为基础的反传统主义声浪中,无根教育思想广泛传播并随着教育跨国化日益突出。

(3)现代教育是"机械教育",以标准化和功利化为特征,服务于现代经济的反理性和所谓效率,忽视学生的心灵成长和品格形成。教育日益以准备各种"工具"为目的,学校为人们在市场获得高薪工作服务。教育沦为工业体系与经济利益的仆役,"机械"教育只强调书本知识的学习,割断了学生、学校教育与自然、社会、传统和实践的血脉联系,使得教育出来的学生失去心理坐标,产生孤独感。

2. 主流教育理念的生态漠视

生态教育思想的发展和繁荣,有着非常实际的现实缘由。生态教育首先源于人类对 20 世纪中叶以来愈演愈烈生态危机的深刻反思,当然生态问题的出现不是从现代社会开始的,但现代社会的生态危机表现出前所未有的新特点。其次是资本主义工业化社会中人的精神的失落和颓废。生态危机一方面反映了自然界功能的紊乱和失调,另一方面也反映了人的信念、视野、价值偏爱优先顺序和忠诚体系的混乱和支离破碎,即人的生存价值定位表现为混乱、无序和不堪。二者一体两面、互为表里、互为因果。

有一个不可回避的现实原因,虽然当前现代化框架下的教育思想也都意识

---

① 高淮微,樊美筠. 建设性后现代生态教育:问题与路向[J]. 自然辩证法研究,2015(5):110-114.

② 保罗·布伯,陈伟功. 培育为生态文明服务的公民[J]. 深圳大学学报(人文社会科学版),2014(4):22-25.

到了生态问题的严重性，为了解决环境恶化问题，当前的教育也试图做了许多努力，但不可否认的是我们一些教育工作者对生态问题缺乏认识和危机感，特别是对党的教育方针缺乏全面、深刻、正确的理解，生态教育软弱无力，反映出社会在一定时期中的在解决生态恶化问题上的低效、无力和力不从心。这种思想支配下的学校教育对关乎人类存在的自然家园破坏和精神家园的丧也没有起到力挽狂澜的作用。西方教育以纯效率和利益为理念，以达成个体的所谓的成功和幸福（通常就是占有更多的物质资料）为旨归，强化了人类对物质资料的无限度攫取而弱化了人的精神追求，不仅加剧了生态危机，也加剧了人类的精神危机。当前教育思想必须从环境科学或者人文取向上来反思当前的教育问题。西方近世基于"擅理智、役自然"的观念，这种取向的教育尽管有千万优势，但一个最具破坏性的后果就是直接导致生态环境的恶化和人对物质追求的迷恋。有一些人虽然也强调人在精神层面上的追求，但由于人类所生存的生态环境往往在其所关怀的视野之外，或者就算关怀也是以人类中心主义的思维方式进行切入的，其精神层面的意义追求也就大打了折扣。① 我们不能低估这种种错误对我们教育的侵蚀。

3. 工业化教育模式的生态弊端

西方教育在很大程度上是为资本主义经济生产服务的，这样学校必然支持恶性竞争的市场文化和价值，并让其流行起来。教育的目的首先是在全球的经济中更具有竞争和掠夺的"优势"，还打出给每个个体提供最大限度地向上流动的机会的旗号。整个教育所努力做的事就是鼓励人们离开家园，到他认为最赚钱的任何地方。这种纯职业取向和金钱至上的教育将人从他们自己的传统和安身立命的地方放逐出来，成了流动的与社群无关的个体，追名逐利，个人至上。因为没有内在精神的支撑，只有对外在经济的依赖。而资本主义工业化社会经济的重要特征就是无节制的生产和消费。在这种文化背景下，购买力成了挥霍产品和提升社会地位的标记，教育与此相合拍，即为了挥霍而教育。

当然，不可否认，这样的教育一定时机内在促进国家经济发展上起到作用，但是这样的学校教育不会教给学生长远的伦理和合作，不会教给学生怎样去设计一个尊重和敬畏地球及其他生命的人生和社会，不会让学生了解人类的存在确实需要依赖地球和社会的健康的运行，并要学会为之负责。相反，这样的教育只是教给学生去消费、去竞夺、最后去破坏。

西方学校之所以出现这样的问题是工业社会倾向于用工具性价值来衡量一

---

① 徐湘荷.生态教育思想研究[D].济南：山东师范大学，2012：2.

切,我们对自然和周围环境失去了"爱"。自然环境对我们人类来说只具有工具价值罢了,我们对它很难称得上爱。换言之,这种教育是和工业化模式相适应的,只教给学生最大化地追求个人利益,而鲜有公民意识和责任担当,更不用说在生态系统中,自己应尽的义务和责任。向上流动,获得个人成功就成为年轻人求学的信条,学校只是变成了让个体在逐利的比赛中获胜的机构。这种模式的背后是工业设计的逻辑,因为资本主义工业化的教育模式假设人是自利的、孤立的个体,在占有资源的过程中彼此竞争,把人看成是孤立的原子论假说不仅疏离了个体之间的关系,而且疏离了个体和自然之间的关系,这种疏离反过来承认对地球的剥夺以及其他所有形式的剥夺的合法性。不能不说,这种思想在近百年来对我们的教育有很大破坏。

在前现代社会里(科学革命标志着现代和前现代社会的分离),人们倾向于根据事物的意义而不是它的效用性来考量事情,家长关注的是孩子的幸福;而西方现代社会的基座就是工具主义的思维框架——什么事情或事物都是根据他们对个人和群体的利益来定位的,家长投资孩子的教育关注的是人力资本投资的收益。"在某种意义上说,科学革命把这个世界变成了这样一个作坊——所有的事情都是基于其效用性来考量而不是根据其内在的价值。"①学校也是这样,教育上的效率就是如何在最短的时间内把最大量的技术性知识教给最多数量的学生,致力于灌输工具性的、对职业有用的文化和价值而不是内在的文化和价值,这样维系社会、生态健康和可持续发展的纽带就削弱了。

此外,以分科为中心的专业化教育对生态问题的恶化也难辞其咎,这种以学科为中心的教育只是使得地球"工业化",而要恢复由于工业化而对地球造成的损害则难以提供帮助。② 这种高度专业化的狭隘的教育模式是和工业社会的工具理性相契合,但过度专业化的头脑对和谐的秩序来说实际是个威胁,正是纯专业化的教育使得人们失去了追问和人类生存条件有关的重大问题的能力,它可能有损于社会平等、价值正义,直到经济活力和环境完整。狭隘的分科教育使得学生的思维局限在鸽笼似的学科盒子里,把整体世界肢解得七零八落,难以看清事情的全貌,更难以顾及生态的平衡。结果,人们既不晓得自己对自然界有多么的依赖,也难以顾及自身的行为对自然界的影响。③

---

① Theobald Paul & Nachtigal Paul. Culture, Community, and the Promise of Rural Education[J]. Phi Delta Kappan, 1995, 77(2): 25.

② David Orr. Earth in Mind: On Education, Environment, and the Human Prospect [M]. Washington, DC: Island Press, 2004: 3.

③ 徐湘荷. 生态教育思想研究[D]. 济南:山东师范大学,2012:87-89.

因此,对于生态危机和教育危机的关注迫使人类重新审视自身与自然之间的关系,重新审视人类自身原有的思维方式、道德观、发展观及教育观。当生态问题逐渐成为一个敏感而重要,并与教育密切相关的生态伦理道德问题时,生态教育随之产生。

4. 未来学校教育的生态方向

人类社会走过了原始文明、农业文明、工业文明,正将迈入生态文明时代。生态文明主要是相对于三百年来的工业文明暴露出来的问题而产生并提出的。工业文明给人类创造了前所未有的财富和增长速度的同时,也造成了严重的环境和资源问题、社会公平问题、文化多元与平等面临挑战。生态文明指导下的可持续发展,正是基于人与自然、人与社会、社会与社会之间的和谐共生的发展。

人类社会的教育形态(特别是学校形态)也与人类社会不同的文明进程的演变总体保持一致。即人类社会走过的原始文明—农业文明—工业文明三个阶段,教育也完成了从非形式化教育—形式化教育—制度化教育的转变。制度化教育总体上反映的是工业文明框架下的教育思维与制度设计,伴随着生态文明社会形态的诞生,制度化教育将如何突破,学校教育将向何方变革,将是未来相当长一段时间的教育探索的主线。

任何时代,教育都必须遵循两条基本的规律和使命:适应并促进人的发展,适应并促进社会的发展。"适应"并"促进"人的身心发展和社会发展既是教育应遵循的基本规律,也是教育应承担的基本使命。并且根据全面发展人的学说和价值统一学说,人的发展和社会的发展是发展和价值的两个方面,不可片面认识和分割。而这必须统一的两条都要以生态环境或自然的动态平衡与积极保护为前提。因此,教育面临一个新时代的使命——如何促进生态文明的未来社会,学校教育自身贯穿生态文明的要求,从而培养适应并促进生态文明发展的人。

教育既是立足当下,也是面向未来的事业。学校教育应当从两个方面主动适应变化,积极促进变化。一方面要主动开展"可持续发展教育",另一方面要积极构建"学校自身的教育生态"。当前两个方面分别有一些不同程度的理论探索和实践行动,但将二者融合起来,进行跨界的、更加系统的"绿色学校"+"生态文明"的实践探索目前尚属空白,究其原因,可能是对教育问题的研究和对社会问题的研究相对分割所致。这就要求学校真正树立以人为本的思想,将可持续发展的知识、意识和行动纳入学校课程、教学、管理和评价中,培养适应和促进生态文明社会所需要的未来人才;要将生态文明的基本理念渗透到学校的课程、教学、管理和评价各个环节中,实现学校自身的生态变革,这既是未来社会对学校教育的变革要求,也是师生全面健康发展的必然要求。①

可见,生态文明深深蕴含着新时代对变革教育的需求。在顺应工业文明而不断发展的过程中,西方教育局限的突出表征是:偏执于为工业发展服务,目标指向单向度的人——"经济人"。通过透视工业文明的局限而反思教育的目标,我们才能更清醒地认识和把握生态教育发展的应然走向。文明的进化与发展,离不开教育,教育功能的调整也是着眼于为生态文明的建设服务的,教育自身也面临不断生态化的过程。② 因此,生态教育就具有了这样一种顺应时代潮流发展的生态功能,这也将是教育面向现代化、面向世界、面向未来的重大课题。

相对于工业文明,生态文明在教育思维方式和价值观有着根本的区别,其对工业文明中片面强调"多"与"快"的竞争而不是平等关系,以及产品标准化而忽视多样性的深刻批判达到了前所未有的高度。生态文明思想反映在教育价值导向中,表现为对多样性的尊重,更加强调平等与合作,更加尊重人的同时,也维护了人与自然、社会的和谐共生。具体指导到学校生态层面,一方面包括学校之间的多样性的平等与尊重、互补与合作、主体个性与创造性等,当下"千校一面"的标准化、同构性的恶性竞争、贴标签式的"特色学校",以及学校与社会相互隔离等现象,都是缺乏学校生态的表现;另一方面更是指学校内部的生态,例如课程的生态、教学的生态、管理的生态、评价的生态;以及"课程—教学—管理—评价"之间的链条互联关系。当前的"三级"课程、选修与必修课程、活动课程与学科课程等都反映了课程形态与内容的多样性,但课程之间的协调与衔接问题不解决,就不具备"课程的生态",教学亦是如此,课程与教学的生态性是学校办学生态性的集中体现;管理的生态性包括师生的自我管理、社会参与管理、行政管理等几个方面的协调性;评价的生态性包括师生自评与互评、家长评价与社会评价、上级评价的协调与合作,还包括过程评价与结果评价的协调等;而管办评对于学校层面而言,重点不在如何分离,而在于生态关系的构建。如此才能营造一个学校内部的生态教育环境,从而培养出个性、尊重、平等、合作、主动、创新的学生来。③

综合来看,当前生态教育的发展趋势主要有三种。其一,生态教育对象层次化。也就是将不同的对象群体看作为不同的生物种群,根据各个种群的不同特征设计不同的教育内容,采取不同的教育方式,其中,特别注重普通公民和在校

① 李光对.生态的教育与教育的生态[N].光明日报,2016-02-16(14).
② 杨克涛,陈敬佑.生态文明理念下的生态教育探析[J].经济与社会发展,2010(10):180-185.
③ 李光对.生态的教育与教育的生态[N].光明日报,2016-02-16(14).

学生这两个种群的区别。其二,生态教育内容的结构化。根据内容构成要素和组织方式将生态教育的内容形成合理严密的结构,从而改变原有生态教育内容零散性、随意性的状况,使受教育者获得系统化的生态教育知识。其三,生态教育方式的多样化。根据生态教育对象和内容的不同特点采用多种教育方式,从而改变原来较为单一的单讲授式或单活动式的教育方式,提高受教育者的学习兴趣和积极性,不断提升教育效果。①

第二节 生态教育的内涵特征

一、生态学与生态化教育

要理解生态教育的内涵,论证生态学对于变革教育活动的意义,必须首先把握生态及生态学的基本含义和内在规则。"生态"(Eco)一词由希腊文 Oikos 衍生而来,Oikos 的意思是"住所""家务"或"生活所在地",可以用"Eco"表示。正如有学者这样理解:"生态就像一个家,家是什么? 实际上,家始终不可能只是一套房子、几件家具摆设或者纯粹的人口数量总和,显然,家应该首先是一种关系复合体,蕴涵着深厚的并且难以被我们作知性认识的关系结构。"②因此,基于关系体的家园应该是生态一词的本然含义。

生态学(ecology)一词源于希腊文"oikos",表示住所和栖息地,logy 来自"logos"(道或总体性规律),此处表示学科,因此生态学原意是研究生物栖息环境的科学。1869 年,德国生物学家海克尔首次提出生态学一词,并定义为研究有机体彼此之间以及整体与其环境之间交互关系的一门科学;生态学是研究有机体与其周围环境——包括非生物环境和生物环境的相互关系的科学。从一开始,生态学关注的就是"共同体"(Community)、"生态系统"(Ecosystem)和"整体"(Holism)。虽然"生态学"一词出现较早,但它成为一门初具理论体系的学科,还是 20 世纪初的事。进入 20 世纪中后期,生态学吸收了"旧三论"和"新三论"等系统科学思想,使其理论更趋合理与完善。③

生态系统是现代生态学中最重要的一个概念,也是生态学最基本的功能单位。1935 年,英国生态学家坦斯利首先提出"生态系统"这一概念,明确将有机

---

① 孙芙蓉. 生态教育与生态文明建设[N]. 光明日报,2012 - 06 - 23(5).
② 余治平. "生态"概念的存在论诠释[J]. 江海学刊,2005(6):5 - 10.
③ 刘贵华,朱小蔓. 试论生态学对于教育研究的适切性[J]. 教育研究,2007(7):3 - 7.

体与其生存的环境视为一个不可分割的自然整体,并引入热力学的能量循环思想对生态系统进行研究。继他之后,美国学者林德曼提出了营养级位生态金字塔学说。美国生态学家奥德姆(Odum)认为:生态系统就是包括特定地段中全部生物(即生物群落)和物理环境相互作用的统一体,并且在系统内部,能量的流动导致形成一定的营养结构、生物多样性和物质循环(即生物和非生物之间的物质交换)。因此,对于同一个研究对象,生态学与其他学科的区别在于:生态学并不是分别深入地去分析研究各个组成成分的所有方面,或去吞并这些学科,而是去研究各个组成成分的相互联系和相互作用,并从系统整体上去研究其结构、功能和形态,甚至优化和调控。

目前已经被普遍使用的“生态”概念,一般都具有两种词性。一是作为形容词的“生态”,主要指有利于生物体生存的、对一切生命持续存在有所帮助的,如在生态农业、生态食品、生态住宅、生态社区等词语中,“生态”即指“生态的”或“生态化”。二是作为名词的“生态”,指环境总体以及包括人在内的物与物的相互关系,如在自然生态、社会生态、行政生态、文化生态、生态环境、生态保护等词语中,“生态”即指一种利生性的总体关联。作为现代汉语的“生态”,一方面始终保持着与生存、生命、生产的密切关联;另一方面,又具有总体性、整体性和全面性的指称。①

生态化即“生态学化”,其主要观点是运用生态学尤其是运用生态系统的思维和方法来思考和认识人类社会的全部活动,最优化地处理人和环境之间的关系,其最终目标是实现人类社会的可持续发展。生态文明可以从广、狭两个层面来理解,从广义上讲,生态文明是人类经历农业文明、工业文明后的一个新的文明发展阶段;从狭义上讲,生态文明是与物质文明、精神文明和政治文明并列的文明形式,是协调人与自然关系的文明。生态文明的核心内涵是通过人和环境的和谐相处实现社会的可持续发展,其中,可持续发展是生态文明建设所要实现的目标,而达成目标的途径则是人和环境的和谐相处,即实现人类社会的生态化。②

教育的生态化是指伴随着社会各领域的生态危机,现代教育必须及时调整自己的发展方向和指导方针,逐步走向生态学化,建立起符合生态规律的新型教育系统。这即是说,教育必须按照生态学的观点进行改革,彻底放弃放任自流、自行其是的发展原则,从整个社会和自然的全局出发,把本系统归于自然发展索链的一个必不可少的环节,调整教育的原则、目的、内容和方法等,通过培养出符

---

① 余治平.“生态”概念的存在论诠释[J].江海学刊,2005(6):5-10.
② 孙芙蓉.生态教育与生态文明建设[N].光明日报,2012-06-23(5).

合社会需要的人才,促进教育自身和社会的发展,更为每个人的主体性发展和自我实现奠定基础。① 概言之,教育的生态化即按照生态学的观点及其精神,致力于解决教育过程中存在及可能存在的各种系统性矛盾,从而推动现代教育的不断革新发展。

二、生态教育的学科基础——教育生态学

生态教育不是浮在半空中的概念设想,而是具有深刻的理论基础和来源,这需要对其所依托的学科基础有所把握。学科是人类知识分类的表征,表明知识的聚类和归属,而生态教育则建立在教育生态学的学科知识基础上。教育生态学作为一门新兴的交叉学科,是运用生态学的原理与方法研究教育现象的科学,侧重于考察各种环境要素对不同教育主体及其教育活动的影响。

随着生态学的基本原理逐渐为人们所接受,生态学逐渐运用于其他学科领域,研究人类生存和社会发展中的各种问题。人类生态学和社会生态学研究特别是文化生态学研究的兴起与发展,直接促成了教育生态学的产生与发展。其中,堪萨斯大学的巴克(Parker)和赖特(Wright)、康奈尔大学的布朗弗布伦纳(Bronferbrenner)、美国教育学者阿什比(Ashby)、哥伦比亚大学师范学院院长克雷明(Cremin)等都为教育生态学的产生和发展做出了重要贡献。到 20 世纪70 年代,国外教育生态学的研究进入较为兴旺的时期,产生了许多有影响力的研究。1976 年,克雷明的著作《公共教育》最早正式提出"教育生态学"一词。在此之后的这段时间里,教育生态研究不仅范围更加拓宽,而且也开始向纵深发展。我国对教育生态的研究起步较晚,台湾和香港在这方面的研究先于大陆,可以说国内对教育生态学的研究还处于起步阶段。对如何将生态学的原理运用于对教育现象与教育问题的分析,如何确定教育生态学独特的研究领域等问题上,还有待于进一步加强。

教育生态学作为 20 世纪后半期兴起的一门新兴的教育学分支学科,它是生态学原理与方法在教育学中渗透与应用的产物。生态学是研究生命系统和环境系统之间相互作用的规律和机理的;教育学则是研究教育发展的规律以及社会对教育的影响和教育在社会发展中的地位和作用。教育生态学是依据生态学原理,特别是生态系统、自然平衡、协调进化等原理,研究教育与其周围生态环境之间相互作用的规律和机理的科学,它把教育与生态环境联系起来,并以其相互关

---

① 马歆静. 生态化与可持续发展——现代教育发展的必然[J]. 教育理论与实践,1998(5):1-6.

系及其作用机理作为其研究的对象,研究各种教育现象与成因,进而掌握并指导教育发展的趋势和方向。① 目前国内外对教育生态学的学科属性主要有三种视角。

一是生态学视域的教育生态学,以生态环境因子为主,研究各种生态环境因素与教育的关系及对教育的影响。这方面以台湾学者为代表,如李聪明所著的《教育生态学导论》运用生态学的原理,针对台湾的教育现象和问题进行了反思。②

二是教育学视域的教育生态学,以教育学为主体,研究教育与生态环境的关系。如克雷明在所著的《公共教育》中指出生态学的概念是有用的,因为它强调联系;教育生态学就是把各种教育机构与结构置于彼此联系中,以及与维持它们并受它们影响的更广泛的社会之间的联系中来加以审视。③

三是交叉视域教育生态学,从教育学和生态学交叉的领域来进行探究。吴鼎福所著的《教育生态学》是以生态学的方法研究教育,涉及了教育的生态环境、教育的生态结构、教育生态学的基本原理以及教育生态的基本规律等内容,认为教育生态学以教育学和生态学作为自己的理论基础,并与其他分支学科有着内容上和方法上的交叉和联系,起着相辅相成、相互促进的作用。范国睿在其《教育生态学》一书中从社会生态系统、教育资源与教育生态、学校生态分布以及学校与课堂生态环境等方面来研究人、教育、环境彼此联系,并指出教育生态学是一门新兴的边缘学科,借鉴并综合教育学和生态学的方法,是形成教育生态学理论体系的重要一环。④ 这两本书是国内从综合交叉视角研究教育生态的代表著作。

上述关于教育生态学学科内容的不同观点其实质是关于学科性质的不同认知,主要是由于不同专业背景研究者的学科本位意识与研究兴趣不同造成的。需要看到,如果把教育生态学只看作是生态学的分支学科,不结合教育的知识,简单地将生态学的理论移植到教育生态学中,会使教育生态学本身的教育特殊性被丧失。相反,如果把教育生态学只看作是教育学的分支学科,不借鉴生态学的原理,来解释教育中的生态现象,教育生态学中的生态特殊性就得不到合理的

① 吴鼎福.教育生态学[M].南京:江苏教育出版社,2000:2.

② 李聪明.教育生态学导论——教育问题的生态学思考[M].台北:台湾学生书局,1989:2.

③ [美]劳伦斯·克雷明.公共教育[M].宇文利,译.北京:中国人民大学出版社,2016:30-36.

④ 范国睿.教育生态学[M].北京:人民出版社,2000:2.

认识。同样，如果把教育生态学看成是教育学与生态学的简单相加，则会使教育生态学的理论体系难以独立形成，从而阻碍教育生态学学科发展成熟。在教育生态系统中，教育生态亦是一个面向未来的话题，所要解决的不仅是解决已存在的教育生态问题，更重要的是在于优化教育生态主体与教育生态环境之前的关系，生成和谐的教育生态，从而促进教育活动持续健康发展。因此，教育生态学不仅是着力于解决现实存在的教育生态问题，更是致力预防未来可能出现教育生态失衡现象的学科。

教育生态学的研究对象是教育生态，亦即教育生态主体与教育生态环境的和谐关系，它也是整个学科理论体系的逻辑起点，包括教育生存状态、教育生长势态和教育生成样态。原因有三：第一，教育生态是一种现实的客观存在，具有明确的内涵和外延，是需要被解决的客观问题；第二，教育生态是教育生态学中最核心的概念，其他概念都能教育生态为逻辑起点加以演绎说明。第三，教育生态是教育生态学中最本初的矛盾，我们可以由此推演出教育生态的本质、教育生态的基本规律、教育生态准则等一系列下位理论，从而形成教育生态理论体系。[①] 作为跨越教育学和生态学两个领域的一门新兴的交叉边缘学科，教育生态学把教育放在自然环境、社会环境、规范环境中，研究这三种生态环境和人的生理、心理环境的各种生态因子与教育的相互关系，旨在揭示教育的生态结构、教育的生态功能、教育的生态原理、教育生态的规律、教育的行为生态、教育生态的演替、教育生态的检测与评估等方面的内容。

三、教育生态系统与生态律

理解生态教育首先需要弄清什么是教育的生态环境系统，尤其应该注意的是教育生态环境的多维镶嵌性。教育的生态环境（Educational eco-environment）是以教育为中心，对教育的产生、存在和发展起制约和调控作用的多维空间和多元环境体系。教育生态环境大致分三个层次：一是以教育为中心，综合外部自然环境、社会环境和规范环境组成的单个的或复合的教育生态系统；二是以某个学校或某一教育层次、类型为中轴构成的教育体系，它反映教育体系内部的相互关系；三是以学生的个体发展为主线，关注外部环境，包括教育在内的自然、社会和精神因素组成的系统。

教育的生态结构包括宏观、微观两个侧面。教育的宏观生态最大的范围是

---

① 高涵，周明星.关于教育生态学学科发展的思考[J].教育研究与实验，2014(4)：26-29.

生态圈,以教育为中心,研究国家领域内教育的各种环境系统,分析其具体的自然生态环境、社会生态环境、规范的精神环境及其功能以及与教育、与人类的交互作用关系,以寻求教育发展的方向、教育应有的体制以及教育应采取的各种对策,发现和创造有利于教育的生态环境。与之相对应,教育的微观生态则缩小到学校、教室、设备乃至座位的分布对教学的影响,甚至包括课程的设置目标、智能、方法、评价等微观系统分析,微观生态可以缩小到家庭的亲属关系,学校的师生关系、同学关系乃至学生个人的生活空间、心理状态对教育的影响。只有教育的宏观与微观生态结构合理协调发展,才能发挥其积极有效的生态功能,否则,从整体上或局部上会出现生态平衡失调。①

教育生态系统是由教育主体(如:教师、学生)、教育客体(如:知识)和生态环境(如:政策环境、人口环境等)构成的相互作用的动态系统,它主要通过与系统外部进行能量流动、信息传递形成一定的教育营养结构,并实现系统内外的良性物质循环。当教育生态系统处于平衡状态时,它能够对外表现出运行高效、功能优异及与教育生态环境的良好协同。反之,当教育个体或群体出现一些不合理活动时,这些活动会损害到教育生态系统的局部或全部结构功能,导致整个教育生态系统的失衡,甚至威胁到教育生态系统的存在,这时就会出现严重的教育生态危机。②

任何生态系统都有自身运行和发展的规律,教育生态系统也不例外。教育生态的基本规律是指以生态学观点来研究教育与外部生态环境之间以及教育内部各环节、各层次之间本质的、必然联系。由于教育生态的研究起步较晚,还有若干教育生态的规律尚未被人们认识或充分认识,主要可以从以下几个方面进行概括认识。③

1. 迁移与潜移律

教育生态系统的物质流、能量流和信息流,在宏观上主要表现为径流,即较明显的迁移,而在微观上则表现为潜流,即不明显的潜移。如国家财政部门拨款给教育部门,教育部门通过银行转给各学校,这是径流,能量流入学校后分散到系、部,再到教研室以至教职员工个人,逐渐即由径流变为细小的潜流,在此过程中,能量逐渐耗散。对信息系统的相似分析,尚需借助于关于人脑、神经系统的知识。

2. 富集与降衰律

改革开放以来,通过多渠道、多种方式解决学校的资金,可以理解为一种富

---

① 吴鼎福.教育生态学[M].南京:江苏教育出版社,2000:12-83.
② 郭丽君,陈中.试析教育生态学的学科定位[J].现代大学教育,2016(2):14-15.
③ 吴鼎福.教育生态学[M].南京:江苏教育出版社,2000:171-193.

集作用,这将给学校教育生态系统带来活力和动力。一般地,富集度愈高,系统愈向高水平发展,但能量富集过多会造成浪费。总之,富集要与不同的发展水平和层次相适应,降衰作为富集的对立物不难理解,如信息流随距离的增加而减少。信息在人体内随时间延长而衰减,只有反复复习,强化那些必要的神经联系,方能保持。

3. 教育生态的平衡与失调

教育生态理论的核心问题之一,正是教育的生态平衡。把握教育生态平衡的规律,能从根本上揭示教育方面存在问题的实质,推进教育发展。教育生态平衡可以从教育生态系统的结构、功能两个不同角度来分析。值得注意的是,由于恢复教育生态平衡或建立新的教育生态平衡周期表,加上教育的效果滞后,有些平衡失调在一段时间呈隐性,一时难于反馈和显示出来,这就要求人们根据平衡原理及科学的检测方法,主动去观察、分析,采取超前对策,能动地加以调节,否则将付出昂贵的代价。

4. 竞争机制与协同进化

无论是国家与国家、学校与学校,还是人才之间,从教育生态系统到群体、个体,竞争都是长久存在并导致优胜劣汰的,例如某些学校创办后消亡。但另一方面,竞争的积极意义也是众所周知的,竞争对教育者、受教育者都可以产生推动力,竞争可以促进整体教育改革,促进学科之间的交叉与渗透,推进学校间、院系间的协作,促进教学质量与科研水平的提高。从相互竞争到协同进化,这是管理者、教育者、受教育者的共同愿望。尽管有时不适当的竞争也可能导致相反的结果,但对教育生态系统而言,协同进化将永远是主流。

5. 教育生态的良性循环

教育圈是一种大教育系统,包括基础教育、高等教育、成人教育、继续教育。对象包括从事教育工作的人员,还包括教育发展所依赖的客观条件与环境,即社会、经济、科技、管理及对人才的需要等。教育圈内的人才流、能量流、物资流有自己的良好循环机制,这是生态循环的主要表现。

四、生态教育观及其特征

人类从来没有像今天这样关注生态问题,生态平衡、生态和谐、创建和谐社会已经成为当今社会的主题之一。生态教育是运用生态学的视野来审视教育、运用生态学的原则和方法来观察思考教育,生态教育或教育生态化就是人类为了实现可持续发展和创建生态文明社会的需要,而将生态学思想、理念、原理、原则与方法融入现代全民性教育的生态学过程。①

生态教育(亦称教育生态化、教育生态学化、绿色教育、生态化教育)是在新的教育背景和新的社会经济发展需求下形成的一种新的教育思想。国内学者研究指出,教育"生态化"是苏联学者创用的概念,其内涵是将生态学原则渗透到人类的教育活动范围中,用人和自然协调发展的观点去思考和认识问题,并根据社会和自然的具体可能性,最优地处理人和教育的关系。② 生态教育可以从不同层面铺展开,既关注微观个体行为与教育环境关系,也重视宏观教育生态系统的研究,同时还观察教育生态系统中重要的生态因子,但这些层面都遵循着生态学的基本精神——系统、平衡、联系。生态学最基本的思想在于生态系统和生态平衡。生态系统强调系统中各因子之间的相互联系、相互作用,生态平衡强调系统中各因子之间通过能量流动、物质循环和信息传递,以达到高度适应、协调和统一的状态。因此,用生态学的观点来思考教育问题,就要坚持系统、平衡、联系、动态的思想,既要保证整体和谐性、动态开放性,又要体现真实有效性、自主独立性,从而更好地探索复杂、系统的教育现象。

普通生态学认为,指导生态学研究的理论观点主要有四个方面。第一,层次观。生命物质有从分子到细胞、器官、机体、种群、群落等不同的结构层次。生态学是研究机体层次以上的宏观层次。第二,整体论。每一高级层次都有其下级层次所不具有的某些整体特性,这些特性不是低层次单元特性的简单相加,而是在低层次单元基础上重新组建时出现的整体涌现性。整体论要求始终把不同层次的研究对象作为一个生态整体来对待,注意其整体的生态特征。第三,系统学说。在生态学中,系统观点与整体论和层次观是不可分割的。生物的不同层次既是一个生态整体,也是一个系统。第四,协同进化说。在自然界中,各种生命层次及各层次的整体特性和系统功能都是生物与环境长期协同进化的产物。③ 由此,指导生态学研究的理论观点可归纳为系统观、平衡观、动态观和整体观四个方面。

因此,我们可以从教育和生态两个概念的内涵来考察和界定生态教育的范畴特征。教育是有目的的培养人的活动,是促进个体身心发展的生态因子;而"生态"意味着世界万物是相互依存的、和谐共生,是一种整体化的、系统化的可持续发展的世界观和方法论,指生物在一定的自然环境下生存和发展的状态,也指生物的

① 温远光. 世界生态教育趋势与中国生态教育理念[J]. 高教论坛,2004(2):52-55.

② 欧阳志远. 生态化——第三次产业革命的实质与方向[M]. 北京:中国人民大学出版社,1994:1-3.

③ 郑师章. 普通生态学——原理、方法和应用[M]. 上海:复旦大学出版社,1994:210-211.

生理特性和生活习性以及它们之间和它与环境之间环环相扣的关联。因此,生态本然地带有"综合性、关联性和平衡性"等基本特征,而生态教育则是将这种"综合性、关联性和平衡性"应用到具体的教育实践活动中而产生的教育行为变革。

　　生态教育思想的核心是生态系统观、整体观和联系观,生态教育思想以生态系统的平衡、稳定和整体利益为出发点和终极标准。进而,可以得出"生态教育思想"这一术语界定的最主要逻辑起点:生态教育思想应当具有一定程度从生态整体利益的角度考察教育活动的特点或倾向。这也是生态教育和环境教育思想的一大区别,因为后一术语的最大问题隐藏在它下面的价值预设。"环境"意味着我们人类位于中心,所有非人的物质环绕在我们四周,构成我们的环境。与之相对,'生态'则意味着相互依存的共同体、整体化的系统和系统内各部分之间的密切联系。[①] 概括来说,生态教育包括教育内容、教育方式、教育结果三个方面的生态。教育内容的生态要求学习、传播、理解、掌握有关生态的知识、观点、方法;教育方式的生态则主张摒弃急功近利、竭泽而渔、不择手段的人才培养模式;教育结果的生态最终追求教育系统的生态平衡,实现教育活动的生态价值,促进人的持续发展和终身发展。总之,生态教育就是用生态学的观点考虑教育问题,强调在教育过程中遵循自然,尊重规律,采取多元教育策略,实施全环境育人,促进孩子的生态成长,全面发展,最终实现师生生命成长(见图 2-1)。

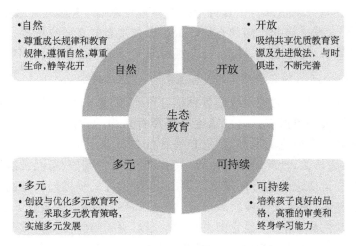

图 2-1　生态教育概念的内涵特征

　　① Chery Glotfolty & Harold Formm. The Ecocriticism Reader: Landmark in Ecology [M]. Georgia: the University of Georgia Press,1996:pxx.

当前的教育问题和现象很难用主客两分的思维方式进行满意的解释,也难以用单一的因果关系或矛盾关系的原则来解决。生态学的方法论与和谐价值观对教育研究有很强的适切性,生态范式将是开阔视野看教育的新范式,它的思维模式本身更贴近教育的形态。① 生态教育观正是突出"生态"这一概念特点,是生态平衡与生态和谐思想在教育上的参照借用,它强调运用生态学原理法则来思考、理解和解释复杂的教育问题,是以生态的方式来开展教育理论与实践的理念。生态教育观强调教育要以人为本,教育要促进人的全面、可持续发展,强调教育的持久性、连续性、可再生性发展。从这个意义上说,生态教育观既是一种教育理念,也是一种教育实施策略,它是一种系统观、整体观、联系观、和谐观下的教育观。其目标是为了促进人的全面发展,其实质是把教育发展看作是全面的、系统的、协调的和可持续的发展过程。

第三节 生态教育的方法、原则及主张

一、生态教育的理论预设

任何一种教育思想都有一套自身的基本理论假设,这套理论假设就像一种基座,决定了这种思想的走向和态势。根据已有生态教育研究成果,生态教育思想可以从世界观、知识观、人性观、社会观以意义感等五方面进行阐释。②

1. 世界观:从机械论到有机论,从人类中心论到共生论

如前所述,现代社会的主流教育思想,所持守的基本上都是机械主义自然观和人类中心主义的价值观。这也是生态教育者认为的生态危机的深层次根源。而生态教育者持有机论的世界观,它是一种代替笛卡尔机械论世界观的新的世界观。第一,它认为,地球是活的系统,具有自组织、自调控、自己发展的性质,因而它朝有序和价值进化的方向发展。第二,有机世界的整体与部分的关系,不是由部分组成整体,而是由整体组成部分。第三,有机世界虽然具有一定的以整体性为特征的结构和功能,但是它的关系和动态过程的整体性更为重要。

人类根植于物理性的宇宙,它的功能与其是说一个机器,不如说是一个有机体。持笛卡尔机械论世界观的人,把自然世界想象成相互分离和互不联系的客

---

① 刘贵华,朱小蔓. 试论生态学对于教育研究的适切性[J]. 教育研究,2007(7):3-7.
② 徐湘荷. 生态教育思想研究[D]. 济南:山东师范大学,2012:77-84.

体集合物的集合。有机论的世界观则认为我们对自然界更强调认同而不是分离性的观察，在这种视角下也并不需要消除现代社会的科学知识，而是以更广泛的视角来综合这种知识，在根植于整体的基础上来看待组成部分。

生态整体主义表现在从关注个体生物到关注整体如物种、种群或生态系统上。生态整体主义的基本前提就是非中心化，强调整体以及整体的内部联系。其核心思想是把生态系统的整体利益作为最高价值，而不是以人类的利益为标准；把是否有利于维护和保持生态系统的和谐、平衡、可持续发展作为考量一切事物的根本尺度，作为评判人的生活方式、科技发展、经济进步和社会和谐的终极标准。

2. 知识观：从客观到情境，否定理性知识的优越性

现代教育思想尤其是科学取向的教育思想接受的是笛卡尔的知识观，认为那些能被量化的知识比不能被量化的知识更有价值，所有的知识在本质上都是普遍的、标准的、不受特定时间、地点和情境的限制，感情、直觉的那些不能被量化的东西如友谊、忠诚、移情、善心等被认为是模糊的、不精确的，是需要被剔除出去的。因此，现代社会的课程推崇知识的普遍化、标准化、抽象化。其实，这种知识假设的背后是工业模式、实用技术和经济效用的逻辑，认为理性知识优于一切。在这样的逻辑支配下，人们被知识的快速增长所驱动、所迷惑，往往不考虑生态的、社会的成本以及人们的感觉和体验，以致生态恶化、社会崩溃、非正义的问题随处可见。

现代学校课程抬高主流知识即理性知识的地位，贬低地方化的知识，把普遍化、标准化和抽象化的理性知识视为唯一合法的知识，这使得学生与他们本土和个体性、经验性的知识疏离，也使学生从自然环境中疏离出来。这种抽象化、标准化和普遍化的知识被学校中以文本为中心的教学所加强。学生被看成是一个容器，只接受表面上有价值的信息，而这些东西通常和学生的生活无关。

在生态教育者眼中，知识不是也不可能是客观的、普遍的和去个人经验的。人类没有办法把感情从知识中分离出来，没有办法把主观从客观中分离出来，没有办法、也没有必要把思想和身体从其存在的生态和情绪语境中分离出来。知识不是也不可能是客观的，某种真的东西不是在孤立的情境中获得的，而是以相互联系的视角来看待事物的结果。

生态教育思想认为理性知识作为的唯一合法知识的观点需要调整。人类智慧在评价上不应该有高级和低级之分，不能说理性部分就较为高级。理性知识是以显性知识的形式存在，包括我们的学校课程、教科书所提供的信息、标准化的测验，通常人们认为这些东西可以与个人文化背景及其成长环境中所获得的常识是分开的，其实则不然，因为这种知识背后往往内含着个人的文化背景及价

值观,即个人日常经验中不言而喻的、情境化的类比性模式。

3. 人性观:从社会性到生态性

现代教育学通常将人的社会性视为本质属性,将教育视为促进人发展的事业,人的发展包括人自然属性的发展,也包括人社会属性(人性)的发展,并且认为其核心是人性(社会属性)的发展。但对于生态教育者来说,人不仅具有社会性,更具有生态性。

教育在进行人格建构的时候,不是社会性的,而是生态性的,和个人生存的地理空间辩证地联系在一起。而且这种人格建构并不是在孤立的情况下发生,而是为社区生活所调节。自我是自身通过与其分享同一地理空间及其与他人的关系被定义的,分享的方式塑造了个体的心理和精神状态。由于人是一个创造者,我们不可能在自然界中生活而一点也不改变个体,通过与自然界的相互作用,我们改造了自然界,也塑造了我们自身。

若我们对地球施以暴力,我们就会以暴力的方式生活,我们自身也被异化。当我们不负责任地利用地球以及居于其上的生命,也许可以获得短期的益处,然而,那是以长期的完满为代价的,我们人类自身也在这一过程中丧失了部分的人性。若我们以创造性负责任的方式来对待地球,我们就是地球的托管人,我们就成了创造性、有同情心的和公正的生命。这样,不仅人们能与地球及其他生命共存共荣,人类自身的人性也得到了完善。

人的生态性也通过传统文化、人际关系、生活方式表现出来。所以每个民族都形成了自己对待生态的传统,从古至今流传的仪式、食物获取方式、互动方式(比方说,在前现代社会就是自给自足、街坊四邻互帮互助),更具体一些包括钱财的运用、法律程序、看待年轻人和老年人的方式。在这个意义上,传统和文化一样广泛,没有哪个个体能从传统中真正解放出来。所以,个体和社区的传统文化、人际关系的联系也表现了人的生态性,而且这种联系是形成个人意识的根本;在这种联系中,代际知识是维系现在、将来与传统的纽带的知识宝库。

4. 社会观:从个人主义到共生的生态网络

生态教育者认为社会的基本单位不是个人,而是个人与周遭的一切所形成的共同生活网络和互动关系。在我们现代社会里,个体作为社会的基本单元,处于相互竞争的状态,为了自己的生存需要,一个人的成功意味着了另一个人失败的加剧。只有在核心家庭中,才可能有合作性的支持形式。和这种观点相对,生态教育思想视人与周围共生的网络的合作而不是竞争是社会的正常状态。就是说,人们以相互依赖的方式来行事的时候,才能保证个体的安全感和健康。

现代社会最主要的偏见就是把追求自利和自我实现作为根本的理想,而不考虑人们合作性生活方式的需要。这是因为市场经济的首要条件就是要消解人际关系的相互依存性，使人们只依赖自己赚钱的能力和分工精细的专业机构。日益增长的财富和产业机构消解了人们想从街坊四邻那里获得经济、情感和其他援助的必要性，所以现代人普遍缺乏安全感，在情感上更容易出现孤独、冷漠等现象。

生态教育提倡相互依赖的人际关系往往具有前现代社会和社区的特征，个体的幸福往往和人际关系的相互支持和合作性的活动有关。在这种情境中，作为一种礼物的非市场交换或者提供劳动力来构建一种支持和分享的社区的功能模式。社会的基本单位不是孤立性和占有性的个体，而是初级群体和小的社区，个人安全感和社会健康的发展可以通过合作性的支持而不是竞争得到实现。

深层生态学的哲学观点认为人类存在或生存的基本单位不是个人，而是机体与环境的复合体。单独的个体，从来不是一个整体中的部分，不是一个物种，而是整个自然生存系统的一个单位及其与其他系统互动的关系。机体与环境互动形成两者相互依赖的关系。实际上，"生态"本身就是一种关系复合体，蕴涵着深厚的并且难以被人们作知性认识的关系结构。

5. 意义感：从物质的累积到个人的成熟和对社区生活的参与

现代工业世界观的中心假设之一是人类的生活呈线性方式增长。随着时间的推移，我们期望享受日益增长的经济进步和物质享受。从 16 世纪以来，物质上丰裕的目标代替了精神上的追求，人的意义感和价值感就是从这种对物质的占有中获得的。纵观 20 世纪，尽管一些知识分子不断地对现代化的品质进行质疑，但是他们的声音被淹没在冲向技术革新和物质富裕的浪潮中。他们的警告当然也没有引起工业社会的大部分居民的注意，直到出现了严重的生态危机，不仅不能维系人们物质上的丰饶，甚至威胁到人们的生死存亡。所以提供一种可替代性的意义体系——至少这种意义体系可以维系他们的生活势在必行，这种意义体系首先承认星球有不可避免的有限性，在此基础上，人们的观念才能表达、创造性才能发展。

和集中于物质舒适的生活相比，那些归类为超工业范式的生活方式相信人类存在的目标是自我改变，为了达到这一目标需要持续地把物质资料减到最少，不是通过物质的占有获得意义，而是通过超越小的和有限的我（egos）来获得。成熟不是积累而是深层次的认同，通过这种认同，人们才能对别人的幸福承担起更大的责任和负担。因此，需要建立一种新的意义体系来代替这种腐蚀生态系统的意义体系，这种新的意义体系聚焦于个人的成熟和变化以及对社区的参与而不是物质财富的获得和物质上的舒适感。

这种视角也许看似非现实的和乌托邦的,但是在前现代时期,人类已经如此生活了很多年,正是在这种情境中,我们的物种得以保存。在小的社会单元之中,这种个体挣扎也是不可避免的,除此之外,贪婪、歧视、攻击和自私会继续存在。尽管有这些问题,还是能够建立一个认识到自然的有限性、人际间相互合作、认同和承诺的社会,这种社会对生态的损害比我们当前所谓的现代社会要小得多。

二、生态教育的分析方法

哥伦比亚大学师范学院院长劳斯·克雷明最早正式提出教育的生态学方法。克雷明指出,生态学的方法与模式要点在于指明教育情境的范围和复杂性,应当选择运用生态学的联系观、平衡观、动态观来考察教育问题。贯穿其思想的核心在于把教育视为一个有机的、复杂的、统一的系统,教育生态系统中的各因子都有机地联系着,这种联系又动态地呈现为:一致与矛盾、平衡与不平衡。因此,对学校来讲,既要与其他教育机构接合、联动,又要有自己的议程,其目的在于保持学校自身的完整与平衡。①

教育生态分析是一种"注重全面联系,突出整体价值"和"强调动态过程,追求持续发展"的教育生态研究方式。其中,"注重全面联系,突出整体价值"是指教育生态分析以整体关联的思维方式研究教育生态主体与教育生态环境之间的关系,并且赋予由这种关系联结起来作为整体的教育生态以更大价值。"强调动态过程,追求持续发展"是指教育生态分析以动态发展的思维方式研究教育生态的动态演化过程,即教育生态主体与教育生态环境之间以彼此联系为基础的协同进化过程,并且赋予教育生态的长期持续发展以更大价值。没有教育生态主体和教育生态环境之间的联系,没有关于两者之间全面联系的认识,就没有教育生态主体和教育生态环境的协同进化,就没有关于教育生态动态发展的认识。教育生态的持续发展必须基于重视教育生态的整体价值。过于强调教育生态某一部分的地位与价值,理论认识和教育政策方面不注重教育生态的整体价值,往往导致这一部分教育生态的畸形发展和整个教育生态的失谐,教育生态就难以持续发展。② 生态学的研究从最初的生物链揭示到生物群落发现,然后再到生态系统平衡的提出,表现了生态系统追求整体和

---

① [美]劳伦斯·克雷明. 公共教育[M]. 宇文利,译. 北京:中国人民大学出版社,2016:30-36.

② 王加强,范国睿. 教育生态分析:教育生态研究方式初探[J]. 教育理论与实践,2008(19):7-10.

动态平衡两个特性,这说明生态学与生态教育思想在这两种分析方法上具有相互融合或者是契合的成分。

　　生态方法论之精髓就在于"整体关联"和"动态平衡"。现实的教育问题和现象很难用主客两分的思维方式进行满意的解释,也难以用单一的因果关系或矛盾关系的原则来解决。而生态学的方法论与和谐价值观对教育研究有很强的适切性。我们可以以将生态的方法论与和谐价值观通称为"生态学方法",通过对生命的、社会的生态学特性与教育的生态学特性进行阐释、比较,可以看出,自然、社会和教育系统有共同遵循的生态学分析框架,在和谐价值观的观照下,生态智慧可以应用于教育活动,生态思维模式本身更贴近教育形态(见表 2-1)①。

表 2-1　教育的生态学分析框架

	生命的	社会的	教育的
整体性	生命的重要特性是有机性,本质是内在的关联。生态系统中的所有成员是以一个网状的关系而使彼此相互关联,所有的生命历程皆相互依赖	团体中的所有成员是以一个网状的关系而使彼此相互关联,在这个关系中,所有的历程都是相互作用的	教育的本性在于其生命性。教育中的所有成员呈网状关联,个人成功与教育集体和社会发展相关
持续性	生态系统中每一个物种的长期生存须仰赖有限的资源基础	团体的长期生存须仰赖有限的物质资源基础、共享的才能和思想以及持续的目的	生命是长成的,学生由低年级向高年级持续发展仰赖教师高频度的、有目的的教育教学活动
动态平衡性	生态系统中成员之间的相互依赖包含在连续的循环中交换物质和能量,这些生态的循环有如回馈的环线	团体中成员之间的相互依赖包含在连续的循环中交换能量和信息,这些生态的循环有如回馈的螺旋线	师生间的相互依赖包含在连续的循环中交换思想、知识、情感和智慧,他们在循环中提高
能量流	太阳能由绿色植物的光合作用转换成为化学能,驱动了所有的生态循环	人类的能量、经验和信念转化为意义和知识,驱动了有目标的团体	师生长期稳定的精神交流、行为影响和方法选择,驱动了有目的的教育群体

---

　　①　刘贵华,朱小蔓.试论生态学对于教育研究的适切性[J].教育研究,2007(7):3-7.

	生命的	社会的	教育的
合作关系	生态系统里所有的成员皆参与了微妙的竞争及合作的相互作用,其中包含无数的合作形式	团体中的成员皆参与了竞争及合作的交互作用,其中包含无数的合作形式	在和谐的价值理念下,网状连接的教育成员参与竞争与合作。在合作的前提下,差异导致竞争,竞争促进发展
适应性	成功的发展必须善于拓展资源生态位和需求生态位,以改造和适应环境。只开拓而不适应则缺乏发展的稳度和柔度;只适应而不开拓则缺乏发展的速度和力度	在有如回馈线路的功能中,生态的循环倾向于将自己保持在弹性的状态下,具有弹性的团体对于波动有柔性,在有目标的控制下,他们得到革新和发展	教育所培养的人在适应社会发展需要的同时改造了社会,社会与人在相互适应时得以共同发展
多样性	生态系统的稳定度主要依赖其关系网络的复杂程度,即生态系统的多样化	系统必须有多元化的结构和多样性的产品为基础,以分散风险,增强稳定性	教育对象的多样性取决于其生理结构、心理—文化结构与社会关系的多样性,由此决定多样性的教育方式和结果的合理性
共同演进	生态系统中的大多数物种是由于创造和相互适应的交互作用来进行共同的演化。富有创造性地向着新奇的事物延伸是生命的基本特质	团体中的多数成员是由于创造和相互适应的交互作用来进行共同的演化。富有创造性地向着新奇的事物延伸是生命的基本特质,这也显示在发展和学习的历程中	团体中的多数成员由于创造和相互适应的交互作用进行共同的演化。变化是生命体任务,富有创造性地向着新奇的事物延伸是生命的基本特质,也是教育的诉求

三、生态教育的基本原则

生态教育以生态哲学为其理论基础,生态哲学认为世界的本原是"人——自然——社会"的复合生态系统,主张整体性的认知模式。在此基础上,生态教育观的基本理念主要有以下几点:培养完整人格的教育目标;主张网络化开放的知识体系;注重动态情境式的教育方式;倡导平等和谐的师生关系。生态教育是为了生命主体的自由和幸福以及可持续发展所进行的生态化教育,这是一种生存智慧、人生观、价值观、世界观的教育,其中生态世界观的教育尤为重要。生态世界观是系统整体的观念、普遍联系的观念、相互作用的观念、平衡和谐的观念。

由此可见,生态的观点,从根本上说就是生命的观点、有机的观点、自组织的观点、内在关联的观点,它把世界包括人、自然、社会看作是鲜活的生命体。而生命的重要特性就是有机性,有机性的本质就是内在的关联,"生命有机性"是生态合理性的首要原则。所谓生态思想,则是指人要充分尊重维护自然中生物的权利和生态,保持人与自然协调发展的思想。由生态思想而至生态教育思想,不难发现它们所具有的共同特征和教育的自身特点,共同遵守着自然原则、整体原则、系统原则和能动原则这四项原则。①

1. 自然原则

人是自然生态中的成员,像其他生物一样,是自然秩序中的一种存在。其本身的结构和内在活动韵律、新陈代谢都与自然息息相关,"人是自然之子"自不待言。在教育中,如何以生态思想来进行关照,尊重人的自然性、习性,是教育生态思想的第一原则。结合教育实践,一方面,要求教育工作者在教育的语境中,应充分尊重受教育者的存在,尊重他们的个性差异和不同想法,遵循教育的生态规律,减少人为干扰,"顺木之天,以致其性";另一方面,作为教育管理者,也要尊重教师的个性特点,充分调动他们的积极性。总之,教育及教育管理者应时时警醒自己,只有教育理念和教育手段符合自然之道,才能更好地实现教育目标。

2. 整体原则

从生态学的角度看,教育的存在也像其他生物一样,由于先天后天以及生物个体的习性状态不同,表现出发展的不平衡性。同时考虑到,由于人为的原因,也容易造成教育生态发展的不平衡。由于此前这个问题没能引起有关方面的足够重视,导致了我国教育生态长期和严重的不平衡,长此以往不加改变,其后果肯定不堪设想。平衡的观点是整体原则的一个重要内容。教育者是否具备整体观念,以整体观来思考处理问题,以保持教育生态圈的平衡与协调是极其重要的。具体来说,中和、适度、守恒的哲学思想可作借鉴,着手教育实施时则要处置允当。

3. 系统原则

生态有生态系统,教育有教育系统。教育生态的系统原则强调教育的大环境和小环境,教育的宏观和微观以及各个因素之间相互的影响和作用。所有生物、所有资源,植物、动物、阳光、水分、温度、食物等都各自循环又互相联系,如同教育的大小气候环境。系统性原则要求在处理问题时,要用系统的发展眼光来看教育问题,注意教育活动之间的相关性和动态效应。因此,动态地监测,微观

---

① 张晓黎.论生态教育思想的基本原则[J].嘉兴学院学报,2002(4):98-100.

地发现,宏观地把握,是生态教育系统性原则的着眼点。同时,反对教育中急功近利和短期行为,反对急躁浮躁,追求整体与和谐,追求教育的长远和可持续发展,做到双赢乃至多赢,这也是系统性原则的根本要求。

4. 能动原则

生态思想的核心内容就是要尊重生物的自然性,遵照自然规律办事,但这并不否定教育主体的能动性。发挥教育者的主观能动性,使教育的具体政策措施、组织行为、观念方法、情感智慧、效率效果到位,这是上述自然、整体、系统性三项原则的具体实施和验收内容,是"知行合一""智能合一""情意合一"的产物。主观能动性始终要解决对教育的预见性和发展性问题,强调的是全方位学习和创造性学习,重视的是情感行为投入的适切与否,既着眼于教育的现在,更注重教育的未来。

四、生态教育的宗旨主张

生态教育者认为教育的宗旨是安居乐业而非向上流动;是建设家园而非无家可归。而当代教育宗旨就是促使学生向上流动,获得职业上的成功,在全球化的经济中提升竞争力。当代教育培养出来的人既不忠于人类发展的远景,也不准备投入理智和情感上的努力改善他们所居住的地方;而且这些人自身也可能过着千疮百孔的生活——对谋生的焦虑大过对于我是谁的思考,碎片化代替了完整性。结果,通过教育这个途径,培养了一批批向上攀爬的过客(transients)或者称为"寄居者"(residents)。这些只是向上流动的过客,流动性越大,越陷在同一个地方,那就是"不属于任何一个地方"。他们永远不能把任何地方当成自己的家园,也不可能认真对待任何地方,因为他们在任何时候都准备着以权利和财富的名义去破坏。他们对任何地方都没有亲密和承诺的意识,这就是无家可归的教育。生态教育认为,要想把过客变为居民,把对向上流动的关心变为对本土的留心,现行的教育范式需要做出以下调整。①

1. 教育必须具有爱和亲密的精神特质

教育活动需要具有爱和亲密的特征属性,而这种特质恰恰是工业化框架下教育所缺失的。工业化框架下的教育及知识和爱无关,有学者对生物教材的索引做了一个粗略的调查,根本没有一个"爱"字,其他的教材,物理、化学、经济学都是这样。为什么把爱这种人类最强有力的情感与科学这种对人类影响最深远的活动联系起来那么困难呢? 这是因为很多人坚称科学和爱、激情这些情感是

---

① 徐湘荷.生态教育思想研究[D].济南:山东师范大学,2012:89-93.

相悖的,所以把爱、激情等情感逐出课程和教育是理所当然的。显然,这个观点是错误的,别的不说,促进科学发展的原动力就是激情和爱。在谈及职业和专业的时候,我们几乎不谈我们内心深处的动机、情感和爱。事实上,我们的职业决定不是理性地计算出来的,而是我们的直觉、喜好、迷恋、感受性经验的累积,但现代的学校教育只是教导学生根据市场前景来规划个人的前程。

2. 我们要为增加生态素养而受教育

生态素养不仅是关系地球的知识,更是一种寻找联系的精神品质,一种融会贯通广泛思考的能力习惯。可惜的是,这种能力被专业化、分科化的教育扼杀了,现在每一所学校都知晓文化素养的价值,可很少人能理解生态素养的重要性。生态素养首先源于人对奇迹的感受,人们能感受到生活中神奇的、美丽的、多姿多彩世界中的一种绝对的喜悦。这种对奇迹的感受来源于"热爱生命的天性",它是人心灵所具有的与其他生命形式和生命过程的"亲和"倾向。教育应该及时地发展这种天性,发展人的生态素养,就是教育人广泛地思考,以相互联系的视角理解人和周围环境的系统和模式,关注人类行为的长期效应,作为一个整体的人来过健康和幸福的生活。具有生态素养的人能以整体的视角来看事物,具有理解相互联系的必要知识,关爱和关怀的态度及付诸实践的行为和能力。

3. 教育应当增进学生和人类的幸福

生态教育思想认为教育的任务是增进学生个体的幸福及本土文化和生态的完善,而非单向度地提高学生的经济、职业竞争力。今天的教育改革基本上和个人的完整性以及对真理的追求和洞察力的培养无关,更少涉及在地球可以承载的限度里,我们怎样生活的重大问题。我们的教育缺少勇气去追问我们的毕业生将要去居住一个什么样的世界,准备去构建一个什么样的世界。当前大部分教育实践是基于这样的一个信念——要使我们的年轻人在全球化的经济中更有竞争力。所以,学校渐渐变成一个让学生在逐利比赛中获胜的机构。生态教育者要求从深层次上改变教育:教育首先要启发学生广泛地思考,以相互联系的视角去理解人和周围环境的关系,关注人类行为的长期效应;培养学生作为一个整体的人来过健康和幸福的生活,进而给社区和生态体系带来福祉。

事实上,对孩子的教育应该像照顾农作物的生长,学生是教育事业发展中的一粒粒种子。过去教育者更多重视的是种子本身的播种、浇灌、培育问题,现在教育者要更多关注种子生长所需要的土壤、空气、水质、阳光的问题——即关注教育的生态问题,就是要用生态的思维来思考分析教育。

现代生态教育主张把教育活动看作是一个有机的生态整体,这一整体既包括教育活动内部的教师、学生、课堂、实践、教育内容与方法诸要素的亲和、融洽

74

与和谐统一,也包括教育活动与整个育人环境设施和文化氛围的协同互动、和谐统一,把融洽、和谐的精神贯注于教育的每一个有机的要素和环节之中,最终形成统一的教育生态链整体,使人才健康成长所需的土壤、阳光、营养、水分、空气等各种因素产生和谐共振,达到生态和谐的育人目的。"生态教育"就是要在生态哲学、教育学、心理学相关理论指导下,运用生态学的理论思维方式和研究方法来思考学校教育问题,充分利用现有的优质的原生态教育资源,在学校自身发展过程中逐渐克服非生态的、违背教育规律的、反人性的短期行为,不断创建学校自然生态的教育环境,营造学校人文生态的教育氛围。

按照生态学的原理和方法来改造教育活动是生态教育建设的核心内容,它主要包括教育环境、课程内容、课堂教学和教育评价等方面的生态化。教育环境的生态化是指按照生态学的整体系统观来进行学校布局和校园规划,使整个校园环境充满绿色、充满生命活力;课程内容的生态化是指将生态教育内容融入整个课程体系,使学生在学习各门学科知识的同时潜移默化地接受生态文明理念的熏陶,从而形成保护生态环境的意识和能力;课堂教学的生态化是指课堂的教学设计和组织实施要遵循"整体关联""动态平衡"的生态方法论,通过生态课堂的构建和实施实现教师与学生生命的全面协调可持续发展;教育评价的生态化是指借鉴生态学中的"生态位"原理,建构整体与个体平衡、现实与未来协调的评价标准,为每个学生寻找到适合他们成长的"教育生态位",促进他们走上自我实现的道路。①

① 刘贵华,岳伟.论教育在生态文明建设中的基础作用[J].教育研究,2013(12):10-17.

第三章　生态教育的理论之基

生态教育并非天外来客,也非清浦中学随意所想,而是在深刻领悟到当代基础教育的真髓、切合学校自身的发展战略而提出的学校未来发展的行动纲领。生态教育的理论之基,亦即生态教育所扎根的理论视角,其理论之根扎得越深、越牢,生态教育才能走得越远。江苏省清浦中学倡导并践行生态教育,把生态哲学作为其哲学之基、把可持续发展作为学校生态教育的教学价值取向、把教学美作为其生态教学的美学追求,以行动研究作为学校生态教育的主要研究方法。研究者从生态教育的哲学视野、价值取向、教学美学、研究方法等层面深入探索并阐释生态教育的相关理论,以求实践者在实践中更加明晰生态教育,从而能够更有效地指导清浦中学的生态教育实践。

第一节　生态哲学:生态教育的哲学视野

任何一种教育思想,其背后均有一定的哲学主张或哲学理论作为支撑。生态哲学作为生态教育的哲学基础,它并非是一种新的哲学流派,而是哲学在当代的行动转向,从关注理论的建构到关注现实问题的解决。在本节中,研究者通过对生态哲学的概念与现实意义、生态哲学的中国传统、生态哲学的当代命题等问题的梳理,既可以让人们对生态教育的来龙去脉更加清晰,也可以加深人们对生态教育的认识与理解。

一、生态哲学:概念与现实意义

1. 生态哲学的相关概念

如果要知道什么是生态哲学,就需要了解什么是生态学。生态学是一门科学,它主要研究生物体与其周围环境之间的相互关系。其中种群、生物群落和生态系统是生态学研究的重要对象和内容。种群英文译为 population,指的是栖息在同一个地域中同种个体组成的复合体。生物群落的英文译为 biotic community,指的是在同一地域之中的动物、植物和微生物的复合体。生态系统的英文译为 ecosystem,它表示的是在同一地域中的生物群落与非生物环境的复合体,生态系统与生物地理群落具有相同的含义。德国博物学家海克尔(E. Haeckel)在 1866 年提出生态学的概念,并指出生态学是研究生物在其生活过程中与环境的关系,尤指动物有机体与其他动植物之间的互惠或敌对关系。① 结合近代生态学动态,生态学可定义为:研究生物生存条件、生物及其群体与环境相互作用的过程及其规律的科学。②

另外,要想了解生态哲学,还需要明确什么是哲学。哲学是指自然、社会和思维的概括和总结,它是世界观和方法论。哲学包括三个组成部分,分别是本体论、认识论和方法论。大众理解的生态哲学就是指研究保护环境和保护自然资源的哲学,他们认为生态哲学就是哲学的一个分支。其实生态哲学就是哲学,并非哲学的一个分支。生态哲学和哲学一样,它是指自然、社会和思维的概括和总结,是世界观和方法论。生态哲学包括三个组成部分,分别是生态本体论、生态认识论和生态方法论。

生态本体论坚持的基本观点主要有过程原则、有机整体原则、关系原则和创造力,它体现的是生态世界观。③ 哲学的认识论告诉大家人是怎么认识这个世界的,而生态哲学的认识论则强调,关系的普遍性原则是可以认识的,过程性原则不仅可以认识现象,而且可以认识本质,因为整个世界是一种过程。有机性原则告诉大家能动的主体可以用真理把握本质,从而进行认识。生态方法论换一种说法就是环境伦理学。伦理学是指人类在社会中,处理人与人之间关系时应当遵循的道德行为准则,是生命过程得以持续的自然社会法则。环境伦理学关注的重点是人类与环境之间的伦理关系问题,涉及社会学、宗教学、经济学和生态学等诸多领域,是一门新兴的综合性学科。环境伦理学倡导尊重自然,保护环境,努力促进人与自然的和谐相处。现代最早对人与自然关系提出反思的是美国环境学家利奥波德,他在《沙乡的沉思》一书中从多个角度阐述了人与自然的关系,并对人类为了自身的利益无视甚至破坏大自然的行为发出感叹。他分别从美学、生态学及道德的角度论述了人与自然,特别是人与土地的关系。提出了"大地伦理"的概念,第一次把人类的环境意识提高到了道德伦理问题的高度。后来经过蕾切尔·卡逊的《寂静的春天》的影响,人们认识到自身所处的环境正

① 包庆德,刘桂英.开启生态时代:从生态学到生态哲学[M].内蒙古社会科学(汉文版),2002,(02).

② 余谋昌,王耀先.环境伦理学[M].北京:高等教育出版社,2004.

③ 刘石峰.生态哲学的概念及现实意义解读[M].新西部,2018(11):14-15.

遭遇危机,希望改变过去征服自然的观念,用一种道德的态度去尊重自然。① 生态学的发展为环境伦理学的产生奠定了科学基础,并提供了新的思维方式。②

2. 生态哲学的科学理论基础

在自然科学高度发展的今天,哲学把认识世界的任务部分地交给了科学,生态哲学的本体论有着丰富的科学基础,自然科学所提供的作为生态哲学科学基础的达尔文的生物进化论、混沌理论等是如何支撑生态哲学的,是研究生态本体论所不可缺少的内容。

(1) 达尔文的生物进化论

达尔文的生物进化论是自然科学理论,它以物竞天择适者生存的生物进化论揭示了有机原则,是以生物进化论为科学基础的过程逻辑的开始。这其中的有机原则的关键是物质能动性、生命能动性和心灵能动性的揭示。达尔文认为,在种间的生存斗争之中,胜利者被选择下来,它的基因会得以延续下去,这是有进化价值的。但在 20 世纪 30 年代,随着遗传学的发展,发现了自然选择可以造成基因库的变化,这种遗传学与达尔文的"物竞天择,适者生存"结合在一起被称为"综合进化论"。综合进化论认为之间包括捕食、寄生、共生、合作和竞争等的一切相互作用,只要影响了基因频率的变化都是具有进化价值的。达尔文还承认,自然的经济体系是不完美的。一些竞争者维护自己的生存位置,击败其他竞争者的挑战,但这也只能获得暂时的安全性,不能长久。总之,达尔文的生物进化论贯穿了生物进化过程,是人类思维对生物行动的关注,从而转向生物的"行动"。

(2) 混沌理论

系统科学发展的前沿领域是研究复杂程度最高的现象混沌,它是由数学、物理学、天文学、生物学和计算机科学等众多学科与系统科学相互交叉和渗透,以研究混沌现象为对象,形成了混沌学。混沌学研究对象的混沌,指的是确定性系统中出现的貌似不规则的有序运动。混沌的重要特征包括确定性系统的内在随机性,以及具有对初始条件的敏感依赖性。

混沌理论的发展过程表现为哲学转向了能动,是一种变化、生成、增长和衰亡的过程,是对以往过程的把握。混沌理论综合了众多学科的知识,发展成了自己的新理论,体现了生态哲学的过程原则,混沌理论所体现的过程原则对生态哲学的发展具有重要的意义。

---

① 赵建军,吴保来,卢艳林. 人与自然和谐的演变轨迹及原因[J]. 自然辩证法研究,2013(04):71 - 76.

② 刘石峰. 生态哲学的概念及现实意义解读[M]. 新西部,2018(11):14 - 15.

3. 生态哲学的构成

哲学是世界观和方法论,是关于自然界、人类社会和人类思维的概括和总结。哲学的构成有本体论、认识论和方法论。生态哲学的构成也应该包括这三个方面:生态本体论、生态认识论、生态方法论。生态本体论体现了生态世界观。对于生态认识论,我们可以从人类哲学思维的历史中来考察,考察人类思维历史中的生态哲学思想,并研究哲学发展的内在逻辑。而生态方法论就是环境伦理学、生态伦理学。由于生态哲学是哲学转向人的实践、人的行动,哲学在关注世界、关注人的思维之后,关注人的行动就是发展的必然。环境伦理、生态道德就是人的行为规范,因此,环境哲学才会在环境伦理学领域里率先发展起来。

生态哲学是从环境伦理学或生态伦理学发展起来的,这是它的第一个构成。它是关于人行动的哲学。生态哲学是哲学转向生态、转向环境,是哲学的范式转变,人的行动与环境的关系是它的主题。由于生态哲学是哲学转向人的实践、人的行动,哲学在关注世界、关注人的思维之后,关注人的行动就是发展的必然。这使得生态哲学成为哲学逻辑之完整的发展。关注世界、关注思维、关注人的行动是哲学的进程。转向行动的关注就是关注伦理道德。环境伦理、生态道德就是人的行为规范,因此,生态哲学才会在环境伦理学领域里率先发展起来。环境伦理学把人的道德关怀扩展到生态环境。道德是行为准则,是人们在社会中活动时应遵守的普遍规则,是引导人们作出选择和行动的价值符号。那么价值就是道德哲学的基础。由价值导出的权利使得自然价值、自然权利成为生态伦理学的基础理论研究内容。

生态认识论的研究,是生态哲学的第二个构成,我们可以从人类哲学思维的历史过程中研究生态思想的历程。哲学涉及自然、社会在内的整个世界。在时间维度的整体中,我们考察哲学的历史,分析哲学在每一个不同的时代所关注的主题,这种不同时代哲学所关注的主题就是哲学外在的转向。由此可以体会出今天的生态哲学是一种"哲学转向"。哲学转向生态,生态哲学是一种新的哲学方向。① 这是哲学的外在展现,哲学的转向是哲学的外在展现,哲学的发展还有其内在逻辑。

在人类哲学思维的历史研究中,探讨哲学内在逻辑的演变历程也是生态哲学的研究任务。古希腊哲学是哲学的逻辑起点,对物质世界的认识同时肯定了"世界是真实存在的"的本体论原则以及"认识必然可能"的认识论原则。从这两个自明原则可以推出"关系是普遍存在的"的关系原则和"世界是过程的"的过程

---

① 余谋昌.生态哲学[M].西安:陕西人民教育出版社,2000:37.

原则①,它们又是建立在理性必然性基础之上的。理性何以必然？对理性必然性的探索从古希腊苏格拉底、柏拉图和亚里士多德经过了中世纪的宗教曲折。哲学从近代走向现代,理性存在之根据的探索肯定了有机性原则的逻辑必然性。本体论原则、认识论原则、理性原则可以推出关系性、过程性、有机性逻辑必然性。生态哲学提倡关系、过程,强调整体和有机。从哲学外在转向和哲学的内在逻辑来解析哲学的发展历程,分析思维整体中的生态哲学思想,这是从认识论维度研究生态哲学思想。内在的逻辑演变和外在的转向的研究共同揭示了生态哲学的产生就是哲学本身的走向。

生态本体论是生态哲学的第三个构成。科学——人类思维的创造极致经过400多年的蓬勃发展,沿着哲学所开启的视野,肩负着认识自然的使命。古希腊的自然哲学家转变为今天的科学家,科学把不断划分、不断解剖的自然揭示给我们,从分析的层面回答了哲学上关于世界是什么的悠久问题。哲学把认识世界的部分任务交付给了科学,那么生态哲学本体论的阐明就离不开认识世界的科学理论。正如恩格斯的自然辩证法的创立离不开19世纪的自然科学成果。

自然观或生态自然观是生态哲学本体论的首要问题。宇宙论可以说是自然观的另一个别名,它与地球共同体的相关研究都属于生态哲学本体论研究的重要内容。从宗教神话、古代理性思维、近代天文学和现代物理学等方面对人类宇宙观演化进行探讨,揭示当今世界生态危机的实质是人的宇宙观、价值观和人生基本信念的危机。作为生态哲学科学基础的生态学科学、地史地质学、相对论、量子力学、系统论、混沌理论等如何支撑生态哲学、如何深化生态哲学理论是有关生态哲学本体论的研究所回避不了的。② 具有最彻底生态性的过程哲学是生态哲学本体论研究必不可少的。借助于过程哲学对宇宙的演化过程、生命的进化过程、技术的发展过程进行分析,解析"生态纪"思想所蕴含的"地球的地质——生命过程"的生态本体论内容,可以丰富和深化生态哲学本体论的相关研究,这对于建设生态文明有着重要意义。

4. 生态哲学的现实意义

（1）生态哲学影响着人与自然关系的发展

生态哲学认为,不仅人有智慧,生命和自然界也有智慧,具有创造性。当今森林植被破坏、大气污染、海洋污染、土地荒漠化、淡水资源危机和全球变暖等环

---

① 李世雁,张建鑫. 关系性——过程性原则的逻辑必然性[J]. 自然辩证法研究,2012,(10).

② 李世雁. 生态哲学之解读[J]. 南京林业大学学报(人文社会科学版),2015,(01):25-32.

境问题严峻,根本原因是人类只顾及眼前的利益,无限制地掠夺自然资源,最终造成了自然资源的枯竭,生态环境的破坏,影响到了人类的生存和发展。

当代科技是人类认识和协调自然的主要工具,同时现代技术又为调节自然生态平衡提供了先进的手段。但是科技也有不利的一面,技术不当的利用,只会加剧自然资源的损失和环境的破坏。① 面对科技发展给人类社会生活带来的负效应,民众应该正确并积极地面对,树立正确的科技价值观,采取适当的法律法规政策来遏制自然资源的开采,保护各个地带的生态环境。与此同时,需要和大自然协调发展,利用自然界的力量使自然平衡为人类社会的长远发展提供经济利益和环境利益,努力实现人与自然的可持续发展。

(2)生态哲学影响着人类思维的发展

哲学思维的发生总是与某一特定时代人们的精神状况有关,而精神归根到底是对社会现实的反应。哲学是世界观和方法论,能够帮助人认识和把握现象中的本质,通过个人思维来做出行动,不断影响着人类思维的发展。

从古希腊哲学的直观性和猜测性,到17世纪牛顿力学的机械性,再到19世纪辩证思维方式的产生,这些都充分地说明了人类的思维通过时代和科学的发展不断改变。从古希腊的自然科学家发展到今天的科学家,他们的思维方式不断地发生变化,对世界的认知也有所不同。

(3)生态哲学影响着社会本身的发展

从古至今,生态哲学影响着社会本身的发展。从近代欧洲的文艺复兴到现代科学技术的繁荣,社会不断向前发展,一个重要的原因要归根于从事学术的哲学家,他们把自身的学术思想渗透到人类学、社会学和历史学等各个领域内,推动着社会的发展。

生态哲学告诉人们如何处理人与人之间的关系,如何更好地在社会中得到认可。同时生态哲学把人的道德扩展到整个社会领域,环境伦理学提出了保护环境、生态公正、尊重生命、善待自然、适度消费等几个道德规范,作为处理人与自然环境关系中的道德标准,从而判断人们行为的善恶。②

总之,人与整个自然界是一体的,人类的行为和生活方式影响着整个社会的发展。所以,人类不能为了自己的利益而破坏整个生态环境,要遵循环境伦理道德,保护环境和生物的多样性,学会善待自然,爱护自然。

① 远德玉,丁云龙.科学技术发展简史[M].辽宁:东北大学出版社,2006.
② 李世雁.生态哲学之解读[J].南京林业大学学报,2015,(01).

二、天人合一：生态哲学的中国传统

中国传统文明化走了一条改良维新的道路，由家族到国家，国家混合在家族里面，其象征叫做"社稷"，因而在文明社会里保留了家族公社、土地公有制度和父系家长制，保留了宗法伦理，个别还保留了生殖崇拜、图腾崇拜等原始文化形式，其中蕴含的主客圆融、天人合一的原逻辑思维，经过春秋战国时期"轴心期时代"儒道、墨家等诸子百家思想家的理性化和其后中国经典思想家的创造性诠释，形成了一种典型的朴素的生态文化和生态哲学。①

1. "天人合一"：中国传统内在关系存在论

生态存在论是一种"内在关系存在论"。所谓"内在关系存在论"，讲的是在存在论上人与自然一体共存、内在统一的关系，这与主客体二分为基础的"外在关系存在论"区别开来。"生态存在论"的基本命题是："人以自然而存在，自然以人而存在"。"人以自然而存在"这个命题，说的是人源于自然，以自然之性为自己的"根性"，与自然形成了一体共生、"内在统一"的关系，探讨的是人的"类本质之根性"的问题，这是传统西方哲学所遗忘了的。认为"生"既是自然生态系统的本然状态，也同时是人的"类本质"或"类本性"，这种"生"的本性，既是自然的内在规定、内在目的、内在价值，也是人的内在规定，内在目的、内在价值。"自然以人而存在"这个命题，说的是自然靠人的生存而显现其存在，自然以人为其自组织演进的最高目的和价值，人是自然价值的最高体现。这样，人与自然就构成了内在统一的"主体间的"存在体验的关系，在主体间基于"生"之"根性"的本真整体体验中，自然和人从本真上被把握为一个生命的主体所共生的有机整体，在这个有机整体中，人不是中心，自然也不是中心，人与自然是一体感应、共鸣的关系。在存在体验中，自然—社会—人的是自组织、自演化、自调节的三位一体的有机的复合系统。

中国传统哲学是一种内在统一的生态存在论，把人与自然看成是内在有机整体统一的生态系统。李约瑟认为，中国传统的世界观是"有机的自然主义"。他说："对中国人来说，自然界并不是某种应该永远被意志和暴力所征服的具有敌意和邪恶的东西，而更像是一切生命体中最伟大的物体。"他认为"万物之间互相作用，并不是得之于机械的冲力，或者机械的因果作用"，"而系由于在永不休止、反复循环的宇宙中，各个事物各有其位。禀赋与生俱来的本性，使各个事物之行动必然如此。如果事物不以此特有的方式行动，则各个事物就会丧失其在

① 张连国. 中国传统生态哲学[J]. 管子学刊，2004(04)：64-69.

82

整体中的关系位置(整体正是使事物成为事物自身之物)而转变成最基本性的事物。万物都是以依赖宇宙大集体之一分子的姿态存在。"①

"道"是中国传统有机主义世界观道学体系的轴心,它既是宇宙发生的"原初混沌虚无状态",又是世界的"所以然"的存在的本体根据,也是人的世界的价值源泉和最高价值尺度,又是主体自我安身立命的终极归宿,因此万物生生不息,阴阳有序,天人合一,形成了有机的统一的整体。

中国传统儒、释、道三家虽然具体学说不同,但皆尊道而贵德,属于同一的中华道学体系。老子说:"道生一,一生二,二生三,三生万物,万物负阴而抱阳,冲气以为和。"(《道德经·第四十二章》)"域中有四大,道大,地大,天大,人亦大,域中有四大,而人居一焉。人法地,地法天,天法道,道法自然。"(《道德经·第二十五章》)《周易·系辞传上》"天地之大德曰生""生生不息曰易"。庄子说:"天地与我并生,万物与我为一"(《庄子·齐物论》)。孟子曰:"万物皆备于我""上下与天地同流"(《孟子·尽心上》)。他们都把人与自然看成是内在有机统一的生态存在论关系。

人与天地同源同禀同构同律,天、地、人形成有机统一的生态复合结构系统。在天、地、人和道四种伟大要素组成的有机复合系统中,"道"是这一系统的自组织机制,无目的的合目的性,道生天、地、人却"生而不有,为而不恃,长而不宰"(《道德经·第五十一章》),"道"并未显示出强烈的主宰性、目的性,但"夫物芸芸,各归其根",如水之就下,万流归海,逃不脱"道"自组织力量的控制,"天网恢恢,疏而不失"(《道德经·第七十三章》)。"自然以人而存在",人作为天—地—道—人四种伟大要素组成的有机复合生态系统的伟大要素之一,"可以赞天地之化育"。

既然人身是一小天地,人体各部分皆与天地相符相应,因此,人的精气神也与天地相通相感,这就是中华道学的天人感应说的积极面,认为人的行为能够给环境产生影响,然后环境又反过来影响人类。从"天人合一"的内在有机整体统一存在论出发,中华道学十分重视人对环境的依赖关系,②认为"人以自然而存在",自然是人命之根。《太平经》说:"夫人命乃在天地,欲安者,乃当先安其天地,然后可得长安也。"

2. 自然无为:生态实践观

现代哲学特别是马克思主义哲学,把实践提高到本体论的地位:实践是人类

---

① 李约瑟. 中国的科学与文明[M]. 上海:上海古籍出版社、科学出版社,1990:281.

② 张连国. 中国传统生态哲学[J]. 管子学刊,2004(04):64-69.

有目的的改造客观世界的对象化活动。人类通过自己的实践活动,把"自在"的世界化为"人化"的世界,使自然人化,并认为人化的自然是人的本质力量的体现,随着人类改造客观世界的活动的深入,人化的世界将不断膨胀,因而成为现代知识伦理价值审美的本体源泉。对这种实践观的片面理解、肤浅理解,则是人类"中心主义"的产物,把自然界当成可以随意征服打扮的物质对象,又只注意到其物质运动的因果规律,忽略了自然本身深层的生态有机规律,从人类短期视野下经济主义—消费主义—享乐主义的功利目的出发,最终破坏生态系统,危及人类生存长远利益。

与"人类中心主义"的实践观不同,生态实践观认为,实践是人类按照适应生态规律的长远生存目的需要前提下顺应优化自然生态系统和社会生态系统的活动,而不是为满足人类短期的生存需要的改造破坏世界、改造社会的活动。人的实践必须建立在对生态系统物质因果规律和生态有机规律的双重认识和遵循的基础上。实践作为一种社会活动,既受生态规律的制约,又尊重并改良生态,要求主体间社会实践活动,应该是合作协调而不是对立抗争。只有在人与人之间的协调活动的前提下才能协调人与自然的关系,有利于自然生态系统的发展。由剥削阶级严酷压迫所造成的阶级对立或分裂,不利于生态系统的保护。①

中国道学传统,从天、地、人整体有机统一的角度把握人行为实践的限度。中国文化中一个重要学派道家的重要特征就是崇尚"自然"。道家所说的"自然",是"自然而然"的意思,指事物"自己如此的""本然的""非人为的"状态。道家认为,"自然"状态是事物的本真状态,人们应该顺应自然变化过程,不要以人力去强行改变。即《道德经·第六十四章》所说的"辅万物之自然而不敢为"。如何才能做到顺应自然而不违自然呢?道家提出的方法就是"无为"。所谓"无为",并不是消极地不行动,什么事也不做,而是依自然而为,依循事物的内在本性和发展规律而为。英国李约瑟博士指出:"'无为'的意思就是'不做违反自然的活动'(refraining from activity to nature),亦即不固执地违反事物的本性,不强使物质材料完成它们所不适合的功能。"这妥帖地把握了道家、无为原则的真实含义。道家认为,万物各有其性,人应该顺应物性而行。《太平经》说:"天地之性,万物各自有宜。当任其所长,所能为。所不能为者,而不可强也。"人类实践要合乎自然内在自发秩序而为,不要妄为。《阴符经》开篇即说:"观天之道,执天之行,尽矣。""观天之道"就是认识自然规律,"执天之行"就是利用自然规律为人类实践服务。若违反自然规律,无明妄动,便如《道德经》所言,是"不知常,妄作,凶",即《阴符经》所告诫人们:"自然之道不可违。"

---

① 张连国.中国传统生态哲学[J].管子学刊,2004(04):64-69.

道家提倡无为原则,主张对自然进行最小的干涉,相信事物会自己管理好自己,并把这种自然主义的实践观推广到社会实践领域,主张"无为而治",认为"我无事而民自富",主张老百姓按照自组织原则自治。儒家主张"赞天地之化育",用人的实践活动弥补自然运动的不足。在社会活动上强调人际关系的协调,主张通过宗法社会的人伦礼仪活动,形成上下有序、慎终追远,各自占有不同社会生态位的人际关系架构。

3. 道在万物:自然生态价值观

畸变的现代文化只承认人的内在价值,并在此前提下承认环境要素作为资源为人利用的工具价值。而生态哲学承认自然自身的价值,把自然看成是自组织自演化的过程,凡是有演化方向、演化目标、演化目的的就有价值。目的是对价值的自觉反映形式。因而生态价值观认为,任何生态系统的自然物,都具有三种价值:自然物内在固有的自为的价值;自然物之间相互关系具有的工具价值;自然物在生态系统生态位中占据的生态系统价值。比如"每个植物体的一套遗传物质都是一套规范,使得植物生命在'是'之外还有某种应该,从而使植物能够自我生长、自我修复,能够繁殖,还能够保护自己的同类""不管是否有人衡量其价值,他们都能自己照顾自己,能自为地进行他们的生命活动。"①而每一事物都在于他物的联系中作为其他物生存的资源条件而具有工具价值。从整体来看,"每一事物都是以一定的整体中体现它的善""生物个体不自觉地扮演了他们自己所不能意识到的各种遗传的、生态的以及进化史上的角色",自然系统中的许多"物类",虽然有的并无意志和利益,"但其演化有着一定的方向、轨迹、特性和演替,使它们有一种建构上的整体性。如果他们不是具有选择能力的系统的话,也是具有反射力的系统。"这些系统占据不同的生态位,"产生出各种价值复合体",使每个个体的内在自为价值纳入整体关系网络系统,成为"集合体的价值"。"每一较高的层次都包含了较低层次,也依赖较低层次。"②人作为生态系统的一员,也具有自为价值、工具价值和生态价值。每个个体都在实现自己作为人的目的,具有内在价值,但同时作为生产关系中的一员通过自己的谋生劳动为社会做贡献的方式而具有工具价值。自然生态资源和社会资源的稀缺性,决定对社会资源的分配,必须首先坚持按照公正原则优先保障大多数人基本生存需要。同时每一个人和社会集体都要从生态系统产期演化的角度把握人在自然生态系统的独特地位,尊重自然生态系统本身的价值,做自然系统的守护者、优化者。

---

① 霍尔姆斯·罗尔斯顿.哲学走向荒野[M].长春:吉林人民出版社,2000:190.

② 同上。

中国传统道学认为,自然界是一个自组织自演化的过程,"道"就是这一自组织自演化的动力、过程和状态的勉强描述。"道生之,德畜之",万物都是"道"的价值创造过程中的一个环节,内在具有"道"赋予的大德即客观价值。唐代道士王玄览《玄珠录》说:"道能遍物,即物是道。"《道门经法相承次序》载道士潘师正对唐高宗说:"一切有形,皆含道性。"《西升经》明确宣称,"道非独在我,万物皆有之"。因此,人类不能妄自尊大,以自己为中心,把大自然当成自己征服和统治的对象。

由于"一切有形,皆含道性",一切万物皆包含"道"的种子,皆有向上发展的潜能和内在价值,可以不断进化其生命存在的形式,直至达到与道合一的最高境界。

在承认人与万物皆含道性,万物平等的前提下,中华道学承认人在宇宙生态系统中的独特地位,认为人是与天地万物道并列的四种为大要素之一,承担着"体道""弘道"的独特作用。正如儒家所说"人能弘道""非道弘人",人"与天地参",人能"参天地之化育",成为天地生态系统的看护者、调节者。① 人的独特价值在于他在自然生态系统演化过程中处于较高的层次,他的价值以自然生态系统的价值为参照,离开天地万物就没有人的独特价值。

4."人副天数":生态伦理观

正由于天地生态自然的系统价值对人的决定作用和人在生态系统中独特的看护者地位,决定了人的伦理道德不仅仅局限于社会领域的人与人之间的关系,而应上升到天地生态系统的高度,即人和自然生态系统内在有机统一关系的高度。当人类面临生态危机的时候,要重新审视人和自然关系,认识到人必须承担人对自然进行保持的道德义务和道德责任,把传统道德调整人和人之间的关系扩展到调整人和人以及人和自然的关系,重视生态伦理。从人、生物和自然界的所有因素相互联系、相互依赖和相互作用的整体的有机内在统一的观点,承认生命和自然界具有内在价值,要遵循自然生态系统自组织等生态规律,不能急功近利,以牺牲环境为代价取得经济的暂时发展。生态伦理同时还强调,从人和自然的关系高度,重新审视人与人的关系,按照整体的原则、自然有机的原则、生态的原则,重新建立和谐的人际关系。

从邹衍"五德终始"的阴阳五行观,到《吕氏春秋》,到《淮南子》到董仲舒《春秋繁露》的中华道学传统,有一个"天人感应"的自然目的论的宇宙观,这一宇宙观一方面带着宗教性的倾向,另一方面又试图把人的伦理观上升到"宇宙道德律

① 张连国. 中国传统生态哲学[J]. 管子学刊,2004(04):64-69.

令"或自然法的高度,或者把"自然法"贯注到社会伦理的层次,因而既包含着消极性的为封建统治建构合法性与神圣性的政治哲学也存在特定的生态伦理思想。

《易传·乾文言》首先明确提出"天人合德"的命题:"夫大人者,与天地合其德,与日月合其明,与四时合其序,与鬼神合其吉凶。先天而天弗违,后天而奉天时。天且弗违,而况于人乎? 况于鬼神乎?"把人的伦理道德上升到自然的高度。

邹衍是阴阳五行说的创始者,其系统的理论已不可见,部分保留到《吕氏春秋·应同篇》之中,建构了一个阴阳五行、四时五帝、五神五祀、五脏五位、五臭五音、五方大一统的天—人—社会同源同构互感的生态宇宙观:这种生态宇宙观的基本特点是,通过阴阳五行异质同性交感的神秘观念,把属于自然现象的天地四时五方,同人体的五脏,社会政治的五帝和社会伦理的"五德"联系起来,自然现象社会化伦理化,社会现象自然化。

董仲舒把阴阳五行的观念与儒家的伦理哲学相结合,在《春秋繁露·人副天数》中,通过分析人与天地的内在统一的生态存在论关系,提出了"行有伦理副天地"的天地伦理观。他说:"天地之符,阴阳之副,常设于身,身犹天也,数与之相参,故命与之相连也。……行有伦理副天地也。此皆暗肤著身,与人俱生,比而偶之合。""行有伦理副天地"即人的行为伦理与天地相符。这在儒家思想史上第一次具体明确地把人类的伦理视野推广到天地之间,即认为道德伦理不仅存在于人之间,又存在于天地生态系统之间,也存在于天人之间,且天地生态系统这种伦理关系是"与人俱生",跟人类同时存在同时发生的,所以人类的命运是"命与之相连"的,必须引起人类的高度重视。

这样一种天地伦理观的依据,董仲舒认为,首先,"天地之精所以生物者,莫贵于人"(《春秋繁露·人副天数》)。在天地的精华所生成的万物之中,没有比人类更高贵的,因为唯独人类能施行仁义。这样,人类就应当超然万物之上,代表万物与天地共行仁义。这里突出了天人关系中人的主体地位,但这种主体地位,不同于以"主客二分天人对立"的现代西方世界观,而是以天人有机统一为前提,既触涉人类中心主义,又意在赋予人类对于自然界的责任感,强化人类的"超物"责任意识,与天地共施仁义道德。其次,在董仲舒看来,天地发生自然灾害,既是天老爷的意志,又是人类自身造成的,特别是与国家的政治过失有关。他说:"凡灾异之本,尽生于国家之失。国家之失,乃始萌芽,而天出灾害以谴告之;谴告之而不知变,乃见怪异以惊骇之;惊骇之,尚不知畏恐,其殃咎乃至。以此见天意之仁,而不欲陷人也。"(《春秋繁露·必仁且知》)

董仲舒提出其天地伦理观的理论基础是人与自然内在统一存在论的"天地人一体说":"何为本? 曰:天、地、人,万物之本也。天生之,地养之,人成之……

三者相为手足,合以成体,不可一无也。"(《春秋繁露·立元神》)即天地人是相互联系的一个生态系统,且这个生态系统之间贯彻着一个"天生之,地养之,人成之"(天生长万物,地养育万物,人成就万物)的固有规律,它们分工合作,占有不同的生态位,不然就会受到"自然之罚"。作为天地人大生态系统枢纽的"王",对破坏天地人这个生态系统负有最大的责任。董仲舒在《春秋繁露·五行五事》指出:"王者与臣无礼,貌不肃敬,则木不曲直,而夏多暴风锰锰王者言不从,则金不从革,而秋多霹雳锰锰王者视不明,则火不炎上,而秋多电锰锰王者听不聪,则水不润下,而春夏多暴雨……王者心不能容,则稼穑不成,而秋多雷。"

做君王的道德修养不到家,易产生以上五种过错,这样就会破坏天地人这个生态系统,会有"自然之罚"。这种"天谴说"具有原逻辑神秘主义色彩,也包含了丰富的生态伦理思想。反之,君王自觉遵循生态伦理,则会有"自然之赏":"三者皆奉,则民如子弟,不敢自专,邦如父母,不待恩而爱,不须严而使,虽野居露宿,厚于宫室,如是者,其君安枕而卧,莫之助而自强,莫之绥而自安,是谓自然之赏。自然之赏至,虽退让委国而去,百姓襁负其子,随而君之,君亦不得离也。故以德为国者,甘于饴蜜,固于胶漆,是以圣贤勉而崇本,而不敢失也。"(《春秋繁露·立元神》)

董仲舒讲的天人合一关系下的人与自然的伦理道德问题,触及现代生态伦理学的立论理由——伦理关系不仅发生在人与人之间,亦发生在人与自然之间。人与自然存在伦理道德关系,正是生态伦理学得以成立的古代理论凭证。

5. 少私寡欲:朴素生态主义的消费观

现代"经济主义—消费主义—享乐主义"的价值观强调消费市场对生产的决定性作用,结果造成了趋新奢费、用过就扔的享乐主义人生观和无限发展的经济观,这导致了自然资源的过度利用和生态危机。因此绿色生态经济学批判自由主义的经济主义,强调生产不仅包含消耗—生产—消费三个阶段,还要包括第四个阶段"废料",这就是绿色循环经济,或新型的自然经济,即自然经济的更高水平的回归,这种新自然经济强调实现"零增长",不是不要发展,而主张把发展重心放在改善结构提高质量缩小规模。[①] 与这种经济模式相适应必须停止无止境物质追求的高消费高耗电的"消费至上"的生活方式。

中国传统道学的经济基础是自给自足的农业自然经济,在这种初级的自然经济基础上形成的"少私寡欲""节用节葬"适度消费的生活方式,其具体内容虽然不可以在后现代的高级自然经济下实行,但其思维方式和基本精神无疑是一

---

① 张连国. 中国传统生态哲学[J]. 管子学刊,2004(04):64-69.

88

致的：老子在《道德经》中结合养生学的原理，以个体的生命为价值标准，阐明了节欲、崇俭的必要性，将少私寡欲、崇俭抑奢这些道德要求与人们希图健康长寿这一生理需要密切结合起来，将做人之道与养生之道密切结合起来。老子说："五色令人目盲，五音令人耳聋，五味令人口爽，驰骋田猎令人心发狂。"（《道德经·第十二章》）认为沉溺于声色犬马等感官享受之中，将会大大地损害身体。有些人本来可以长寿，之所以短命，也是"以其生生之厚"，即放纵嗜欲的结果。因此，老子主张"见素抱朴，少私寡欲"（《道德经·第十九章》）。

道家的"少私寡欲"思想，对于我们树立适度消费观念，以从根本上解决环境问题，具有重要的借鉴意义。人类之所以在今日出现全球性生态危机，从主体来说，其根本原因就在于过度的贪欲，不知满足地追求物质财富和感官享受。1992年联合国环境与发展大会通过的《21世纪议程》指出："地球所面临的最严重问题之一就是不适当的消费和生产模式，导致环境恶化、贫困加剧和各国的发展失衡。"美国人是现代消费水平的榜样，但为了"使占世界人口6%的美国居民维持他们使人羡慕的消费水平，就需要耗费大约三分之一的世界矿物资源产量。假定世界上80%的人中一无所有，目前的能流量便至多可使18%的世界人口享受到美国的消费水平"。① 因此，人类享乐主义欲望的恶性膨胀，必对有限的自然资源、脆弱的生态环境以及我们子孙后代的生存造成毁灭性的威胁。正如英国历史学家汤因比所告诫人们的那样："在所谓发达国家的生活方式中，贪欲是作为美德受到赞美的，但是我认为，在允许贪欲肆虐的社会里，前途是没有希望的。没有自制的贪婪将导致自灭。"②为了维护个人与社会、人与自然的和谐，以使人类社会能够可持续发展，我们必须控制自己的贪欲。

道家关于"少私寡欲"的主张，是值得现代人提倡的。与道家相近，儒家作为适应小农自然经济的意识形态，也强调自觉克制人欲。孟子讲，人在生存本能上与动物差不多，人与动物的不同之处在于人有良知良能。"养其大者为大人""养其小者为小人"（《孟子·告子上》），人只有将小我统一于大我来克服人的过度贪欲，"与天地合其德""与四时合其序"，他试图从宇宙生态伦理出发，自觉克服自己的私欲，才能保持人与自然，人与人关系的和谐。这与现代生态伦理学要求人类从所有生命物种的共同利益着眼来实现自己合理的利益的观点有其一致之点。非人类中心主义的生态伦理学认为，人类如果只顾满足自己的利益，就会破坏自然环境的完善和健康，危害生物圈中所有生命物种的整体利益，到头来也会危及自己的生存利益。而人类如果首先从生物圈的整体利益出发，在人和自然

① 杰·里夫金等.熵：一种新的世界观[M].上海：上海译文出版社，1987：172.
② 池田大作，汤因比.展望二十一世纪[M].北京：国际文化出版公司，1985：57.

和睦相处的前提下有节制地满足自己的物质需求,就会有助于恢复生存环境的完整和健康,最终也将有利于人类实现更大的利益。

与道、儒两家从生态伦理的角度考虑自觉遏制人的欲望不同,墨家从小农自然经济的现实经验出发,提出了独到的"节用节葬非乐"遏制消费主义的观点,主张人的衣食住行等生活满足基本需要就可以了,房子能遮雨,衣服能避寒就行了,没有必要奢侈腐化。这对生态主义的生活方式是有所启示的。

三、生命共同体:生态哲学的当代命题

"人与自然是生命共同体"[①]是新时代中国特色社会主义思想对人与自然关系最深刻、最科学的揭示。这一论断,纠正了长期以来占主导地位的将自然看成是外在于人的主客二分的思维方法,明确了善待自然就是善待人类自身的科学理念;同时它提醒人们对自己在自然界中的地位要有清醒的认识,所从事的一切活动都"必须尊重自然、顺应自然、保护自然。"[②]深刻领会、准确把握习近平同志"生命共同体"思想的内涵,对于指导人们的实践活动,具有重要理论和实践意义。

1. 生命共同体

马克思恩格斯的共同体思想不仅仅见之于其直接提及"共同体"概念的经典著述,而且全方位贯穿于马克思主义哲学、政治经济学和科学社会主义全部理论精髓之中,具有丰富的内在价值意蕴。习近平同志发展并提出了"生命共同体"思想,是对马克思恩格斯"共同体"思想的继承与当代发展。"生命共同体"由自然生态系统以及自然和人类社会形成的生态系统共构而成,即"自然的生命共同体"和"人与自然的生命共同体"的合成体。"自然的生命共同体"重在凸显"尊重自然、保护自然、顺应自然"的生态理念,而"人与自然的生命共同体"则更加强调"人与自然和谐共生"的互惠关系。

党的十八大以来,以习近平同志为核心的党中央以生态文明和美丽中国建设为主题,运用马克思主义立场、观点和方法,提出了一系列旨在实现人、社会与自然和谐发展的新思想、新论断、新举措。在党的十八届三中全会上,习近平总书记首次提出"人的命脉在田,田的命脉在水,水的命脉在山,山的命脉在土,土的命脉在树",并强调"山水林田湖是一个生命共同体"。在党的十九大报告中,习近平总书记进一步强调,"人与自然是生命共同体,人类必须尊重自然、顺应自

---

① 习近平.决胜全面建成小康社会 夺取新时代中国特色社会主义伟大胜利[M].北京:人民出版社,2017:50.

② 同上。

然、保护自然""坚持新发展理念""坚持人与自然和谐共生"。"生命共同体"作为习近平生态文明思想的重要内容,是我们在新时代推进生态文明建设,实现人与自然和谐共生的理论指针。习近平总书记关于"生命共同体"的重要论述,不仅对于解决中国生态问题、建设美丽中国意义重大,而且对于整个人类应对全球性生态危机、共创地球美好家园同样具有重要意义。

2. 生命共同体的基本内涵

习近平关于"生命共同体"重要论述的基本内涵主要包括以下四个方面。

(1)"共建共享"的生态全球观

随着全球化的不断深入,世界每个角落都早已成了全球生态链中紧密相连的一环。"生命共同体"着眼于全球的生态视野,诠释了推动国际社会如何共建共享"天蓝、地绿、水净"的人类家园。党的十八大以来,以习近平同志为核心的党中央立足国内经济社会的发展实际,高度重视人与自然的发展关系,明确强调"把生态文明理念融入经济、政治、文化、社会建设的各方面和全过程"。① 在推进生态文明建设的实践中,党中央采取了转变经济发展方式、发展绿色循环产业、生态文明体制机制改革等战略举措,推进"绿色发展、循环发展、低碳发展","还自然以宁静、和谐、美丽"。党的十九大报告提出,这些举措的有序推进,"需要付出艰辛的努力",但我们会在"继续推动发展的基础上,着力解决好发展中的问题,大力提升发展质量和效益","到 2035 年,美丽中国目标基本实现","到 21世纪中叶,把我国建成富强民主文明和谐美丽的社会主义现代化强国"。②

习近平同志不仅重视本国的生态文明建设,也倡导为全球生态安全作出我们应有的贡献,实现世界的可持续发展和人的自由全面发展。习近平指出:"建设绿色家园是各国人民的共同梦想。国际社会需要加强合作、共同努力,构建尊崇自然、绿色发展的生态体系,推动实现全球可持续发展"。③ 长期以来,中国秉持共商共建共享的全球治理观,积极推动了应对气候变化、土地荒漠化等国际合作,成为"全球生命共同体"形塑的重要引领者和参与者。与之同时,中国在生态文明建设中的许多做法也为许多西方学者所认同,在他们看来,中国最有可能引领其他国家走向可持续发展的生态文明。作为生态文明社会建设的实践者、推动者,"我们愿同国际社会一道,全面落实 2030 年可持续发展议程,共同建设一

---

① 习近平.全面贯彻落实党的十八大精神要突出抓好六个方面工作[J].求是,2013,(01).

② 习近平.决胜全面建成小康社会　夺取新时代中国特色社会主义伟大胜利——在中国共产党第十九次全国代表大会上的报告[N].人民日报,2017－10－28－1－5.

③ 习近平向生态文明贵阳国际论坛 2018 年年会致贺信[N].人民日报,2018－7－8－1.

个清洁美丽的世界"。① "生命共同体"作为不断加强和完善全球生态治理体系的重要路向,是中国为全人类可持续发展贡献的中国智慧和力量。

（2）"生态生产力"的生态发展观

"生态就是资源,生态就是生产力"这一科学论断旨在实现生产、生活与生态的互利共赢,也是对过于强调动植物的"生态中心论",以及只关心人自身的"人类中心论"的扬弃和超越。在习近平总书记看来,"三生"共赢局面的有效实现,必须抓住生产力这一原动力,树立生态生产力的生态发展观。在浙江工作期间,他就指出:"我们已进入新的发展阶段,不能光追求速度,而应追求速度、质量和效益的统一;不能盲目发展,污染环境,给后人留下沉重负担,而要按照统筹人与自然和谐发展的要求,做好人口、资源、环境工作。"②这是一种以人与自然和谐为前提,以更高质量经济增长为目标的发展,要实现这一愿景,就必须对经济发展与生态保护这一对看似矛盾的关系体有正确而全面的认识。基于此,习近平同志提出了"绿水青山就是金山银山"的"两山论"。

习近平同志的"两山"并非"鱼和熊掌不可兼得"的矛盾体,而是相互促进、互为转化的统一体。这个思想是马克思"自然人化"和"人化自然"辩证思想的时代和实践转换,是"以生态为导向"的现代化发展,是以自然优势创造社会优势、经济优势的良性发展。在此认识之上,习近平进一步提出了"保护环境就是保护生产力,改善环境就是发展生产力"③的"生态生产力"的生态发展观:一方面坚持以"保护"和"改善"生态环境为原则,摒弃以往"征服"和"控制"自然的理念,从而表明了人类对待自然环境的新主张;另一方面,将资源、环境和生态同时纳入生产力的范畴当中,凸显生态作为新生产力的重要性,有利于从源头上改善人与自然的关系。生态生产力将马克思主义的生产力思想融入生态文明建设中,由此赋予了生产力理论新的内涵和活力。生态环境没有替代品,用之不觉,失之难存。为此,习近平总书记多次强调,要"像保护眼睛一样保护生态环境,像对待生命一样对待生态环境"④,"树立和践行绿水青山就是金山银山的理念"⑤,彻底

① 习近平.共同构建人类命运共同体——在联合国日内瓦总部的演讲（2017年1月18日,日内瓦）[N].人民日报,2017-1-20-2.

② 习近平.之江新语[M].杭州:浙江人民出版社,2007:37.

③ 习近平.习近平关于社会主义生态文明建设论述摘编[M].北京:中央文献出版社,2017:12.

④ 习近平.习近平在云南考察工作时强调:坚决打好扶贫开发攻坚战　加快民族地区经济社会发展[N].人民日报,2015-1-22-1.

⑤ 习近平.决胜全面建成小康社会　夺取新时代中国特色社会主义伟大胜利——在中国共产党第十九次全国代表大会上的报告[N].人民日报,2017-10-28-1-5.

转变不计生态成本的经济增长模式。为了强化生态及其作为生产力的重要性，习近平总书记引用历史事例诠释了"生态兴则文明兴，生态衰则文明衰"的发展道理。如"波斯、美索不达米亚、希腊等由于砍伐树木而导致土地荒芜"；"三江源地区有的县，曾经水草丰美，但由于人口超载、过度放牧、开山挖矿等原因，最终导致湖泊锐减、草场退化，牛羊无草可吃"①；"天育物有时，地生财有限"。当世界各国将目光都聚焦于经济如何高速运行时，地球的承受能力已经接近或达到了自然阈值，然而，"以经济为导向"的传统的现代化理念和方式是不能满足新时代人们对于生态产品的迫切需求的。因此，必须推动绿色化成为生产力发展的新方向，扭转非生态的生产和消费方式，让绿色成为生态强国建设的有力托举。

（3）"德法兼治"的生态治理观

立足于整体论和系统论的哲理，习近平总书记提出了"德法兼治"的生态治理观。德法兼治是指在构建生态治理制度体系、制定生态治理底线规则的同时，加强生态文化和生态价值观建设，增强人们的生态意识，使生态保护行为成为社会化的行动。我国现代化进程中出现的诸如草原退化、雾霾频发等生态环境问题，与制度体系的不健全则是分不开的。为此，习近平总书记发出了保护生态环境的时代最强音："只有实行最严格的制度，最严密的法治，才能为生态文明建设提供可靠的保障。"②最严格的制度具有整体性、综合性等特征，包括生态资产产权制度、生态补偿制度、生态绩效考评制度、责任追究制度，等等。一是"按照所有者和管理者分开和一件事由一个部门管理的原则"③，建立公平、合理地协调全民在生态资源所有、使用和分配上的利益关系的制度，切实维护生态正义。二是建立生态补偿制度，结合行政、市场、法律等多种手段来解决受益地区对受损地区、下游地区对上游地区、末端产业对于源头产业的利益补偿。三是完善经济社会发展考核评价体系，把体现"绿色化"的生态指标纳入考核体系，让"以生态为导向"的评价助力经济社会发展与生态环境退化相"脱钩"。四是建立主要面向领导干部的责任追究制度，"对那些不顾生态环境盲目决策、造成严重后果的人，必须追究其责任，而且应该终身追究"④。五是健全自然资源及资产管理制度，"构建生态功能保障基线、环境质量安全底线、自然资源利用上线三大红

---

① 习近平. 习近平关于社会主义生态文明建设论述摘编[M]. 北京：中央文献出版社，2017：13.

② 习近平. 习近平关于全面深化改革论述摘编[M]. 北京：中央文献出版社，2014：104.

③ 习近平. 习近平关于社会主义生态文明建设论述摘编[M]. 北京：中央文献出版社，2017：99.

④ 习近平. 干在实处　走在前列[M]. 北京：中共中央党校出版社，2014：100.

线"①,全方位开展生态环境保护。

法治具有外在强制性,生态文化和生态价值观建设则是从人们的内心情感活动着手,具有明显的内在约束性。一"刚"一"柔","刚""柔"结合是习近平生态治理观的显著特征。现实生活中,乱砍滥伐、乱采滥挖、违法排污等破坏生态环境、无视自然规律的行为时常发生,"其深层原因是我们还缺乏深厚的生态文化"。他因而多次强调,"要在全社会确立起人与自然和谐相处的生态价值观","推动形成绿色低碳、简约适度、文明健康的生产和生活方式"②,以生态文化驱动生态善治和文明发展。中国传统文化中存在大量诸如取之以时、取之有度,和谐、中和的"和合"思想,以此为表征的"和"文化是我们大力推崇的一种文化理念,"自然与社会的和谐,个体与群体的和谐,我们民族的理想正在于此。"③德法共治的综合运用,既对人们的社会行为进行刚性规约,又使人们在内心深处保持对自然的敬畏,有助于提升人们珍惜自然、保护生态的道德自觉。④

基于整体性、系统性的生态治理观是一项系统工程,除了从法律和道德两个维度开展,还要渗入人们的日常生产、生活、消费等各方面。党的十九大报告强调,"推进资源全面节约和循环利用,实现生产系统和生活系统循环链接""开展创建绿色家庭、绿色社区和绿色出行等行动"。换言之,要坚持系统、联系的观点,把统筹山水林田湖草治理工作融入经济社会发展的方方面面,系统推进,齐头并进,而非"单打独斗""畸轻畸重"。

(4)"以人民为中心"的生态民生观

"小康全面不全面,生态环境质量很关键",生态民生作为比经济、社会民生还要重大的民生问题而登场。对此,"下大力气解决当前的突出生态问题","把生态文明建设放在更加突出的位置,这是民意所在"。⑤ "生命共同体"诠释了以生态利民、生态富民、生态惠民为价值归宿的生态民生观,充分彰显了保障人民健康生活、自由而全面发展的"以人民为中心"的价值理念。

"生命共同体"蕴含的"以人民为中心"的生态民生观,主要体现在两个方面。一是良好的生态环境是最普惠的民生福祉。习近平总书记指出,"良好生态环境

---

① 习近平.干在实处 走在前列[M].北京:中共中央党校出版社,2014:37.
② 习近平.习近平谈治国理政(第2卷)[M].北京:外文出版社有限责任公司,2017:396.
③ 习近平.干在实处 走在前列[M].北京:中共中央党校出版社,2014:296.
④ 王雨辰.习近平"生命共同体"概念的生态哲学阐释[J].社会科学战线,2018,(02).
⑤ 习近平.习近平关于社会主义生态文明建设论述摘编[M].北京:中央文献出版社,2017:83.

是最公平的公共产品,是最普惠的民生福祉"①,要对生态文明建设坚定信念,推动自然资本大量增值,让良好生态环境成为人民生活的增长点。"如果大家整天被雾霾笼罩,吃不到安全的食品,喝不到洁净的水,那样的小康、那样的现代化不是人民希望的。"②"最公平""最普惠"的产品和福祉,主要包括水、空气、土壤等生态资源。这些公共产品既要体现在"城市"与"乡村","代内"与"代际"的共享,还体现为"国内"与"国际"的共享。这种"以人民为中心"的价值理念,彰显了一种责任感和真担当的精神。二是环境就是民生。"环境就是民生,青山就是美丽,蓝天也是幸福。"③因此,"在生态环境保护上一定要算大账、算长远账、算整体账、算综合账"④,要从中华民族历史发展的高度来看待生态与民生的关系,既要有生态为民生之基的考量,更要有生态为子孙后代发展的关切。"我们不能吃祖宗饭、断子孙路,用破坏性方式搞发展"⑤,而要"科学布局生产、生活、生态空间,给农业留下更多良田,给子孙后代留下天蓝、地绿、水净的美好家园"⑥。

习近平的"生命共同体"思想的生态民生观与新时代"美丽中国"建设的出发点和落脚点是相契合的,都是为了尊重和保障每个人的生命价值。"民有所呼,党有所应。"为此,需要"协同推进新型工业化、城镇化、信息化、农业现代化和绿色化",解决人民日益增长的美好生态产品需要和生态产品不平衡、不充分的发展之间的矛盾,让老百姓呼吸上新鲜的空气、喝上干净的水、吃上放心的食物,切实感受到经济发展和生态文明建设带来的多重成效。

2. 生命共同体是马克思主义生态哲学的当代新发展

人与自然的生命共同体思想,是中国共产党把马克思主义与当代中国社会主义建设相结合的产物,是马克思主义在中国特色社会主义生态文明建设领域

---

① 习近平.习近平关于社会主义生态文明建设论述摘编[M].北京:中央文献出版社,2017:4.

② 习近平.习近平关于社会主义生态文明建设论述摘编[M].北京:中央文献出版社,2017:36.

③ 习近平张德江俞正声王岐山分别参加全国两会一些团组审议讨论[N].人民日报,2015-3-7-1.

④ 习近平.在省部级主要领导干部学习贯彻党的十八届五中全会精神专题研讨班上的讲话[M].人民出版社,2016:19.

⑤ 习近平.习近平关于社会主义生态文明建设论述摘编[M].北京:中央文献出版社,2017:144

⑥ 习近平.习近平关于社会主义生态文明建设论述摘编[M].北京:中央文献出版社,2017:44

的具体运用。在全球性生态危机日趋严峻的今天,"生命共同体"以其独特的理论意蕴和严密的实践逻辑,对新时代推动实现人与自然和谐发展,建设美丽中国、共建美丽世界,具有重要的时代意义。① 其主要表现为以下几个方面。

(1) 丰富了马克思主义的"共同体"理论

"生命共同体"既是中国特色社会主义生态文明的理论核心,也是对马克思主义共同体思想的丰富和拓展。马克思关切人的全面发展,认为人类社会在经历"自然共同体"("生命共同体"的原初表达)、"抽象共同体"("生命共同体"的历史遭遇)之后,最终将进入"真正的共同体",即共产主义社会。共产主义社会是对人的自我异化的积极扬弃,是人与自然、人与自我矛盾的真正解决。联合起来的生产者,"合理调节他们和自然之间的物质变换……在最无愧于和最适合于他们的人类本性的条件下来进行这种物质变换"。② "自由人的联合体"在某种意义上是"生命共同体"的价值复归。社会主义作为扬弃资本主义的中介和环节,如今正处于迈向共产主义社会的发展进程中,其间难免会遭遇多种多样的生态困境。然而,中国化的马克思主义者不会因此而屈服,相反会积极投入到超越资本主义工业文明发展模式的实践中去。基于对当今世界生态危机根源的敏锐洞察和对以"资本—货币"为轴心的"抽象共同体"的深刻分析而形成的"生命共同体"理念,跳脱了以往"生态中心主义"和"人类中心主义"的视域,从"自然的优先性"和"人的主体性"相结合的角度促进人与自然的和谐共生,有助于解决生态危机,增进人类的共同福祉。这与马克思提出的"真正的共同体"具有逻辑契合和内在相通之处。因而,习近平关于"生命共同体"重要论述从追求人与自然和谐共生的生态向度,丰富了马克思主义的共同体理论,具有深厚的历史意蕴和重要的时代价值。③

(2) 推动了新时代中国特色社会主义生态文明社会建设

随着全球经济社会的不断发展,各类生态风险和生态问题不断滋生和爆发,如果依然按照工业时代的发展模式,生态危机将愈加严重,地球也将变得不宜居住。因此,建设生态文明社会是现实的必然选择。习近平总书记以"智者见于未萌"的远见卓识,站在人类文明发展的历史高度,阐述了一系列关于生态文明建设的新观点,并多次强调,"要坚持在发展中保护、在保护中发展""切实把生态文

---

① 邓玲,王芳.习近平"生命共同体"重要论述的理论内涵与时代意义[J].治理研究,2019,(02):12-18.

② 马克思.资本论(第3卷)[M],北京:人民出版社,2004:928-929.

③ 邓玲,王芳.习近平"生命共同体"重要论述的理论内涵与时代意义[J].治理研究,2019,(02):12-18.

明的理念、原则、目标融入经济社会发展的各个方面"，①以推动实现人与自然和谐共生的社会主义现代化。具体而言：其一，关于"生命共同体"重要论述强调"生态生产力"的生态发展观，有利于正确处理好"绿水青山"与"金山银山"的发展关系，充分发挥绿水青山的经济社会效益。其二，关于"生命共同体"重要论述从整体论和系统论的角度推进生态治理，改变了过往"重城市、轻乡村""重高楼、轻绿色"的做法，转而强调既要"把握好生产、生活、生态的空间关系"，"使城市内部的水系、绿地同城市外围深林、耕地、河湖形成完整的生态网络"；②还要"加快推进乡村生态保护"，"深入实施山水林田湖一体化生态保护和修复"，③从而能够更全面、更系统地推进生态文明建设。其三，关于"生命共同体"重要论述最终是为了满足人民对于美好生态环境的需要，如此一来，全面深入推进生态文明和美丽中国建设能够更好地获得社会认同，提高全民参与的积极性，最终形成生态文明建设的社会合力。④

（3）拓展了"人类命运共同体"的构建路径

从全球范围来看，生态破坏、环境污染引发的生态危机已然成为人类社会健康发展所面临的重大挑战，究其原因主要是现代生产力和生活方式对自然生态形成的超强破坏力，人类没有真正形成可持续的发展理念，没有确立人与自然和谐共生的生态文明观。习近平关于"生命共同体"重要论述并非局限于推动美丽中国建设，还着眼于"携手共建生态良好的地球美好家园"。⑤ 这意味着"生命共同体"从生态文明视野，拓展了"人类命运共同体"的推进路径，因为"人和人之间的关系直接就是人同自然界之间的关系"。⑥ 习近平总书记提出"生命共同体"理念，从自然的生命系统和人类社会与自然的生命系统出发，厘清了经济增长与生态文明的关系，揭示了生态危机的根源，这样更有助于共商共建共享全球治理理念的吸纳认同。事实上，地球村的生存场景早已让生态危机突破了地理空间

---

① 中共中央文献研究室.十八大以来重要文献选编（中）[M]，北京：中央文献出版社，2016:831.

② 习近平.习近平关于社会主义生态文明建设论述摘编[M]，北京：中央文献出版社，2017:66 - 67.

③ 习近平.习近平关于社会主义生态文明建设论述摘编[M]，北京：中央文献出版社，2017:77.

④ 邓玲，王芳.习近平"生命共同体"重要论述的理论内涵与时代意义[J].治理研究，2019，(02):12 - 18.

⑤ 习近平向生态文明贵阳国际论坛2013年年会致贺信强调：携手共建生态良好的地球美好家园[N].人民日报，2013 - 7 - 21 - 1.

⑥ 马克思，恩格斯.马克思恩格斯文集（第一卷）[M]，北京：人民出版社，2009:184.

的界限,"同呼吸、共命运"是人类共同的课题。党的十九大报告明确指出:"建设持久和平、普遍安全、共同繁荣、开放包容、清洁美丽的世界。"美好世界的呈现,内在要求跳脱狭隘的地域、制度藩篱和文化区隔,将一国的生态治理与生态文明建设融入全球生态圈中加以审视。中国美丽则世界美好,世界美好则中国美丽。中国将继续发挥负责任大国作用,积极参与全球治理体系改革和建设,不断贡献中国智慧和力量。

第二节　可持续发展:生态教育的教学价值取向

江苏省清浦中学倡导并践行生态教育,研究者需要清晰生态教育的教学价值观亦即教学价值取向这一理论问题,对这一理论问题的回答,既是研究者需要建构、阐释生态教育相关理论的需要,也是一线教师在实施生态教育的观念先导的需要。从教育教学的本质来看,无不是为了人的可持续发展服务。离开了人的可持续发展的教育教学,是"目中无人"的教育教学,或者说是传统的教育教学,是生态教育需要摒弃的。生态教育立足于为了学生的未来,秉持为了学生的可持续发展的教学价值取向,无疑是引领清浦中学走上了一条光明而开阔的阳光大道。

一、价值观与教学价值观

价值"最初系经济学概念,指凝结在商品中的一般的,无差别的人类劳动。为商品的基本属性之一……后来这一概念泛化到哲学、伦理学、社会学、美学等学科。"①历史上不同的学科及学者对价值持有许多不同看法。比如,西方社会学者将价值看作是受社会制约的不易获得的目的物。现代西方的许多哲学流派都研究价值,以文德尔班为代表的新康德上义的价值伦是现代西方价值哲学的集中表现。文德尔班认为价值都是由主观意志决定的,他说"价值不论是肯定方面或否定方面决不能作为对象本身的特性,它是相对于一个估价的心灵而言……抽开意志和情感,就不会有价值这个东西。"②此后的价值观点大致可分为客观的价值、主观的价值、情绪的价值、实证的价值、实用的价值、存在主义的价值,等等。虽然这些观点有其合理性的一面,但他们都没有摆脱主观主义、功

---

① 冯契. 哲学大辞典[Z]. 上海:上海辞书出版社,1992:581.
② 刘放桐. 现代西方哲学[M]. 北京:人民出版社,1990:143.

利主义以及机械主义的倾向,没有正确地理解价值的本质。马克思主义哲学认为价值的本质是现实的人同满足其某种需要的客体的属性之间的一种关系。价值是客体属性的反映,又是对客体属性的一种评价和应用。任何价值都有其客观的基础和源泉,具有客观性。价值也具有社会历史性,价值与人们受一定社会历史条件所制约的需要、利益、兴趣、愿望密切相关。人和客体间的价值关系,是在现实的人同客体的实际相互作用过程中,即在社会实践中确立的。

对于观念,先哲们都有不同的解释,洛克认为观念来自对外界事物或内心活动的观察;贝克莱则声称观念并非来源于客观存在的事物,外界事物乃是观念或感觉的组合;康德认为观念是"纯粹理性的概念";黑格尔则认为观念是自在自为的真理概念和客观性的绝对统一。从上述对观念的理解中,可以看出人们在谈论观念时总是离不开物质世界与人的意识两个范畴,对于这两个范畴之间关系的不同理解就形成了对观念的不同看法。那么观念是物质的直观写照还是纯粹的精神现象呢?辩证唯物主义认为,物质是客观存在,意识是精神现象。但意识也不是消极被动的,也不是纯粹的不可捉摸之物,它是物质的反映。而观念在内容上是客观的,在形式上是主观的,是人对客观事物的主观反映。通俗地讲,观念是人们对客观事物的看法、思想,是思维活动的结果。在现实生活中人们有各种各样的观念,些观念左右着人们对事物的态度、看法、认识和评价,指导甚至支配着人们的行为。观念可以通过对事物真理性探索而形成,也可以是人们在形成对事物看法时,以自身的需要为出发点,重在考察事物是好是坏,对自己有什么用处,由此而形成的观念,它与人的需要、期望、渴求联在一起,这类观念就是通常所说的价值观念。在学界也对价值观念给予了比较明确的界定,它是指"在长期价值活动中形成的对某类事物的价值信念、价值目标、价值标准、一般价值规范的稳定的思维模式"。在哲学史上历来存在着有两种对立的价值观一是唯心主义价值观,唯心主义有两种截然相反的观点,一种认为价值因人而异,价值是主观的、相对的另一种认为价值是超现实的东西,价值是客观的、绝对的,认为所谓价值是满足主体需要的个体所具有的性能。与唯心主义价值观相对立的就是唯物主义的价值观,它认为人们的社会实践活动是衡量价值的客观标准。而辩证唯物主义则更加强调主观与客观统一、相对与绝对统一的价值观,也就是说人们对客观事物的价值判断,如果这种事物对人们社会实践是有益的,有用的,是符合客观真理的,符合社会发展规律的,即是有价值的,否则是无值的。

教学价值观指的是教学这一现象所具有的价值在人的主观意识中的反映。揭示教学价值观这一概念的核心就在于回答"教学价值是什么"这一问题。尽管教学价值原本是教育问题中的应有之义,但对教学价值的研究却走过了一段漫长曲折的道路。在西方,从古希腊到近代的教育教学价值观演变过程中我们可以看出,虽然具体主张和侧重点有所不同,但是主智主义可以说是贯穿西方教学价值观历史的一条主线,例如,西方古希腊智者学派创立的"三艺"文法、修辞、辩证法,支配了欧洲学校教学长达年之久。其中,苏格拉底以"知识就是美德"的命题论证了知识和智力的优先地位亚里士多德则极力主张德育应服从智育,认为理性的发展是教学的最高目的而夸美纽斯则把人看成为"理性动物"摆在教育教学的三大任务之首,提出了"泛智"的概念,认为只要发展人的智力,人类的命运就可以改变。另外,形式教育和实质教育两大派别虽然在教学中究竟是以传授知识,还是以发展能力为主的问题上各执一端,但在重视教学的智力价值方面双方是基本一致的。同样,在 20 世纪末兴起的以反对"传统教育"为特征的,欧洲"新教育运动"和美国的"进步教育运动",在教学的具体主张方面仍然是坚持教学中的理性精神,重视教学的智力价值。在中国,极端功利主义和伦理中心主义的教学价值观作为一种主流的教学价值观延续了近两千年之久。学术思想呈现出奉天法古、回归沉稳、迂回而少变化的景象,特别是科举制度的建立更加剧了这种文化现象的存在。而在崇尚原典、义、德,主张明善复初这种社会价值观的影响下,导致了教育教学形式的僵化、内容的单一贫乏中国本土意义上的课程设置没有完全科学的分科,课程内容主要是人伦道德教育,自然科学知识长时期被正统教育所排斥教育教学单纯为政治服务,造就合乎封建道德伦理准则和行为规范的"君子"或"贤人"。这种状况持续到 21 世纪初期,随着西学东渐以来才逐渐有所改变,某些与之相反的思想主张逐渐滋长,呈现出教学价值观多元化的格局。

二、可持续发展:生态教育的教学价值观阐释

传统教学价值研究范式主要有两种类型一种是关注社会与个人的分离性研究类型。在西方,这一取向非常明显地体现在个人本位论与社会本位论的冲突之中,赫尔巴特、卢梭、科南特等,都是通过强调一方而取代另一方在关注个人的思想中,又有肉体与灵魂、职业与自由、科学与人文的冲突,体现在赫钦斯、阿德勒、赫斯特等人的教育思想中,这一特征在对教学价值的理论探讨上,就体现为旷日持久的教学的社会价值与个体价值、内在价值与外在价值、工具价值与本体价值等争论,这种基于二元对立思维模式的教学价值研究范式的局限性,学术研究领域已有了广泛的共识,在此不再赘述另一种是对立中寻求"统一"的研究类型。这一类型的研究,意识到对立的思维路线的局限性,因而开始自觉地寻求二者的统一。例如,叶澜教授在相关论文中指出"当代中国教育价值取向存在着偏差。它主要表现为在政府的教育决策中历来只强调教育的社会工具价值,忽视教育的培养个性、使个人的潜能得到尽可能发展方面的价值总是要求教育出及时的、显性的功效,忽视或者轻视教育的长期效益"。这一探讨,提出了社会与个体、长远

与短期等教育价值取向研究无法回避的问题,在当时具有唤醒意义,但现在看来,这还是在"社会与个人"分离的框架中展开的。在西方,这类研究是以"完人"为代表,强调两种或多种因素的统一、但统一的方式,还只是将分离的部分相加,例如,《学会生存》中提出的"把一个人在体力、智力、情绪、伦理各方面的因素综合起来,使他成为一个完善的人,这就是对教育基本目的的一个广义的界说。"这一研究类型的意义在于人们已经意识到二元对立、相互割裂的思维的局限,开始寻求一种更合理的思维方式,研究者对现实有了更自觉的关注,人们已经意识到个人无法离开社会,社会需要的实现也无法离开个人、这种相互间的依赖关系是现实存在的。但这一研究最明显的问题在于,它依然是建立在个人与社会分离的基础上的,并将这种分离视为理所当然。

生态化教学价值观体现的是"学生生命的可持续生长"这一价值追求,这是一种在生态学整体有机论关照下的价值取向,它抛弃了二元对立的价值思维模式,不再纠缠于"社会"或"个人"价值的抉择,生态化教学价值观用整体有机论超越了"社会"与"人"的对立与选择,将"社会"与"人"的价值追求,统一于学生的生命可持续发展这一具体形式上。生态化教学价值观充分体现了生态哲学强调、重视自然价值的核心理念,认为学生首先是一个"自然人"的存在,自然人的"生命存在"是其最根本的价值追求,学生的"生命存在"是其自然性的最主要表现,而学生生命的"可持续生长"则是社会价值在教学活动中体现,社会的价值归根结底要由人来创造,学生生命的"可持续生长"是社会"可持续发展"的有力保证。

生命可持续发展的教学观首先要达成学生生命的生长。生命的生长是一种状态,更是一个生成的、流动的过程。人的生命每时每刻都在生长着,生生不息,生命每一阶段的成长都是完整生命长河中宝贵的、不可或缺的生长,不能以牺牲人的生命去追求未来的所谓的美好生活。对人的生命生长来说,每一时刻的生长都是美好的,有价值的。教育家杜威将教育与生长等同起来,提出"教育即生长"的概念,"教育就是不断地生长,在它自身之外。没有别的目的。学校教育的目的在于组织保证生长的各种力量,以保证教育得以继续进行"。显然,生长是生命的生长,教育、教学的目的就在于保证生命持续地成长与发展,这是教学最根本的目的与价值。其次,要达成学生生命的可持续生长。可持续生长要求学生的生长必须是健康的、和谐的、整体的。生命是完整的生命,人不仅拥有自然的肉体生命,还要追求精神生命,渴望自由,自己决定自己的生活,渴望成功,自我实现。人不仅拥有理智的生命,还要发泄欲望,渴望情感和生命的动感与激情。教学直面人的完整的生命,理应促进儿童生命获得完整的成长与发展。只有和谐全面的生长才能为未来的生长打下坚实的基础。

三、生态教育视野下教学价值观的基本理念

1. 珍惜生命的唯一性

人世间最宝贵的是生命。珍惜生命的唯一性就是要学会敬畏生命,法国思想家阿尔贝特·史怀泽在其《敬畏生命》一书中写道:"我感觉到必须敬重所有即将出现的生命,有如敬重自己,这就是道德的基本原理。维持并珍惜生命是善,而破坏或阻生命是恶。真正有道德的人会遵守这个规矩,帮助所有亟待援助的人,他会避免伤害任何活的物体。他不问这个生命的价值是否值得同情,或是它是否有感觉能力,对他而言,生命是神圣的……"生命对每个人来说,只有一次,世界上最大的罪过莫过于对生命的漠视与杀戮,最大的幸福就是生命的存在。珍惜生命的唯一性就是将关怀人的生命、敬畏人的生命作为教学的伦理底线,只有对儿童的生命怀有珍惜、敬畏之心、之情,才能在教学中把促进儿童生命的成长和发展作为教学的起点和归宿,才能在教学中真正做到遵循儿童生命之自然天性。珍惜生命要通过对生命的呵护来实现。

要实现儿童生命的健康发展,就需要在教学进程中呵护儿童的生命。在教学中呵护儿童生命的生长,一方面,要为儿童的成长与发展创设一个安全的环境,另一方面,为儿童生命的生长营造一个自由、特别是心灵自由的生命空间。为儿童的生命生长提供安全的教室和校园环境,是学校教育,教学中呵护儿童生命成长的基本前提。提供安全的教室和校园环境,为儿童生命创设安全的生存环境,让死神与伤害远离孩子的生命场景。保护儿童休息的权利,看着每天起早贪黑上学、完成作业的孩子们,难怪成人家长们会无奈的发出"现在的孩子真是辛苦"的感叹,埋头于作业中的孩子失去了童年应有的快乐,过早的成人化,失去儿童应有的活力。联合国《儿童权利公约》明确提出,儿童享有休息的权利。还儿童作为一个生命体最基本的权利,还儿童休息的权利,这是教学呵护儿童生命成长与发展最基本的要求。让儿童愉快地思考。人之为人就在于人是思维着的生命,没有思考的生命是肤浅的生命,没有深度的生命。正如法国思想家布莱兹·帕斯卡尔所言:"人只不过是一根苇草,是自然界最脆弱的东西但他是一根能思想的苇草。人的全部尊严就在于思想。"学生生命成长、特别是精神生命的成长,抽象地讲就是一个思考、内化、创造人类思想文化成果的过程。让儿童自由地说。说或表达是人之生命的基本诉求,是对生命之思的表达,是确证生命存在的方式之一,是与他生命交往的主要渠道。没有说的教学不是好的教学,好的教学就要让学生自由地说,自由地表达自己的生命感受。让儿童自由地游戏。游戏是儿童生命的一种重要存在方式,是其自主性、创造性得以充分表现与确证的

活动,是儿童本真的我的展现,是自我实现的重要形式。解释学大师伽达默尔认为,"游戏的存在方式就是自我表现"。席勒认为,"只有当人游戏的时候,他才是完整的人"。

2. 维护生命的独特性

每个人的生命都有自己不同的"样子",每个儿童的生命都与成人不同,他们不是父辈的复制与延伸,他们有自己独立的人格和精神世界,他们的生活阶段并非仅仅是成人期的一种预备,他们有着与成人相异的价值观念和行为方式。"大自然希望儿童在成人之前就要像儿童的样子。如果我们打乱了这个次序,就会结出早熟的果实,它们长得既不丰满也不美,而且很快就会腐烂。儿童是有他特有的看法、想法和感情的,如果想用我们的看法、想法和感情去代替他们的看法、想法和感情,那简直是最愚蠢的事情。"生态化教学可以避免我们去做"最愚蠢的事情"。教师能够设身处地为学生着想,不会强行用自己的思想代替学生的思想、用自己行为代替学生的行为。教师能理解学生幼稚的言行,珍惜学生的奇思妙想,宽容学生在学习中的失误,耐心对待学生千百次的发问,细心呵护学生的每一点进步。尊重生命独特性的教师尊重每一个学生的独特性,他懂得每个人都是独特的自我,不会用同一的标准衡量所有的学生,他了解每个学生的长处和不足,知道每个学生学习方式的不同,他善待生命处于弱势的学生,让每一个学生都能在教学中获得成功的机会,体验到生命成长的快乐。

3. 理解生命的生成性

1932年,贝塔朗菲在《理论生物学》第1卷中首次用"开放系统"的概念来描述生命体。在他看来,生命系统是一个有结构的开放系统,每个结构组成对于生命有机体都是有用的或有目的的。生命的开放性就意味着生命的动态性、未来趋向性或生成性,生命系统时刻不断地与外界环境进行着物质的、能量的、信息的交换以维持生命的动态存在,也就是说生命是流动着的、变化着的、更新着的。"你不能两次踏入同一条河流,因为向你流来的永远是新的河水。"赫拉克利特的这句格言是从哲学意义上对生命之流动性、生成性的最好概括。人之生命历程就是一个动态地展现自己、创生自己的过程,是一个生命不断成长的过程,是一个生命新质不断诞生的过程。人来到世界上,从一个呱呱坠地的弱小的生命躯体逐渐长高、长大,成长为一个行动自如、坚强的生命个体,他的自然生命在生成着同时,他在不断与自然、自己、他人、社会对话,汲取人类灿烂的文明遗产,不断绽放自己的思想与活力,时时以一个新的"我"呈现自己,他的精神生命在生成着。

生命的生存性体现在人是未完成的存在,也是非特定化的存在,人与动物在生命意义上的本质不同首先是人的未完成性和非特定化,"人的非特定化是一种不完善,可以说,自然把尚未完成的人放在世界之中它没有对人作最后的限定,在一定程度上给他留下了未确定性"。人总处在未完成之中,人的生命处于不停息的变化之中。人的"未完成性"意味着人永远不会被完成,正如弗罗姆所说"个人的整个一生只不过是使他自己诞生的过程。事实上,当我们死亡的时候,我们只是在充分地出生"。人的"非特定化"意味着人有无限发展的可能性,人的生命总在不断生成新的生命,生命本身不是一个结论,而是一个历程,生命一直在产生意义,这些意义使生命成为一种有意义的、非确定的过程,使人的发展永远具有创造性和超越性,使人永远处在生成之中。生命的生成性还突出地表现在生命成长的未来趋向性和无限多的可能性,人的生命的展开是一个充满着无限可能性敞开的过程,这也正是人的生命发展的动力和意义的源泉。人的生命的复杂性、偶然性与开放性使人的生命成长的生成性和无限丰富性成为一种必然。生命的复杂性与偶然性意味着生命的成长是不可预期和谋划的,是一个非线性的、充满多种可能的不确定过程。生态化教学明了生命的未完成性、未确定性以及由此而具有的生成性、教师不会用预先设定的目标僵硬地规束学生、限定学生,不会把外在于学生生命成长的目标强加给学生,不会只注重遥远的未来的结果,而忽视学生在当下学习生活中的生命状态。他懂得学生总在变化着、生长着,他们在不同的学习阶段有着不同的生命体验,教师所要做的是为学生创设一个有助于其生命充分生长的情境,把学生的生命力量引出来,使学习过程成为学生生命成长的历程。

4. 善待生命的自主性

生命的自主是富有自我意识的人的生命最为本质的体现。生命的自主性,就是个体以一种主动自觉的态度,在与外界环境的互动中,积极选择、吸纳环境所释放的"生命信息",不断谋划、反思与调整生命目标和进程,从而导向生命新质诞生与生命发展水平的跃迁。贝塔朗菲认为,生命的这种自主性与生物学的本能需要或放松紧张的需要无关,而与人类特有的创造性潜能有关,正是由于人之生命具有主动性,不是被动受制于环境,人才有所谓人的自由意志。忽视生命体的自主性,就是忽视人的创造性潜能。人的生命的成长离不开外界环境与条件,然而生命本身具有自主性,外界因素可以影响它,但无法取代它,如果取代它,生命本身就失去了意义。人"天生"具有认识外部世界、求知于外部世界的本性,乐于自己去追问、去探寻、去创造,并在探寻、追问、创造的过程展现自己的生命力量、获得生命的意义感。如果教学中漠视人生而具有的求知欲、创造欲,把外部世界的知识灌输给学生,那么学习就会成为一件疲于应付的苦差事,会越学越"没味",因为学生从中感受不到自我生命的力量、自我存在的价值。人还"天生"具有自我认识、自我发展的本性,"人是这样一种存在物,他不仅存在着,而且能够意识到自己的存在,具有关于自己存在的自我意识在这种自我意识的基础上,他还力图对自己的存在进行自我认识并作出解释"。如果教学埋没人的自我认识的本性,不去发展学生自我认识、自我教育的能力,那么教学是缺乏活力的,是难以持久的。生态化教学注重让学生在学习中主动地探索外部世界,自觉地认识自我、追寻自我、提升自我,它所追求的不只是学生通过自主而非被动地学习,更好地获得知识和能力,也就是说重视学生的自主性并不只是把自主性作为达到教学目的的手段,自主性本身就是教学的目的,就是要让学生在探索世界、探索自我的过程中增强自主性,在自我不断超越的过程中体验到生命的力量与意义。

5. 关照生命的整体性

德国文化哲学家狄尔泰对人的生命的整体性有着比较深刻的阐述"生命是一种结构关联,此结构由认识、情感、意志三要素组成,三者之间的有机结合",狄尔泰称之为"心理生命关联"。只有三者的有机结合与关联,生命才是具体的、现实的、完整的、充盈的,也才可能具有宗教般的虔诚、哲学式的深邃和诗一样的惬意。这是狄尔泰从人的生命机能方面对生命的整体性的深刻阐述,是一种结构性的生命整体。狄尔泰还从生命的历时性的角度来说明生命的整体性。他认为,生命是一种活的、动态的时间关联,生命总处于绵延不断的时间之流中,每一生命片段都是生命之流不可分割的组成部分,都有自己的价值。

人作为地球上最复杂、最奥妙的生命体,人的生命具有最丰富的内涵。人不仅有认知,人还有情感、态度和信念。如果只把人看作是一个认识体,那就简化了对人的认识;如果教学只注重培养认知能力,那就弱化了教学的意义。注重生命发展的教学不只是让学生对知识进行认知、积累和加工,更是通过体验与反省使知识进入个人的内心世界,与学生的生活境遇和人生经验融化在一起。单纯地认识知识并不能理解知识的内在意蕴。"人们在掌握知识时,如果没有理解意义,那么,在知识被淡忘以后,它就很难留下什么如果人们在学习知识时理解了它对生命的意义,即使知识已被遗忘,这种意义定可以永远地融合在生命之中。"注重生命发展的教学是让学生的认知、情感、意志、态度等都参与到学习中来,使学生在认识知识的同时感受和理解知识的内在意义,获得精神的丰富和完整生命的成长。

第三节　教学美：生态教育的美学追求

自古以来，中外历史上均有丰富的教育美学方面的思想观点并付诸美育实践。古希腊的柏拉图（主张把诗和音乐作为教育的重要科目和主要形式，请进他的"理想国"）以及亚里士多德所指出的"音乐应该学习，并不只是为着某一个目的，而是同时为着几个目的，那就是教育净化精神享受"[1]。我国古代的孔子把"乐"列入教育的重要内容，主张对人进行"兴于诗、立于礼、成于乐"的教育，到蔡元培主张"行人道主义教育者，必有资于科学及美术"，均体现了教育美学的重要思想与主张。[2] 如果说，教育美学作为一门学科需要建构其体系的话，那么，教学美就是教育美学学科在教学中的美的实践。教学美并非是由教师单方面创造的，而是师生共同创造的。清浦中学在实践生态教育的过程中，其对教学美的追求，沿着教学美的创生机制，师生共同创设、欣赏、体验美的课堂教学和美的课堂形象，践行了清浦中学"臻于至善"的校训。

一、师生是教学美创造的共同主体

教学美是需要创造的，而教学美的创造者不能仅仅是教师，而应该包括教师和学生，教学美是教师和学生共同创造的结果。亚里士多德在《政治学》一书中说过，你想判断饭菜的好坏，你就要去问吃饭的客人，而不是去问做饭的厨师。教师也许会觉得他的课程进展得不错，可以达到预期的目标，考核有时也能证明这一点，但是，教师要想真正了解到最有价值、最有用的情况，他就应该亲自去问问自己的学生。[3] 教学美的创造潜能，存在于教学双方的大脑中。包括原有的审美经验、知觉的敏锐性、思维的开阔性创造性、情感的易唤性、联想的快速性等，就是教学美的审美潜能系统。教学中，如果没有学生的合作，也就没有真正意义上的教学美的创造。如果说教师的教学是一本打开的书，那么，学生就是第一读者；如果说教师的教学是一部艺术片，那么学生就是第一观众。不止于此，读者和观众不能直接参与艺术作品的创造过程，而学生却能，这就是教学的独特魅力所在。教师在教学中的一言一行、每一个板书符号、每一种教态都直接影响着学生，而学生会直接做出各种欣喜、会意、高兴、愉快、愤怒、喜爱等反应，这些

---

① 北京大学哲学系美学教研室.西方美学家论美和美感[M].北京：商务印书馆，1980：44.

② 蔡元培美学文选[M].北京：北京大学出版社，1983：9.

③ ［澳］斯坦托姆.怎样成为优秀的教师[J].汪琛译.外国教育动态，1983(01).

反应是一种共鸣,外显出各种信号,反馈给教师,对教师的教学发出即时的强化作用。因此,学生对教师教学艺术美的理解、欣赏、共鸣,是教师进一步创造的重要动力来源。① 在教师审美创造的诱导下,学生也必然会萌发出创造性的参与意识,投身于课堂审美创造之中。学生常常以"自己的"美的创造,比如新奇的幻想、独到的见解、全新的方法等,去开拓教师的眼界,去扩展教师的思维,使教师获得相应的效益和启迪,实现"教学相长"。因此,教学活动中如果离开了学生的审美创造,教师的审美创造便成了孤芳自赏;而离开了教师的审美创造,学生的审美创造也不可能升华到大彻大悟的境界和全新的高度。可见,只有二者互相结合、互相补充,才能达到课堂审美的高度和谐、共鸣、共振的境地。

　　"教师给块蓝天,学生就能飞翔。"在课堂中教师应尽可能地给学生一片天空,让学生自己去摸索、攀登、创造、跋涉,课堂不再是固定、呆板的知识发布和接受,需要教师、学生一起相互启迪、共同研究、相互促进,孕育出无限生机,共同演绎有知识生命的新的课堂。进行完高二年级英语公开课教学的倪士俊老师说:"上课时,我突然间有了个灵感,把黑板送给学生,让学生在上面画他们愿意用英语表达的图案,这个方法不错! 我和同学们感觉都很轻松。"的确,倪老师突然间的灵感把学生的积极性都带动了起来,激起了学生们的斗志,一节课在你画他说中圆满地结束了。其实,在教学中何止可以"把黑板送给学生",像课堂发言权、提问权、动手权、动脑权,甚至犯错权、改正权、保留意见权等,无一不可以送给学生。并且严格来讲,还不是"送"的问题,而应该是"还"的问题,因为这些本来就是学生应该拥有的。叶澜教授说:"教师的创造才能、主导作用,正是在处理这些活的情境中得到发挥,这些活的情境向教师的智慧与能力提出一系列的挑战:当学生精神不振时,你能否使他们振作? 当学生过度兴奋时,你能否使他们归于平静? 当学生茫无头绪时,你能否给以启迪? 当学生没有信心时,你能否唤起他的力量? 你能否从学生的眼睛里读出愿望? 你能否听出学生回答中的创造? 你能否觉察出学生细微的进步和变化? 你能否让学生自己明白错误? 你能否用不同的语言方式让学生感受关注? 你能否使学生觉得你的精神脉搏与他们一起欢跳? 你能否让学生的争论擦出思维的火花? 你能否使学生在课堂上学会合作,感受和谐的欢愉、发现的惊喜? ……"②由此看来,教师应该是教学活动中宽松、富有活力的学习活动的创造者、思维矛盾的挑战者、学生茫然无助的引路人、示范的扶持者、攀登历练的加油助威者、成功进步时的喝彩者……教师高度尊重学

---

　　① 张武升.当代中国教学风格论[M].南昌:江西教育出版社,1993:37.

　　② 叶澜.让课堂焕发出生命活力——论中小学教学改革的深化[J].教育研究,1997(09):3—7.

生的主体地位,充分发挥他们的主体性,才能搭建好师生共同合作创造教学美的平台。

学生具有不可忽视的审美创造潜能,是教学美创造的当然合作者。既然学生在教学美的创造中具有主体地位,那么在教学中就应当对学生对教学的审美诉求给予充分的重视。事实上,教师深入细致地了解学生对教学美的多方面诉求,才能更有效地改进教学,才能更有效地去创造教学美。

二、教学美的创生机制

1. 重视教学的生成性

教学具有预设性和生成性双重性质。20 世纪 70 年代,英国课程专家斯腾豪斯(Lawrence Stenhouse)就已倡导一种"生成性"目标取向的课程,即"不应以事先规定好了的结果为中心,而要以过程为中心"的课程。塞勒(Saylor,J. G.)等人提出关于课程与教学的 3 个隐喻:课程是一幢建筑的设计图纸,教学则是具体的施工;课程是一场球赛的方案,教学则是球赛进行的过程;课程是一首乐谱,教学则是作品的演奏。① 在隐喻 1 中,课程作为设计图纸,会对如何施工作出非常具体的计划和详细的说明。这样,教师便成了工匠,教学的好坏是根据实际施工与设计图纸之间的吻合程度,即达到设计图纸的要求来测量的。在隐喻 2 中,球赛方案是赛前由教练员和球员一起制定的,而一旦进入球赛过程,尽管球员要贯彻事先制定好了的打球方案或意图,但达到这个意图的具体细节则主要由球员来处理,他们要根据场上的具体情况随时作出明智的反应。在隐喻 3 中,同样的乐谱,每一位演奏家都会有不同的体会,从而有不同的演绎,效果也大不一样。有的指挥家和乐队特别受人欢迎,主要不是由于他们演奏的乐曲,而是他们对乐谱的理解和演奏的技巧。可见,教学是在预设的框架中拥有广阔的生成空间的。叶澜教授指出:"课堂教学具有生成性的特征……每一次都是唯一的、不可重复的、丰富而具体的综合"。② "'动态生成性'是对教育过程生动可变性的概括。它是对过去强调教育过程的预先设定性、计划性、规定性的一个重要补充。"③教学在互动中生成、在沟通中推进。教师只要从思想上真正顾及了学生多方面的成长,顾及了生命活动的多面性和师生共同活动中多种组合和发展方式的可能

① Saylor,J. G. et al. (1981). Curriculum Planning:For Better Teaching and Learning, p. 258.

② 叶澜. 让课堂焕发出生命活力——论中小学教学改革的深化[J]. 教育研究,1997(09):3—7.

③ 叶澜."新基础教育"探索性研究报告集[R]. 上海:上海三联书店,1999:29.

性,就能发现课堂教学具有生成性的特征。

教学之所以具有生成性,首先,是因为教学是基于师生"生活史"的意义创生过程。吴康宁教授指出:"教育的过程像生活的过程一样,必须致力于指导和激发,而不是强加一种预订和没有意义的模式。"课堂的活力就来源于课堂中"因师、因生、因文本、因时、因地制宜"在合作中百花齐放,充分挖掘文本潜在资源和充分释放学生内在能量。课程授受过程是教师与学生基于其各自的"生活史"锻造而成的即有文化视域、以课程内容为基本线索而展开的一种互生互成的知识阐释与文化建构的过程。如果说课程内容的编撰者原本在课程内容中已经"编织"了一种意义世界的话,那么,上述以教师与学生互生互成的知识阐释与文化建构为特征的课程授受过程同样也会"创生"出一种意义世界。前者是"给定的""期待的"意义世界,后者是"生成的""真实的"意义世界。这两种意义世界之间不会完全重合①。师生的生活丰富多彩,组合方式充满变数,教学的意义创生便不可能完全预定。其次,是因为教学不完全是现成知识的授受,而是审美与精神的探求。美国学者小威廉姆 E·多尔指出,对于一个指导性的情境,在或然性上需丰富些(但不要太丰富),并充满可能性(但不要过满)。在情境中我们作为相互作用者,需要"投入"其中——审美地、精神饱满地接近它——积极寻找存在于情境中的可能性。阿尔弗莱德·诺斯·怀特海的(A. N. Witehead)"把思想抛入每一种可能性的集合"的警告放在这里是很合适的。现在,教学越来越不是一个高效传递的过程,更是一个与其他人一起在学习之路上旅行的过程和个人转变的过程。教师和学生之间是一种反思的关系,在这种关系中,教师不要求学生接受他的权威,而是要求学生把对权威的怀疑悬置起来,要求学生跟他一起加入他们所经历的事情中去。教师答应帮助学生去理解所给予的建议的意义,对学生的对抗作出准备,与学生一起反思,达到心照不宣的相互理解②。最后,生成性目标是在教学情景之中随着教学过程的展开自然而然生成的课程目标,它是伴随课程的实施而不断达成的。生成性目标以发展的、动态的观点看待课程目标的地位、作用以及目标的实现过程。学生的个性化表现,往往体现在生成性目标的出现之中,因此,生成性目标不能具体预设,只能在宏观上有所准备。随着教学活动的不断展开,学生的认识和体验将不断深化,学生创造性的火花会不断迸发,新的教学目标也将不断生成。

---

① 吴康宁.意义的生成与变形:"课程授受"的社会学释义[J].教育发展研究,2001,(04).

② [美]小威廉姆·多尔.超越方法:教学即审美与精神的探求[J].杨明全译.华东师范大学学报(教育科学版),2003,(01).

2. 教学美在预设和生成的结合上创生

教学中的预设和生成是一种辩证关系。小威廉姆·E·多尔说:"课程不再是跑道,而成为跑的过程本身。而学习则成为意义创造过程中的探险。"①教学有着宜人快适、怡情悦性的作用。这不仅是一种生理快感,而且是由人的创造才能、智慧、品格、思想、感情等本质力量的肯定所引起的喜爱、愉悦。在中小学的课堂里,要更多地让学生做一个发现者,课堂在资源参与情景中、在转换角色体验中、在集体智慧中、在错误解构中生成。教学内容由参与者互动获得,教学过程是丰富的、开放的、建构实践的、生活的创造。学生是教学的宝贵资源,学生的错误、问题、独特体验、理解等,都是促进教学向更深层次发展的重要的突破口和有力的载体……学生是创造者,能成为任何人的老师,是具有无穷潜力的人。

至于教学美的创生,其大致也是一个预设和生成相统一的过程,是教师遵循美的规律,带着高昂的教学热情引导学生主动参加创造性教学活动的结果。教学美的潜能与潜因包含在教学活动的各环节之中。首先,教师将教材中美的潜因与一般的知识性内容组合在一起,内化到自己的头脑中,并与自己已有的审美经验、知识相融合。然后,再将它们和谐地组织并物化在教案之中成为教学内容。在课堂教学中,教师再通过教学手段将教学内容展现在学生的面前,教学内容随着优美、恰当的教学形式作为一种信息进入学生的感觉通道,传达到大脑,并通过大脑中已有"图式"的同化、顺应和加工形成新的形象、观念,实现教学内容与主体需要之间的统一。于是主客体之间便出现一种和谐状态,美感体验随之产生。在这种活动之中,学生与教学内容达到了和谐;教师本身也和教学内容形成了和谐;教师与学生之间的智力生活、情绪状态更是达到了一种大的和谐,心灵产生了共鸣。从而,课堂里出现了师生之间的和谐状态——课堂教学美,师生在一起共同获得课堂教学美的享受。

在以往的课堂教学中,我们也曾经以教学的预设性为根据,相当重视并且努力地追求"课堂工艺":精当严谨的课堂语言、丝丝入扣的承前接后、完整严密的课堂结构……听来似行云,看去如流水。但是随着后现代主义思潮的涌起,那种过于强调预设的封闭式教学,其实质是"教师中心"和"绝对控制",自然要遭到"解构"。传统的教学方式强调获取事实的知识,忽视科学的发现过程。但是大数学家希尔伯特(D. Hilbert)的课却另有特色。在哥廷根大学,克莱因(Christian Felix Klein)的讲课被奉为精心准备的、百科全书式的完美经典,希尔

---

① [美]小威廉姆·多尔. 超越方法:教学即审美与精神的探求[J]. 杨明全译. 华东师范大学学报(教育科学版),2003,(01).

伯特的讲课风格与克莱因则不同，他的讲演毫不修饰，"原汁原味"。他会在课堂上忽然地展开自己对某个事实的想法，对要讲的内容现想现推。当然，现想现推不可能万事都顺利，有时他也会"碰壁"，甚至把课"讲砸"。但是，与克莱因的课相比，学生更喜欢听希尔伯特的课。这种把自己置于险境的教学，使学生们因而得到了一个机会，瞧一瞧最高超的数学思维的实际过程。经常有好几百人挤在大厅里听他的课，有些人甚至栖在窗台上。一位学生回忆道："我们好像身临其境地瞧见了希尔伯特创造了这个必需的新概念。"这种暴露思维过程的讲课，充满了精彩的观点，学生们在不知不觉中掌握了数学家从事数学的思想方法，因而给学生们留下了更深刻的印象①。希尔伯特的高明之处，就在于他看到并发挥了教学的生成性。

三、教学设计的美学原则

1. 教学设计具有美学特性

一直以来，教学设计者们不断关注并拓展教学的各种要素，从最初对教学主题、教学方法和学生的关注，拓展到将教师和教学语境也纳入完整教学系统之中。近年来，很多研究将"学习经历"也纳入其中，认为这样更为强调整体视野。学习经历有很多特性，如认知、情感、社会、文化、政治和美学等。其中，美学特性可以较好地为教学提供支持。教学设计的美学特性包括教学活动的节奏、创造智力和情绪上紧张状态的措施、揭示教学内容序列之间的连续性和统一性的措施、为学习经历提供一个有价值的结尾的策略、计算机界面和文本的感官影响的策略等，这些特性能够对学习经历产生持续的影响，而不仅仅是教学的装饰。

从实用主义的角度来看，美学概念描述了经历的一个范畴，美学经历是一种高强度的有意义的浸入式经历。当我们在学习中主动投入大量精力时，这些经历就具有了美学意义。② 这种经历对学生很重要，因为它们展示了生命的表现力，表明了生命所具有的意义深度，表明了如何使用自己的力量来发现和创造这种意义。美学经历的反面就是枯燥、机械地照章办事、凌乱不堪的活动，或是毫无意义的强迫劳动。美学经历的标志是饱含热情的期盼、深入的参与和坚持到底的学习意愿。

---

① 吴晓红. 希尔伯特教学风格与数学素质教育[J]. 曲阜师范大学学报（自然科学版），2004,(03).

② Dewey，J.. Art as experience（Vol. 10）[M]. Car-bondale：Southern Illinois University Press,1934/1989.

为了实现教学设计的美学经历,清浦中学教研团队在生态教育的教学实践中,根据杜威(Dewey)及其实用主义美学(Pragmatism Aes-thetics)方式的相关理论、教学设计者和教师对美学决策的相关研究以及现有的学习和教学理论,提出教学设计美学原则,用来指导相关学科课程的教学设计并取得了良好的实践效果。

2. 基于生态的教学设计美学原则

基于生态的教学设计,从情节、人物、主题和情境四要素出发,提出了教学设计的四个美学原则,这四个美学原则分别对应着教学的方法论、学生、主题材料和语境四个组成成分。研究者对这四个教学设计的美学原则及其应用的相关问题逐一进行阐释如下。①

(1) 情节原则:学习经历应具有情节性

学习经历应具有情节性,有着起始、中段和结尾,即教学的情节。教学设计理论经常提出教学序列的原则,其中有很多人提出叙事性序列,这来自问题模式:寻找信息—提出解决方法—解决问题。这种问题模式来源于以探究为基础的教学方法。但对于美学经历的起始、中段和结尾三个基本阶段,其设计却不仅如此。比如,起始需要创造紧张状态或神秘感,需要参与者都相信能够解决这种紧张感;中段经常需要不断保持最初的参与程度、强化完成学习的可能性;结尾阶段既需要情感上的紧张来强调经历,也需要反思,这种反思将整个经历组成一个有逻辑性的有机整体。必须关注每一个阶段中学生的需求和感觉,并在教学设计中设法实现,才能创设美学学习经历。

(2) 人物原则:学生是自我学习经历的主人

在传统教学中,主题材料或教师是主角。但从学习经历的角度来看,主角应该是学生,其主要经历需要在自己的学习中奋斗并取得成绩。在个人学习风格及其教学设计的诸多研究中,马丁内兹(Martinez)的研究与本文所讨论的学习经历最为相近。马丁内兹提出"转变中的学生"(Transforming Learner)这一概念,即学习是学生在学习过程中探寻重要的个人变化的一种经历,教师应该引导学生成为学习经历的主人公,亲力亲为地感受学习过程中的个人变化。②

(3) 主题原则:教学的主题应是学习活动,而不是主题材料

在文学作品中,有效的主题是看得见、摸得着的,更像一个"行动思想"(Action-idea),体现了故事基本思想或要点。仅仅主题材料不能构成教学的充

---

① 甄丽娜. 教学设计的美学原则[J]. 外国教育研究,2011(02):55—58.

② Martinez, M.. Designing learning objects to per-sonalize learning[A]. D. A. Wiley (Ed.). The instructional use of learning objects[C]. Bloomington, IN: AECT, 2002. 151-171.

分基础,但在行动思想中表现的主题材料却能将美学经历转变成触手可及的活动,从而使美学经历成为可能。教学不仅要明确主题,更要将主题设计成学习活动。换句话说,课程并不仅仅是累加的话题,更应是一种学习活动的经历。阐述课程的主题并不一定会激发学习,但对经历的描述却能鼓励学生参与其中。

(4)情境原则:语境有助于浸入学习环境中

语境是一个包含一切的范畴,描述了一个教学环境中的很多组成部分。语境可以是给定的或创设的,所以对语境的考虑有着双重意义:一是将一个环境的许多给定语境特性融入教学设计中;二是创设教学所需语境实现教学目标。但无论是融入还是创设语境,语境必须通过强化各个教学组成部分来提高学习经历的凝聚力。正如一个高质量的文学作品中的很多因素都由作家有意控制或创造性地调控,从而使经历具有浸入性。从生态学的角度来看,语境可能成为教学设计的主要考虑因素。学习是在参与丰富的语境时得到激发的。充分调整这些语境,可以提供所有必要的给养,促进学生有意义地参与教学语境。

四、教学美的创造品表现形式

教学美的创造品是丰富多彩的,因载体的不同而有很多种存在形式,它是教学美创造的结晶,也是教学美欣赏的凭借,需要我们去认识并加以充分利用。

1. 美的课堂

课堂是教师作为教学艺术家的审美创造的最主要的作品体现,优秀教师的课堂是精彩纷呈、美不胜收的。公开课前,执教老师端着一杯矿泉水,慢慢地从孩子的座位旁边走过,一边走一边说:"请大家集中精力,注意品味空气中的'香'味。"然后,他回到讲台上,把杯子举了举,问:"哪位同学闻到了杯中水的味道?"有一个学生回答说:"我闻到了,是香味儿!"他再次走下讲台,端着杯子,从学生的旁边走过,一边走,一边叮嘱:"请你们务必集中精力,仔细嗅一下空气中的气味。"过了一会儿,他第三次走到学生中间,让每一位同学都嗅一下杯子中的水。这一次,除了一位同学外,其他同学都举手说闻到了"香味"。老师问那位"与众不同"的孩子:"你为什么不举手?""我相信自己的鼻子!"他坦然作答:"什么味道也没有!""对!应该相信自己的鼻子!这是一杯矿泉水,一杯什么味道也没有的矿泉水。"老师深情地说:"孩子,让我吻一下你的鼻子,好吗?"孩子微笑着点了点头。于是,老师蹲下身来,双手捧着他稚嫩的面颊,在他的鼻尖上,不,确切地说是在他记忆的深处,留下了经久不息而又意味隽永的一吻。顿时,礼堂里几百名听课的教师掌声雷动。特级教师孙建峰对此评论道:"我欣赏到了一流教育润泽心灵的大美——那是一种街道睡了而路灯醒着、泥土睡了而树根醒着、鸟儿睡了而翅膀醒着、肢体睡了而血液醒着的雪落无声的诗意美。"①记录美的课堂的载体,可以是文字,像教案、课堂实录等,也可以是音像,如教学录音、录像等。

2. 美的形象

美的形象包括美的教师形象和美的学生形象。法国作家都德(Alphonse Daudet)在《最后一课》中所塑造的教师形象大概是最美的了吧,因为他留给学生们的影响最具有震撼力,我们永远记得那感人的"最后一刻"。值得注意的是,在教学美的创造过程中,教师各方面的美不是单个呈现在学生面前的,而是和谐地交织在一起,构成教学行为"一连串影响"的体系——当教师的道德、学养、风采和谐地交织在一起的时候,就外化为丰满而富有魅力的立体形象,于有意无意间引领着学生向着美丽健康的"方向"走去。那么,教师的形象是否一定是完美无缺的呢? 不是的。任何老师都不可能面面俱到。"重要的是教师要发现自身优点,完善其不足的同时凸显自己的个性——其他素质的补衬丰富,本色特长的充分发挥,就会形成教师别样的教学风格。如此,你便不是演员在演戏,而是在演绎着独具魅力的教师人生。"②教师美的形象最重要的还不是外在的客观的形象是否美丽,而是在学生心目中教师有没有确立起学生所认可、接受并欣赏的美的形象。美的学生的形象更是十足意义上的教学美的创造品。就像乔治·纽兰德(George Newland)指出的:"正是学生构成了艺术家型教师的艺术作品。"③美国学者贝德勒满怀深情地说过:"生龙活虎的学生一个个在我眼前成长起来,这就是一个教师永不停息的创造性工作的结果。雕塑家虽然将人物塑造得栩栩如生,但毕竟不过是雕塑而已,而教师赋予这些'泥塑'以生命,还有什么比创造人类生命的工作更令人激动的呢?"④学生作为教师生命的延续,体现着人类教育美的最本质的意涵。

第四节　行动研究:生态教育的研究方法

教育科学研究,就是运用科学的理论和科学的方法,来解决教育、教学工作中遇到的问题。行动研究,作为一种新的科学研究模式,早在 20 世纪 50 年代其就被介绍到教育技术领域并在美国风靡一时。20 世纪 70 年代后期以来,由于

①　孙建锋. 享受一流的教育[J]. 语文教学通讯,2004,(13).

②　窦桂梅. 梳理课堂——窦桂梅"课堂捉虫"手记[M]. 南宁:广西教育出版社,2004:189.

③　George Newland. Teaching and The Aesthetics of Learning. Journal of Thought, p. 257.

④　[美]贝德勒. 我为什么选择教师职业[J]. 外国教育动态,1987,(03).

诸多课程论专家的倡导与支持,行动研究又得到了很大的发展。到今天,行动研究也已经成为广大教育研究者所广泛运用的一种应用性研究方法。江苏省清浦中学秉持"为行动而研究、在行动中研究、由行动者研究"的原则,引导一线的教育工作者通过计划、行动、观察以及反思等步骤,深入开展生态教育的行动研究,有效地促进了学校教育教学改革活动和教师的专业发展。

一、行动研究的内涵

著名的德裔美籍心理学家勒温(Lewin, K.)等人在对传统社会科学研究的反思中提出"行动研究"一词,而且构建了行动研究的基本理念。那时,在一般科研工作者看来,"行动"与"研究"是由不同的人从事的不同性质的活动,前者指实际工作者的实践活动,后者指受到专门训练的研究者的专业探究活动,两者并不相干。勒温提出了"没有无行动的研究,也没有无研究的行动",强调了行动与研究间的密切关系,并且认为"将科学研究者与实际工作者的智慧结合起来,解决某一实际问题的方法"就是行动研究。[①] 对此,勒温立足于"群体动力学"立场力图以行动研究的方式解决社会问题,致力于"独立、平等与合作"的群体关系和群体动力,其"群体动力学"知识背景使他所倡导的行动研究从一开始就带有"群体合作"的性质。当代有影响的行动研究的倡导者凯米斯(Kemmis, S.)认为勒温"先知地预设了现代行动研究的三个特征:民主、参与的推动力、对社会科学和社会改革的刺激功能。"[②]后来的行动研究一直强调"合作",可谓与勒温的"群体动力学"追求关系深厚。

美国的考瑞(Corey, S.)在1953年出版的《改进学校实践的行动研究》一书中详细介绍了教育行动研究的特点、实施原则和程序。教育行动研究因提倡研究者深入实际,在实际情景中采取行动,有利于解决当时的社会问题而得到很大的发展。考瑞将教育行动研究概括为如下特征。(1)"教师参与研究"。这是教育行动研究不同于传统教育研究的一个基本特性。(2)合作。教师一旦"参与"研究,他就面临研究者之间、教师与教师之间、教师与相关的管理者之间的"合作"问题,所以参与合作在早期的教育行动研究中已经作为一个基本特征显示出来。(3)"改进"实践。勒温主要将行动研究视为通向民主的途径,尤其重视改善人际关系,如不平等,偏见等问题,行动研究被考瑞引入教育领域之后主要用来改进学校的课程与教学实践。(4)科学的方法。勒温认为行动研究除了民主

---

① 刘良华. 校本行动研究[M]. 四川教育出版社,2002:4-6.

② 刘良华. 行动研究的史与思[D]. 华东师范大学博士学位论文,2001:6.

的意义,还意味着一种科学研究方法,用科学研究方法来解决社会问题,改善人际关系,勒温将行动研究的过程描述为"计划—行动—观察—评价—再计划……"的一个螺旋式上升过程。

到了 20 世纪六七十年代,斯腾豪斯(Stenhouse,L.)领导了"人文课程计划"的行动研究。在人文课程改革的过程中,斯腾豪斯将人文课程的目的理解为:用"讨论"而非"教授"的方法"发展一种关于人类情境,人类行为以及一些有争议的价值问题的理解能力",以此培养学生毕业后进入社会的基本的独立能力。斯腾豪斯(Stenhouse,L.)领导的"人文课程计划"的行动研究使教育行动研究在英国得到复兴。与早期的行动研究相比,从教师参与转换为"教师成为研究者"、从关注改进实践转换为促进"校本课程开发"、从注重科学的方法转换为"公开而系统的探究"、从注重教师亲自操作的"一线行动研究"转换为重视来自大学的研究小组"二线行动研究"等,成为斯腾豪斯所倡导的第二代教育行动研究的主要特征。英国的埃利奥特(Elliott,J.)教授认为:"行动研究旨在提供社会具体情境中的行动质量,是对该社会情境的研究。"卡尔和凯米斯(Carr & Kemmis)在 1986 年提出的定义:"行动研究是在社会情境中(包括教育情境),自我反省探究的一种形式,参与者包括教师、学生、校长等人,其目的在促发社会的或教育实践的合理性及正义性、帮助研究者对实践工作的了解、情境(或组织内)之实践工作能够付诸实施而有成效。"①与第二代教育行动研究相比,教师是"反思性实践者"、关注教师相关的整个"社会情境"、关注"个人"与"制度"的关系成为第三代教育行动研究的进步之处。

国内教育学者杨坚红②、蒋楠③自 20 世纪 80 年代中期开始重视介绍行动研究,20 世纪 90 年代初以来,介绍和评议行动研究的文章逐渐多起来。同时,教育系统开展了大量的教育改革和实践研究,产生了许多指导教学实践的新思路和新的教学模式,这些思路和模式对我国的教学实践和教学研究产生了很大的促进作用,其中较大的影响力。如:1994 年开始华东师范大学叶澜教授主持的"新基础教育"课题研究,该课题研究是以行动研究为重要手段,分析理论与实践关系的教育科学研究方式。该课题首先提出理论假设和学校改革的总体框架设计然后,开展行动研究,在行动研究中检验、丰富、发展、推进和完善理论并形成模式最终把理论假设转变为新的基础教育实践模式。该项行动研究时间较长,涉及中小学与研究人员众多,对我国的教育实践有很大影响,并得到了学术界的

① 李双.教育行动研究的本土化探究[D].重庆师范大学硕士学位论文,2004:3-4.
② 杨坚红.向幼教科工作者推荐行动研究法[J].教育研究,1987(01).
③ 蒋楠."行动研究"简介[J].外国教育动态,1987(01).

广泛认可。另外,1995 年开始陈桂生教授主持的华东师范大学与中小学教师合作开展的行动研究、1998 年首都师范大学和北京市教委共同开展的《全面提高北京市初中教学质量的课题研究》等也是行动研究较为成功的例子。

尽管许多学者对行动研究下的定义不同,而且从不同的角度阐释,但其内涵在许多方面却是相同的。如行动研究是解决实际问题的方法、行动研究是将研究人员与实践者结合起来的方法等。所以,我们理解的行动研究是:由与问题有关的所有人员共同参与研究和实践,对问题情景进行全程干预,并在此实践活动中找到有关理论依据及解决问题的研究方法。①

行动研究是旨在提高社会具体情境中的行动质量,是对该社会情境的研究,是一种适合广大教育实际工作者的研究方法。它既是一种方法技术,也是一种新的科研理念、研究类型。行动研究是根据实际工作的需要,从中寻找研究课题,实际工作者与研究者共同参与到研究中,在实践工作中寻找课题解决方案,使研究成果为实际工作者所理解、掌握和应用,从而达到解决问题、改变社会行为的目的的研究方法。因而,行动研究的主体是教育活动实际工作者(可以是教师个体,更应该是合作状态的教师群体),行动研究的主题源于教育实践中的形形色色的问题,行动研究的方法是一种系统研究方法(绝非仅仅是教师的自我反思),行动研究也需要科学的研究方案和详细的研究计划并需要随着研究进程的发展和变化而作出适当、及时的调整,行动研究的目的并不是创设一种理论或者验证一种理论,它的直接目的是要通过研究改进教育实践,解决教育实际问题。

二、行动研究的类型

广大中小学教师习惯于将自己的研究称作"教改实验",从严格意义上来说,这类研究实是"行动研究中的试验",他们希望借此改善教育教学实践活动。对于行动研究的类型,我们可以从研究的侧重点、发展历程、参与者的反映以及参与者的不同类型等几个角度来观照。

(一)按照侧重点分类

按照研究的侧重点,行动研究可以分为三种类型:(1) 行动者用科学的方法对自己的行动进行的研究;(2) 行动者为解决自己实践中的问题(不是为了建立理论)而进行的研究;(3) 行动者对自己的实践进行批判性反思。

第一种类型强调的是行动研究的科学性,第二种类型强调的是行动研究对

---

① 陈国庆、诸东涛、周龙军. 教育科研方法[M]. 武汉:华中师范大学出版社,2018:110.

社会实践的改进功能,第三种类型强调的是行动研究的批判性,强调以理论的批判和意识的启蒙来引起和改进行动,实践者在研究中通过自我反思追求自由、自主和解放。这三种类型分别强调行动研究的不同侧面,但是在实际研究中,研究者有可能同时结合三个方面的特征。

（二）按照内部的发展历程分类

从每一个行动研究内部的发展历程看,行动研究可以分为试验型、组织型、专业型和赋加权力型四种。试验型研究,以科学的方法探讨社会问题,追求研究的科学性与理性特征。组织型研究,将行动研究应用于对组织问题的解决,其核心在于创造富有生产力的工作关系,其追求研究对社会现实的改造功能。专业型研究植根于实际的社会机构之中,目的是促进形成新的职业,这些专业人员通过研究发展自身的社会实践活动能力,反思自己的价值观念并设法改变自己熟悉的行为实践。赋加权力型研究,以反压迫的姿态为社会中的弱势群体呐喊,提供彼此相互合作的共识,强调研究的批判功能。

这四个类型,有如一个连续的光谱,从试验型研究到赋加权力型研究,由理性的社会管理到结构的改变,继而向社会的冲突逐步演变。一个研究项目可能随着阶段的不同从一个形态转化为另外一个形态,也可能如同一个螺旋体,在不同的形态中循环往复。

（三）按照对行动的反思分类

从参与者对自身的行动所作的反思来看,行动研究可以分为以下几种类型。一是内隐式"行动中认识"。实践者对自己的实践知识及其来源缺乏意识,无法清楚地用语言表达出来,他们无法将自己的思考与行动分开,"我们知道的比我们能说的要多"。二是"行动中反思"。西雄(Schon D)在1983年的研究中发现,当一个人在行动中进行反思时,他就成了实践脉络中的一位研究者。① 这类研究者不是依靠现存的理论或技巧来处理问题,而是针对一个独特的情形来思考问题,其思考不会脱离实践事物,所有的决定都一定会转化为行动,在行动中推进自己对事物的探究。三是"对行动进行反思"。参与者清晰地用口语建构或形成知识,将自己抽离出行动,对自己的行动进行反思。这种反思活动,虽然减缓了参与者行动的速度与行为的流畅性,但催化了他们对自己行动的细微分析,有利于他们规划变革,将自己的实践性知识语言化,不仅可以帮助参与者应付更加复杂的社会问题,而且可以帮助他们与其他人以及自己的学生进行沟通,从而使知识得以传承。

---

① 陈国庆、诸东涛、周龙军.教育科研方法[M].武汉:华中师范大学出版社,2018:118.

（四）按照参与研究的成分分类

由于行动研究的参与者成分不同，可以将行动研究分为合作模式、支持模式和独立模式三种。其中，合作模式，强调专家与实际工作者一起合作，共同提出研究问题、共同探究问题解决方案等。支持模式，强调研究的动力来自实际工作者，他们自己提出所需要研究的问题，自己决定行动的方案，专家只是作为咨询者协助实际工作者形成理论假设、计划具体的行动以及评价行动的过程与结果。独立模式，强调实际工作者独立进行研究，摆脱专家帮助和指导，摆脱传统的研究理论和实践规范的限制，对自己的研究进行批判性的思考并采取相应的行动对社会现实进行改造。

三、教育行动研究的过程与特点

（一）教育行动研究的过程

教育行动研究过程没有定则可循，不管它是由单个教师执行的还是教师与研究者合作的，不管涉及的是大的学校样本还是小的学校样本，也不管它处理具体问题还是更普遍的问题，只要选择了一个合适的模式来引导这些过程，无论教师还是研究者都应适应问题情境的变化。作为行动研究的一个完整单元来讲，无论哪一种对行动研究过程的理解，"问题""计划""行动""反思"四个环节是必不可少的。

1. 问题

"问题"阶段主要完成的是明确问题与分析问题两个方面的事情。一是明确问题。需要做的事情包括：（1）明确问题的方式，包括教育实践中面临的问题、理论学习受到的启发或者是他人成功经验的启示，或者是通过社会调查发现问题；（2）确定问题的原则，包括实践性、可行性、科学性原则。二是分析问题。分析问题是对被确定为研究课题的问题，用自我追问的方式从不同层面、不同方面进行把握，要尽可能地明确这个问题的种类、范围、性质、形成过程及可能影响，使要研究的课题变得更具体、更清晰。

2. 计划

计划就是拟研究问题的可能策略。总体的计划应包含以下几个方面的内容和要求。（1）计划的内容。包括计划实施后预期达到的研究目的、行动的步骤与时间的安排、行动研究涉及的人、准备将要使用的问卷或其他收集数据的工具、对课程实施改变的因素以及如何观察或监控这些因素、如何实施已修改的策略等。（2）计划的要求。包括计划要具有可行性；计划要明确具体；计划要具有灵活性。

3. 行动

行动环节是指行动者在获得了关于背景和行动本身的信息，经过思考并有一定程度的理解后，有目的、负责任、按计划采取的步骤。把计划付诸行动是行动研究的核心步骤。行动阶段包括行动及对行动的考察两个方面。（1）行动。这是教育行动研究最关键最核心的环节。行动研究的根本目的就是要解决实践（行动）的问题，改善实践（行动）的质量。行动是不断调整的、灵活的、能动的，包含着行动者的认识和决策。（2）考察。考察主要指对行动过程、结果、背景以及行动者特点的考察。包括考察的方法、考察的要求等。在考察中，要注意按计划，但不满足于先定的构想，也不要过多地受到执行中可能遇到的问题的困难的干扰，随时注意观察、改善和解决问题的变化情况，及时记录各种新情况、新问题和新感想。如果遇到问题，也要随时做到具体分析。

4. 反思

反思是对行动过程及行动结果的思考。（1）评价。评价即对行动的过程和结果作出判断评价，对有关现象和原因作出分析解释，找出计划与结果的不了致性，从而形成基本设想，总结计划和下一步行动计划是否需要修正，需作哪些修正的判断和构想。（2）总结。主要工作是整理和描述，即在评价的基础上对观察到的、感受到的与制定计划、实施计划有关的各种现象加以归纳整理，描述出研究的循环过程与结果。总之，教师的整个教育行动研究过程是不断通过教师的实践、反思、调整，直到使教育教学活动有新的改进。因此，教育行动研究是一个开放的循环的过程，是一个从不会间断的过程。

(二)教育行动研究的特点

1. 从研究目的看，是"为行动而研究"

传统的研究，其目的在于发现普遍规律，是"为理论而研究"。这种研究目的一方面使教育第一线中对教育最有发言权的广大教师望而却步，另一方面又使美好的教育理论仅仅停留于文字记载。尽管有人试图让教师成为使教育理论变成教育实践的中转站，但这种观点把教育理论与实践的关系估计得过于简单了。理论与实践的最好结合要求行动与研究的密切结合。行动研究打破了传统研究在研究目的上的局限性，它的根本目的不是为了理论上的产出和普遍规律的发现，而是为了行动的改进。实践的改进。但这并不是说它轻视理论，而是它重在以先进的理论指导行动和实践的改进。它是为解决实际问题而研究。研究的首要目标是提高教育教学质量和效益,改进教育教学工作。这既是身处一线的教师开展教育科研的根本动力,也是教育科学研究的根本目的。

当然,行动研究把解决实践问题放在第一位,并不等于行动研究仅满足于问题的解决,而不对已取得的成功进行理论上的探讨。行动研究既然是一种研究,必然要对行动的过程和行动的效果进行理性思考。在实践的基础上,在一定的范围内做出自己的理论贡献,达到求真。例如,20世纪80年代后期上海闸北八中校长开展"成功教育"行动研究,经过数年坚持不懈的努力,取得了显著成效。一方面该校学生在不同层次上实现了自己的成功目标,学生素质普遍提高;另一方面在成功教育的实践经验基础上,对成功教育的内涵、特点、实质和实施进行了研究,构建了具有本土特色的成功教育理论。这是行动研究中的一个成功范例。

2. 从研究对象看,是"对行动进行研究"

行动研究是抓住行动中值得关注的对象作为研究的问题的。其他研究也会对行动进行研究,但它们没有行动研究这么专一。行动研究关注学生行动的改进,但它是通过关注教师或其他学校教育人员行动的改进来实现学生行动的改进。它要分析问题之所在,提出解决问题的策略、方法,最后达到解决问题。但是其他种类的研究往往只针对某一方面。有的只调查分析现状;有的可能还进一步提出解决问题的设想,但谁去解决问题,能否解决问题则不管。而行动研究是一条龙服务,它把研究问题和解决问题结合起来。它具有以下特点。(1)直接性。问题必须来自教师自己的教育教学实践,是教师自己的直接经历和感受。如北京朝阳区某农村中学数学教师张肇基所开展的"代数扑克游戏活动提高初中学生数学运算技能的实验研究",其研究对象便是他所教的初一班学生存在的数学运算技能差和厌学数学问题。为此,开展行动研究的教师必须广泛收集信息,发现问题,研究问题。(2)特殊性。研究的问题或对象通常仅限于本校或本校的某个教学班,属于某个学校的校情问题或班情问题,表现出较多的某地区的某所学校或教学班的特征。行动研究的问题的特殊性要求人们在评价其研究成果时,在适用范围上要慎重,应多加分析,广泛听取各种意见,克服主观判断。(3)微观性。研究的对象多为教育教学实践中的比较具体的微观问题。问题的范围较小,结构较简单,相关因素较少。此外,像前面提到的"代数扑克游戏提高初中学生数学运算技能的实验研究"等课题便是学校教学中的微观研究。也许有人对这类微观问题不屑一顾,不认为是教育科研。似乎那些大而空的课题才有价值。其实,这是对教育科研的一种误解。宏观研究固然重要,但问题的解决最终还必须落到微观的操作层次上。离开了微观研究,宏观的思辨层次的研究成果也只是一种假说,其真理性还是一个悬而未决的问题。微观问题虽小,但小中见大。行动研究注重做,追求一点一滴的实在进步,体现了教育科研的真正价值。

3. 从研究环境看,是"在行动中研究"

行动研究既不是在实验室里进行,更不是在图书馆里开展。行动研究的环境是教师工作于其中的实际环境。教师在自身的教育教学行动中发现问题、分析和研究问题、解决问题,从而改进自身工作。这就把教育研究和教育行动结合起来。如北京丰台实验学校于 1994 年开展的"营养＋锻炼复合处方实验",研究的问题是该校小学生不良的饮食习惯,其问题的范围可以概括为两个主题词:小学生、饮食习惯。问题的结构可以表述为:认知(缺乏营养知识)态度(喜欢吃好吃的)行为(挑食、偏食、厌食、吃零食等)。问题的相关因素是:学校支持(教育、管理、食品加工设备、人员培训),社会支持(市区政府、科研单位、食品科技公司技术指导),家长支持(认知、态度、对子女的教育)。

4. 从研究人员看,是"行动者进行研究"

开展行动研究的人就是学校的教育行动者——广大学校教育工作者。他们一边工作,一边研究,研究的结果又运用于改进自己的工作,从而把探索研究结果和运用研究结果结合起来。研究结果的产出者和应用者同集于一身,这比起其他种类的研究来说是绝无仅有的。研究是在日常的学校生活和真实的课堂教学环境中,边行动边研究。由于教育教学过程是一个复杂、多变的动态过程,因此教师要经常反思行动过程中的问题。专业研究者亦须深入教育和课堂教学实际,与教师一起共同研究出现的新问题。并依据行动的实际情况,随时调整计划,完善行动,在良性的变革之中达到问题的解决。使教育教学的工作过程成为一个研究过程,使研究过程成为一个理智的工作过程,达到研究和行动的完美结合。行动研究的结合策略弥补了教育研究中理论与实践相脱离的缺陷,使研究能收到立竿见影之实效。

5. 从研究范围看,是研究者所涉及的行动领域

研究者不是去研究工作范围之外的对象,他研究的是自己工作中涉及的具体人、事、物。其研究问题——解决及由此得到的经验只限于自己特定的工作范围内有效,不一定能普遍应用。研究过程具有系统性和开放性。系统性表现为行动研究的开展有一般的操作程序。虽然表述不尽相同,但都认为,行动研究的过程是一个螺旋式的发展过程,是一个由计划、实施行动、观察和反思四个环节构成的运作系统。

6. 从研究进程和方法看,是边行动边调整

行动研究要通过研究者行动上的干预来达到对对象的改变。行动干预的进程和方法没有一个严格的程序,也无法预先完整地设定。它具有弹性或动态性,

由研究者根据情况边实践边修改。因此,它要求教师要有对实践问题的敏感能力、适时调节研究方法或侧重点的应变能力。这类似于中医治病,通过病人吃药后的反应和变化,多次调整处方,最后达到治愈的目的。

7. 从研究结果看,是行动的改进与发展

行动的改进和发展具有双重含义。一是学生行动的改进和发展,体现在学习行为、品德行为、社会性行为方面;二是教师行动的改进和发展,教师获得专业知识和能力的提高。由于这样,所以近年来行动研究作为一种教师"专业发展"的途径越来越受到人们的重视。

四、行动研究助推教师专业发展

在行动研究的过程中,教师的实践主体性和研究主体性得到了统一,教师的主体意识、反思能力和批判精神得以彰显,教师的开放心态和合作意识得以形成,行动研究成为教师开展教育科研的最重要的途径之一。"行动研究"关注的是教师每天所经历的实际问题,研究的主体、目的、对象和过程都离不开实践。因而,一是教师"在教育中"研究教育。他们在工作中发现问题、研究问题、解决问题,不脱离自己的教育工作。二是教师"通过教育"研究教育。他们通过教育工作来检验自己对教育问题的看法是否正确,检验自己解决问题的设想和办法是否有效。三是教师"为了教育"研究教育。他们是为了改善自己的教育和教学工作,去研究教育问题的,尽管他们的研究可能会丰富理论,但是他们研究的原始动机或出发点却是为了工作,为了使自己的教育行为更加合理,更加有效。"行动研究"对教师发展具有重要的意义,主要有以下几点。

1. 合作式"行动研究",有利于提高教师的教育理论水平

"行动研究"的合作包含两层含义,一是教师之间的合作,二是教师与理论土作者的合作。行动研究强调教师与教师之间通过合作共同设计与实施研究,增加了教学对话,促进了教师集体的整体提高。行动研究强调教师与研究者的合作,教师可以从专家那里获得必要的专业理论知识和研究技能,提高自己的反思能力、分析能力和解决问题的能力。教师的课堂,不再是他们运用理论的场所,而是他们和研究者合作研究的现场,成为教师不断成长和教育理论不断丰富的场所,教师通过行动研究扩展和提高了教育理论水平。

2. "行动研究"有利于促进教师自身专业的发展

教师只有对自己在课堂上的行为进行研究,才能够了解自己是如何进行教学的,自己的教学行为对于学生的学习和发展具有什么意义,反映了自己什么样的教育理念。教师在整个教学的生涯中不断地提出问题,不断地反思,不断地改

进教学,对教育功能和价值的认识不断深化,从而促进自身专业的发展。

3. "行动研究"是解决教育研究中理论脱离实际的有效途径

我们已经发现,任何一种教学理论都不可能成为最好的普遍理论,真正适合教学条件、学生需求和教学目标的理论,需要每个教师在教学原则指导下从自己的教学实践中去发现和发展,只有通过教师的努力,才能使理论与实践有机地结合并使理论在教学实践中进一步得到发展。同时,研究者深入课堂,从课堂中发现问题,并直接参与从计划到评价实际工作的过程,与教师一起研究他们面临的问题。这样,行动研究就在解决问题的过程中,为研究者与教师的结合提供了接触点,为理论与实践的结合架起了桥梁。

4. "行动研究"是解决学校实际问题的有效途径

中小学教育科研在研究中要有清晰的问题意识,明确地认识到借助研究想去解决学校的哪些问题,什么样的研究活动才能达到这一目的。许多学校的教育科研活动不能解决学校自身问题,其缘由在于所确定的问题并不是学校自身的问题,问题可能来源于专家,来源于理论论著,来源于其他学校。行动研究把解决学校实际问题作为一切科研活动的根本出发点和归宿,作为检验中小学教育科研行为的最终依据,从根本上杜绝没有问题针对性的学校科研,跨越学校教育科研与学校问题解决之间的鸿沟。

很多证据表明积极地进行行动研究会引起从业者个人与职业的提高。参加行动研究的教师会对自己的实践更加具有批判性和反思性,并更注重对方法与概念的理解。随着教师参与到行动研究之中,他们对学校教学过程的理解越来越深,他们所学到的知识将对课堂教学、学校以及学区的未来产生影响。

第四章 生态教育的实践框架

"生态教育"是指把学校环境、管理手段、课堂教学和课程构建等要素看作一种特殊的生态系统,强调从生态的视角来观察、理解、解决教育中的现象和问题。与其他教育理念相比,生态教育更加注重教育的规律,其本质是把教育的发展看作全面、系统、协调和可持续的进化过程,目的是促进教师素养的有效提升和学习者全面且有个性化的发展。江苏省清浦中学经过多年的探索,逐步形成了生态德育、生态校园、生态管理、生态课堂和生态课程等富有特色的生态教育体系,为夯实健全人格、促进师生发展、绽放师生生命、激活师生潜能和开创师生幸福人生提供了切实保障。

第一节 生态德育:夯实健全人格的基石

江苏省清浦中学对生态德育的实践是建立在多年对其内涵探索的基础上,尤其是将现代德育作为学校德育发展的指导思想,不仅诠释了师生之间的和谐共生,更将德育工作指向回归生活、回归自然、回归学生三个方面。

一、生态德育的内涵解析

生态德育主要是把德育系统看作教育生态的一个子系统,要达成德育系统内部和对外信息的高效流通,就必须整合德育中的各个要素,将其进行有序构建,以便形成它们之间的和谐关系并促进整体性的功能发挥。因此,德育各要素之间的和谐互动是生态德育所追求的目标,其反映出了教师与学生的有效沟通和高度契合。此外,江苏省清浦中学在总结多年实践经验的基础上,进一步挖掘出了生态德育新的内涵。

1. 让德育回归生活

学生思想品德的起初来源于生活,也要回归于生活,更要能够接受生活实践的证明和考量。也就是说,只有让德育回归到生活中,才能使其理念为学生顺理成章地接受。此外,丰富的德育内容蕴含在生活之中,现实世界才是构成和影响学生思想和行为的外部条件,因此在生活中进行德育才最具说服力。进一步来说,从内容来看,德育构成了学习者的基本涵养,在生活中一个人只有具备基本的思想道德,才能够获得他人与其主动交往。在学校中德育的内容无处不在,无论学习者在学习文化知识,还是参加社团活动,都能够为各种德育内容提供应用场景。我们主张学校的教育不能将德育内容从生活中抽离出来形成理论知识或框架,让学生去学习,因为这样德育内容就与实际的应用情境相脱离。相反,应该充分将德育内容渗透到各种生活和学习的情境当中,为其构建"在场"的内容。

从德育方式来看,实践活动易于为其构建亲身体验的机会,能够促进其形成深层次的理解。理论教学的优势在于为其建立起德育知识体系,但对于学生能否将其应用于现实中则力所不逮,而实践活动所形成的切身体验更容易打动他们,从而产生移情效果,使他们从思想上能够更好地掌握相关德育知识。

从德育评价来看,德育的目的在于让学生能够更好地生活。也就是说,是否让学生成为生活中的道德主体是学校德育工作的主要目标,因此学生道德的评价应该紧密结合学生的道德行为来进行,并放入生活之中来考量。从环境上来看,生活是培养学生道德的土壤,也应该是德育选择的主战场。综上所述,让德育回归生活是江苏省清浦中学德育生态化的一个基本指向。

2. 让德育回归自然

德育工作与其他工作有着显著的区别,德育工作要取得实效,离不开德育知识的主体建构,更重德育主体的社会实践,在知识建构与社会实践中实现德育工人的目标。虽然学生在学校的身份是受教育者,看似独立于社会之外,但其实学生与教师一样,同样是社会人。在学校教育中,师生之间的交往不仅有着师生之间的关系,也蕴含着社会人交往的特点。从交往的特点来看,学生与教师是平等的,他们之间的交往应该是在平等自主的基础上开展的,这样才有利于学生反思、探索和领悟人生,使自己成为一个完整的"人"。基于上述认识,江苏省清浦中学提倡通过师生在平等的状态下,通过平等自主交往的过程渗透德育知识,而反对教师以"教师"的身份向学生灌输德育知识。同时,为了避免学生成为德育知识接受的容器,学校鼓励教师充分开展道德实践活动,能够将亲身经历中所蕴含的德育知识和情感思想传递给学生。

3. 让德育回归学生

德育工作的受众是学生,它是施加于学生的特殊教育活动,其评价的最终指向也是学生德育水平,德育只有对学生发生作用才是有效的。由此,学生是德育的中心,所有的德育工作必须围绕着学生德育水平的提高来进行。学生的德育水平一方面在于其知识体系的获得,另一方面还取决于将德育知识应用于实践的情况。如果这两个方面非要作对比的话,后者才是最终目的,是德育工作的重中之重。江苏省清浦中学在对学生德育水平进行评价不仅仅是对学生道德理论知识掌握情况的书面考核,还对德育课程安排、德育课时安排进行考核,同时也十分注重对学生道德行为进行评价。这样有助于学生将外部德育知识转化为自己的内在素质,并促使学生自觉注重在日常生活中的道德实践体验。这样就将学生学习到的道德理论知识与道德实践结合起来,达成了围绕学生进行德育的初心。总之,德育向学生的回归是德育生态化过程的重要一环。

二、生态德育的实践框架

江苏省清浦中学充分发掘一切可以利用的教育资源,将生态德育融入各学科教学及学校的各项活动之中,让其内容、方式、方法得到动态的发展,进而帮助学生在思想上树立一种新的人生观、自然观,并将之付诸环境保护的实际行动中。

1. 践行丰富多彩的社会实践活动,充分进行德育的体验养成。

根据德育回归生活的理念及其所涉及的规范生态行为,重难点采取德育过程的习得和内化策略。首先,江苏省清浦中学每学年定期对所在地和周边地区开展环境监测实践,了解水文、土壤、大气和动植物的现状,理解它们对于维护生态平衡的重要作用,学生利用所学知识挖掘污染原因和源头,组织他们查阅文献,提出相应的对策,学校经过筛选和整理后上报给相关部门,并给做出杰出贡献的小小科学家们颁发证书。其次,组织学生游览生态保护区,让他们充分接触自然、认识自然和欣赏自然。通过身临其境的直观体验,充分感受大自然的魅力,体验领悟自然生态之于人类的重要意义,培养学生的自然情怀,激发学生对大自然、对生命的热爱,积极参与保护生态环境的志愿活动。再次,组织学生前往环境保护机构,进行实地参观和实践,了解当前环境保护的原理、方法和意义,进一步加强践行生态道德的能力。

实施生态文明体验养成教育。生态德育是重情感、重体验的德育活动,江苏省清浦中学站在生活的角度,按照德育的基本要求逐步健全与完善学校各项教育管理制度,将生态道德的内容与要求融入学生学校生活的各个方面,并引导学生自觉遵守。例如,学校结合春游、夏令营等课外活动,让学生亲近自然;结合植树节、环境保护日,保护淮河等主题活动,让其积极参与环境保护的实践行动;通过反思自身的消费行为,引导其树立科学的消费观念,选择合理的消费行为,严格控制废物、废水、废气排放;实行垃圾分类回收,以提高资源的重复利用率等。这样就通过活动的体验让学生深入体悟生态德育内涵并内化为自身素质,在日常生活中把生态道德作为一种行为方式反复践履,养成生态文明行为习惯。

2. 营造生态德育的环境氛围,充分发挥环境的熏陶作用。

让德育回归自然的宗旨其实就是为学生所营造环境的一种要求,这种环境氛围的创建和熏陶对于学生道德情感因素的生成有着至关重要的作用。江苏省清浦中学首先与家长联合,为学生创立适宜的生态德育家庭氛围。学校通过开班会、与家长签订协议书的方式督促家长建立起良好的表率。家长以身作则,不断提升自身的素质,规范自己的言行举止,日常生活中健康文明的生活方式和有益的兴趣爱好,都能够帮助孩子形成良好的行为习惯。江苏省清浦中学鼓励家长将生态活动融入家庭生活中的各个环节,从指导学生参与节水、节电和节能,以及保持庭院卫生和居室卫生的生态活动,到坚决抵制"一次性消费",杜绝铺张性、排场性等不文明的消费观念和行为,来传递自然和简洁的符合生态道德的理念,以耳濡目染的形式使孩子养成规范的生态行为。

3. 提升教师的内在品质,充分发挥教师的引领示范作用。

中学生生态德育教育的主阵地是学校,教师是开展德育工作的主体,那么打造一支政治素质好、道德高尚、业务素质强的中小学教师队伍,是保证生态德育教育效果的基本前提。由此,江苏省清浦中学十分注重对全体教职员工的生态理论培训,提高他们的生态德育意识,丰富他们的生态知识,增强他们的生态德

图 4 - 1　清浦中学十八岁成人仪式

育能力。学校教师在进行教书育人的基础上,铭记身负立德树人的责任,时刻关注德育知识的前沿,并积极将其融入日常教学中;学校教师无论何时何地总是以身作则,崇尚健康淳朴的生活方式,培养文明优雅的行为习惯,提升生态文明素质,积极参与生态实践活动,用自己高尚的道德情操和实际行动去熏陶和教育学生。教师率先成了生态德育的践行者,在教书育人的过程中也成了学生生态德育的示范者、指导者。

第二节　生态校园:促进师生发展的沃土

校园的生态环境直接影响着孩子们的人格特征和身心健康,江苏省清浦中学经过十多年的专注与坚持,遵循"净化、绿化、美化、教化和变化"标准,积极营造有利于开展生态德育的校园物化环境和文化氛围,形成了高品质的生态校园成果。

一、生态校园的内涵解析

校园生态教育就是在校园这个特定环境里,创造外部的校园生态环境,建立内在的生态教育理念,以生态学为依据,传播生态知识和生态文化,提高学生的生态意识及生态素养。其目标是建立环境伦理规范和环境道德观念,教育学生正确认识自然环境的规律及其价值。提高学生对自然环境的情感、审美情趣和鉴赏能力,为每位学生提供机会,获得保护和促进生态环境发展的知识。从发挥的功效来看,校园生态教育是学校师生在校园和与之相关的社会环境中适应环境进而改造环境的产物。它改变以往教育中"以人为本"的本位思想,指出学生在这种特定环境中具有主动和受动的生态互动关系,强调学生与环境的发展是协调持续的。要使学校生态教育行之有效,建设生态校园并利用校园环境实现生态育人功能是必不可少的举措。

1. 生态校园建设要体现功能性

园林植物不仅要能够美化校园环境,还要发挥改善大气质量,减少噪声污染以及为学生遮挡阳光和紫外线等功能。学校处在城市的各个区域,防治大气污染是各个学校面临的问题。例如,在污染比较严重的热电站或者钢铁厂的周围适宜种植能够吸附 SO_2 的夹竹桃、臭椿、白桦、连翘等。重金属污染的工厂附近,受重金属铜污染的土壤中,吉祥草对土壤的修复能力是最好的;受重金属铅污染的土壤中,地被植物垂盆草的修复力是最佳的。城市的交通繁忙地段,汽车尾气排放量比较大,可以试种吹盆草。另外,可以选择苦楝、毛白杨、白桦、女贞、核桃等抵抗 SO_2 污染,栾树、桑树、毛白杨、侧柏、泡桐、枣树、榆树等抵抗 HF 污染。①

此外,城市灰尘较多,噪音较大,所以适宜选择枝叶茂密、分枝点低、叶片粗糙的园林植物,如构树、红瑞木、杨树、悬铃木、旱柳等,这些植物有很好的减尘减噪作用,为学生遮挡阳光和紫外线,主要有国槐、法桐、白蜡、栾树、碧桃、柿树等,并且在设计的时候尽量增加绿化带的宽度,形成松散的多层次结构。②

2. 生态校园建设要体现可持续性

园林绿化最理想的状态就是满足校园生态效益和学校教育、社会和经济效益的需求,选择生长速度适中、耐修剪、寿命长的植物。研究表明,阳性植物的管理是最粗放的,它们耐修剪、生长速度快、但是寿命短,修剪的频率比较高,所以,尽量少用阳性植物或者是阳性植物和耐荫植物相搭配,节省管理费用,提高经济和生态效益。地处四季分明的地区,还要注意复层结构植物群落中的落叶树和常绿树的搭配,从而确保一年四季的生态效益。③

此外,植物也是有生命的,其生存要处于适宜的环境中。一方面,需要调查清楚不同地段的污染物类型以及各种植物对于污染物的耐受情况,才能保证绿化植物的成活率,以达到如期的景观效果;另一方面,校园水的处理、植物病虫害的防治、园林稳定的植物群落的构建也必不可少。例如,核桃与山楂、板栗与油松种植在一起可以互相促进,花期仅一天的旱金莲如与柏树放在一起,花期可延长至 3 天,松树与云杉不能间种。各种花卉栽在果树旁,会加速花朵凋谢。桧柏与梨、海棠不要种在一起,以免后者患上锈病,导致落叶落果。夹竹桃的叶、皮及根部分泌出夹竹甙和胡桃醌,会伤害其他花卉。④

3. 生态校园建设要体现育人性

校园园林绿化除了发挥应有的生态环境效益、社会效益和经济效益外,还发挥着教育性质所决定的育人效应。生态校园要通过艺术手段,改造地形,种植花木,布置园林道路等途经创造出来的具有审美意义的自然环境,这样可改善生态环境,美化校园,促进师生身心健康。在建设生态校园中,全校师生员工积极参与植树、种草、栽花,让他们在劳动中创造园林绿化感受快乐与艰辛。优美的环

---

　　① 吴小春,张伟宁,温立国,脱琳琳.绿色生态校园建设探究[J].教育实践与研究(B),2016(10):8-10.

　　② 同上。

　　③ 同上。

　　④ 同上。

境可以舒缓和释放人的消极情绪,启迪人的思维,也可以影响师生精神状态和精神面貌,培养其高尚的审美情趣,并使思想情操受到陶冶。此外,校园绿化建设所形成郁郁葱葱的树木,青青翠翠的草坪不仅能吸收空气中的二氧化碳,释放出新鲜的氧气,还能吸附粉尘,减少空气中废气和有害物含量,树木草坪还具有调节空气湿度,保持水土等诸多作用。[①] 由此,生态校园的建设不仅可以保证校园环境的清新,也促进了师生身心健康,其对于构建生态育人环境有着重要作用。

二、生态校园构建的实践框架

江苏省清浦中学在构建生态校园方面有着天然的优势。校园坐落于淮安市主城区,紧邻风景秀丽的里运河文化长廊风景区,占地面积 156 亩。在此基础上,江苏省清浦中学构建的生态校园基础设施完善,育人环境优美,人文氛围浓厚,可谓颇具特色。

1. 构建多彩校园矩阵,建成天然生态校园

在校园绿化方面,学校进行了大胆尝试和探索,不仅扩大了校园内绿色植物的覆盖面,还将"生态"观念融进校园建设中实现立体式全方位的绿化,以保持学校的整体和谐。校内拥有翔宇广场、行知园、庠序苑、镜湖、和园及谐园等景观,在保留原有树木的同时,引进了较多的新、奇、特树木品种,使校园逐渐成为特色鲜明的主题园、标本园。学校还遵照师生的穿行习惯进行校园路网建设,加强了对校园草坪步道板的改造。学校秀木葱茏,绿荫遍地,假山池沼、亭台轩榭掩映其中,再以水生植物及小型花草点缀,鱼戏碧水,珠玉四溅,是一所真正"拥抱绿色,回归自然"的生态型校园。

在教学设施方面,学校根据生态校园的建设理念以及学校教育的需求,通过一体式规划建设成了设施先进的教学楼、实验楼、艺术楼、体育馆、学生公寓、大型餐厅;配置有专业的音乐、美术、舞蹈等功能室馆;也有供学生进行探究学习的数字物理实验室、电子阅览室、科技馆、天文馆、历史馆、生态馆、航模馆、运河文化馆等。此外,学校的体育设施也非常完备,有 400 米标准塑胶田径场、足球场及篮球、排球、羽毛球、乒乓球等运动场馆。建筑错落有致,在学校曲桥水榭的映射下,透露出精雕细刻的优雅美感。室内装修更是庄严典雅,将"厚德载物、臻于至善"的校训融入每个角度中,无疑为学生的发展提供了良好的教学环境。

---

① 姚冬梅,王少蓉.生态校园建设的思考与实践[J].科教导刊(上旬刊),2010(9):9,22.

2. 发动师生构建生态校园，人人出力献策

组织师生亲身创建"生态校园"，运用所学的生态科学知识，积极参与优化学校环境的志愿行动，以增强学生的生态环境意识，培养学生的生态情感、生态责任，提高学生践行生态校园的能力。为搞好校园绿化人人出力献策。例如，每个班级都领养一片绿地，切实加强园林绿化监护工作，适时排涝抗旱、除草和防虫，促进师生自觉爱绿、护绿，不乱攀缘和乱刻树木，不在园内草坪上打球、追逐、嬉闹。在开发的"实验田"中学生播种了辣椒、茄子、豆角等，看着种子发芽、长大、开花、结果，心中别有一番滋味。研究植物生长与环境的关系，体验人和环境的和谐共处。师生还按照生态要求处理各类垃圾，亲身维护和保持校园的卫生整洁。

此外，学校组织专门的学生小组，由校长带头关注校园镜湖的环境状况，治理河道水质。江苏省清浦中学将"镜湖"作为一个育人载体，通过树立学生的环保理念，引导学生创新实践，让湖水成为学生们的科技乐园，成为校园最美丽的流动风景。在此基础上，为了提升开发利用资源、保护生态环境的能力，提高学生科学素养，学校又进一步组织学生成立兴趣小组，开展小实验、科技小发明活动，由此也促成了我校学生在全国大赛中多次获得佳绩。例如，在2017年"第二届青少年水利与气象科普知识大赛"中清浦中学学子喜获一等奖；在2017年全国模拟比赛暨全国航空模型公开赛，清浦中学获得了一个单项个人冠军、四个单项个人亚军和一个单项个人季军的好成绩。

3. 传递绿色理念，挖掘生态教育资源

按照可持续发展的理念、生态道德的要求以及学校发展总体目标和要求，清浦中学充分挖掘生态教育资源，全面开展校园生态文化建设。通过校园文化建设和制度建设，把生态道德融入学校的校风、教风、学风，融入学生行为规范，引导学生理解、掌握，并在日常行为中加以遵循。充分发挥校园传媒的育人功能，创立校刊和校报，建立学校电台、开辟文化墙廊，通过校园广播、校报、橱窗、板报、横幅等传媒手段，在学生中普及生态环境方面的知识，帮助学生树立正确的生态观念。通过时下学生喜闻乐见的互联网宣传生态文化，利用微博、微信公众号等社交网络平台传播生态价值观。建立生态教育主题教育网站，聘请专家、学者、学生生态志愿者进行生态道德理论的宣传和渗透。

清浦中学还将生态教育融入学校的景观工程，加强校园历史人文与自然环境的交融，精心规划建筑、园林、雕塑和文化传播的设施。逐渐重视雕塑、宣传介绍铭牌等校园人文景观设施的建设，注重体现出学校对师生以及整个校园环境

的人文关怀,重视校园文化建设,烘托学府独有的氛围,凸显自身的特色和形象。例如,学校建设的"恩来诗墙"就将迷人的景色与校园文化、育人精神融为一体。总之,我校力求做到让每块土地、每堵墙壁、每个角落都会说话,都来普及生态科学和环境知识。

图4-2　清浦中学校园一景

第三节　生态管理:绽放师生生命的精彩

生态视角下学校的高速运转离不开生态的管理,其就像人体的经络一样,是学校职能的调控系统,起到贯彻学校的教育意图,发挥教育功能的作用。学校科学、合理的管理能够充分激发教师和学生对教学活动的热情,为教师和学生的未来发展奠定良好的基础。

一、生态管理的内涵解析

学校管理是学校对本校的教育、教学、科研、后勤和师生员工等各项工作进行计划、组织、协调和控制的活动。管理的主体和客体都是学校自身,即学校对自身的管理,区别于教育行政部门对学校进行的教育行政管理。学校通过管理,把各项工作及其组成要素结合起来,发挥整体功能,以实现其对学生的培养目标和各项工作目标。① 而所谓生态管理是指在学校这个大的教育系统中,以生态学的生态系统、生态平衡、生态位等理念来考察班级管理的设施环境、社会环境和规范环境,研究班级生态环境的不同主体之间的相互关系和作用。在学校生态管理中最关键的要素为管理者、教师和学生以及他们之间的相互关系。因此,在学校的生态管理中要体现下述思想。

1. 建立"以人为本"的管理理念

在"新课改"中就明确指出,要践行"以人为本"的教育教学理念,以"一切为了每一位学生的发展"作为学校教育教学活动的行动宗旨。也就是说,"新课改"对教师的要求是要更新教育观念,以学生为中心,具有民主、平等的意识,还要建立教学民主的策略和规则。而这个现象发生的前提是学校管理者要尊重教师的人格、尊重教师的工作、尊重教师的合理需要,关心每一个教师的情感,宗旨,信念,价值标准,行为标准等因素的培育,以便为教师营造出良好的工作环境,帮助教师减轻自身压力,以轻松愉悦的心情去参加工作,提高工作效率。除此之外,还要做到学校管理的民主化,听取每个教师的观点与意见,民主化的学校管理有助于教师担当起"学校的主人"这一角色,主动将学校的发展与自身的发展联系起来。

2. 以科学先进的办学理念为指导

高效的学校管理工作与科学先进的办学理念密不可分,它对内是凝聚力、向心力,对外就是核心竞争力和品牌。认识到先进办学理念重要性的学校,会以建立起科学创新的学习与教学体制为工作目标,实现自身的高质量的发展。从学生的角度来看,树立科学质量观可以让每位学生获得健康的身心素质,基础的道德素养和基础的学习素养,为孩子的终生幸福奠基。这就要求学校进行深刻的思考:确立的办学理念应该是符合教育的本质要求的,具有明确的目的性和规律性;办学理念不但具有精神的引领作用,还应具有可以实践和操作的特性,即是"可做"的。最重要的是如何在有限的教育时空里,给予学生最有效的教育。

3. 以行之有效的规章制度为保障

在学校的管理工作中,除了要建立"以人为本"的管理理念,并以科学先进的办学理念为指导之外,还需要建立行之有效的规章制度来保障管理工作的进行。行之有效的规章制度能够确保学校的整体办学目标的更好实现。在新课程改革的影响下,学校必须要完善、优化学校内部的管理规章制度,并把这些规章制度当作管理学校的根本指南。另外,行之有效的规章制度也可以约束学校中的教

---

① 顾明远. 教育大辞典[M]. 上海:上海教育出版社,1998.

职工与学校管理人员的日常管理行为,从而加强学校管理,以规章制度为依据实现对教职工与学校管理者的规范化管理,使得学校的管理能够取得更好的成效。①

4. 创造良好的课堂管理文化

作为学校管理的重要部分,课堂管理的水平直接影响着中学学校的每一项教育教学活动的顺利开展。所以,优化中学的教育教学课堂管理是有重要意义的,以科学先进的教育教学管理思想为指导,并以相关的教育管理的理论为依据,采取行之有效的教学管理,以实现提升中学生的基本素质的目标。在教学管理过程中,要充分发挥中学生的主体地位的优势,发挥各个教学要素的重要作用,并进行合理搭配,保证教学管理工作能够取得更好的效果。②

5. 优化教学管理的评估系统

教学管理评估系统的优化是"新课改"环境下的必要举措,其包含三个主要方面:一是评估机构的优化,根据学校的实际情况科学构建评估机构,有助于促进学校的教育教学考核、评估与教务部门的无障碍沟通、交流,促进提高学校的教育教学管理水平;二是评价内容的优化,对教师的评估不仅仅是对班级成绩的考核,更是对教学态度、教学内容、教学方式和教学成果等方面的综合考核;三是考评的规章制度的优化,行之有效的考评奖罚机制是说服学校所有教职工的有力武器,促使他们更好地位学校的管理工作服务,另外也是对于那些积极努力、通过学习提升自己,且水平不断提高的教职工得到及时表彰和认可的基础。

二、生态管理的实践框架

1. 校长发挥在生态管理中的引领作用

中学校长在学校管理中发挥着重要作用。江苏省特级教师、清浦中学陆仁华校长就正确定位自己在学校管理中的地位,从管理理念、用人策略、管理方式等不同方面着手,与时俱进,切实发挥自身的引领作用,用自身的行动去带动学校的成长和壮大。管理理念方面,陆校长十分重视自我学习,不断拓宽管理视野。除了主持学校的日常管理工作之外,他还积极地参加省内外的研讨会和讲座等,不断地拓展管理视野,从而丰富自己的管理方式和方法。同时,在管理学校的过程中,陆校长根据社会发展的实际情况以及社会对教育的要求,对高中管

---

① 肖磊. 用先进的办学理念引领学校发展[J]. 科学咨询(科技·管理),2017(1):73-74.
② 同上。

理和教学中存在的主要问题进行有针对性的攻克,积极进行管理和教学改革,主动和国家的教育方针和地方的教育政策进行联系,从中积极地争取资源,学习经验。

在用人策略方面,陆校长在管理过程中知人善任,任人唯贤,选择了一批有责任、有能力的教师来辅助自己管理学校。他认为,教师是一个重要的群体,不仅承担着教学任务,还需要让他们积极参与学校的管理,这样才能调动他们的工作积极性。最重要的是,教师作为一线教育工作者,和学生接触的时间最多,他们能够更加直观地发现学校管理中存在的问题,也最容易发现问题产生的原因。管理方式的陈旧是制约高中发展的一个重要原因,在新课改背景下管理方式的创新更是学校的首要任务。在积极进行学校管理的过程中,陆校长紧跟时代发展的步伐,与时俱进,积极地进行管理模式的改革,坚持以生态教育理念为指引,师生成长发展为宗旨,引领学校发展,使学校步入了现代化学校建设的快车道。

2. 重视柔性管理在学校管理中的运用

江苏省清浦中学注重柔性管理,树立民主化的学校管理理念,以发挥其精神上的激励功能。一是,让教师在学校的管理活动中参与管理,这样做既可以增强教师的主人翁意识和工作责任感,满足教师多方面的需求,激发其采取积极行动的动机,达到有效激励的目的,也可以使教师全面了解学校情况,提高对学校管理决策的认同和接受度,从而进一步增强教师与学校的一体感。这种非强制性和非权力性管理保证教师对学校管理事务的知情权、参与权和决策权。遵循教师自我管理、自我激励的原则。即让教师根据学校发展目标和工作任务,自主制定计划,实施自我控制,实现自我管理,达到自我完善。相较于只运用行政命令的方式,更加重视对教师的情感化和内心激励,产生的影响将对教师产生长久、深远的精神激励作用。

二是,充分关注教师的情感需要,发挥柔性管理的情感凝聚功能。在长期的积淀下,江苏省清浦中学的管理人员形成了这样一种文化:尊重教师劳动、尊重教师创造、尊重教师需要。因此,学校的管理者一直在着力营造尊师重教的环境,保持管理者和教师之间感情融洽的良好人际关系,并形成积极的情感。学校十分重视教师的公平需要,营造公平竞争的环境,做到考核评价公平、物质分配公平、发展机会公平,以增强教师的满足感。此外,学校十分重视教师的发展需要,营造有利于教师发展的环境。积极辅助教师进行职业生涯设计,实行生涯管理,使教师在这个环境中能不断地寻求一个更加充实的自我,追求更加完善的自我实现。正是基于这种认识和措施,学校无时无刻呈现出了情感汇聚人心的良好态势。

3. 重视校园文化在学校管理中导向作用

校园文化是指学校在长期的办学过程中、学校全体成员在一系列的教育活动中,以校园为载体,旨在提高全校师生精神文化底蕴、促进全校师生身心健康发展,经过学校全体成员共同创造所形成的多形态文化。① 校园文化是一所学校独特的风格或整体精神,是学校成员之间相互理解的产物,是联系和协调学校所有成员行为的纽带,是学校灵魂之所在。良好的校园文化是教师成长发展的土壤,它构成了学校生存和发展最稳定、最有活力的基础,对于增强学校的凝聚力、向心力和持久力,保证学校行为的合理性,推动学校的发展具有重要的作用。因此,建设优良的校园文化是生态管理高层次的目标追求。②

江苏省清浦中学着力构建良好的校园文化,发挥柔性管理的价值导向功能。学校始终秉承"厚德载物、臻于至善"的校训与生态教育理念,坚持"一切为了学生的发展",确立了"合格＋特长"的培养目标,突出重点,整体推进,大力实施素质教育,确立了艺体教育发展特色,每年都有一大批学生在文化、艺术与体育等各级各类比赛中获奖,并为社会培养了一批批优秀人才,其中北京奥运会冠军邱健、釜山亚运会冠军邱未、全运会女子铁人三项个人赛冠军范丹等就是杰出的校友代表。

学校先后获得"全国和谐校园文化建设先进集体""全国普法教育先进学校""全国足球特色学校""江苏省教育工作先进集体""江苏省文明单位""江苏省文明校园""江苏省德育先进单位""江苏省课改先进学校""江苏省艺术教育特色学校""江苏省和谐校园""江苏省现代化信息技术示范学校""江苏省绿色学校""江苏省园林式校园"和"淮安市教育系统软环境建设十佳单位"等众多荣誉称号。

第四节　生态课堂：激活师生潜能的舞台

课堂作为学生的学习场所,对学生的成长至关重要。在生态思想和生态理念的指导下来构建课堂教学过程既是对"新课改""以人为本"核心理念的响应,也是促进学生全面和谐可持续发展的客观要求。江苏省清浦中学将生态课程作为生态教育实施的主要抓手,为学生营造了和谐的学习氛围,课堂关注的重点从"教"转变为了"学",实现了教学从"教本"向"生本"的转变。

---

① 姚冬梅,王少蓉.生态校园建设的思考与实践[J].科教导刊(上旬刊),2010(9):9,22.
② 郑勇.论柔性管理在现代学校管理中的应用[J].教育探索,2004(5):29-31.

一、生态课堂的内涵解析

生态课堂是指运用生态学的思想来审视课堂教学，它是以教育生态学的基本理论为基点，以促进学生可持续发展为目标，以"以人为本"为根本原则的理想状态的人本课堂，在充满人文关怀的环境中与和谐融洽的人际关系中，使师生知识得到增长的同时，其生命价值也得到彰显。其核心是教师和学生在和谐的生态环境中相互影响，相互促进，建立心灵上的沟通，产生思维上的碰撞，从而达到和谐共生。①

与一般的课堂相比而言，生态课堂一般具有如下特点②。

1. 多样性

由于构成课堂生态系统的多个生态要素彼此之间差异大，致使生态课堂具有多样性的特征。作为生态课堂主体的教师和学生的知识背景、学习方式、认知方式等方面有很大差异；再有，学生的座次、教室的摆设、教师教学的方式、教师和学生之间的关系等各有千秋，在这些因素的相互影响下，使课堂这一生态系统的多样性特征得以呈现。

2. 互动性

在生态系统中，物质和能量的输入输出、交流互动为生态系统的平衡提供了保障。在课堂生态中，交流互动同样不可或缺。师生间、生生间在情感、信息和思想等方面的交流，有利于师生的共同成长与进步。教师的独角戏或极个别学生互动的课堂属于非生态课堂，而生态理念下的课堂教学，需要教师为学生营造互动交流的氛围，关注作为课堂生态主体的学生的"生态位"，为课堂中的交往活动创设良好的生态环境。

3. 人文性

与传统相较而言，生态课堂则更注重课堂主体间的和谐共生，教师与学生是双向互动的关系，也就是学生不再是被动地学习，而是主动参与课堂教学活动；教师不再只关注个别学生，而是注重所有学生。生态课堂摒弃了"银行储蓄式教学"，代之以"情景对话式教学"，提高了学生的课堂积极性，教师更关注学生的生活和情感世界，师生之间是平等的，学生的个性差异更易于体现，以期实现教师、学生之间的和谐发展。

---

① 文晶晶. 中学生态课堂教学研究［D］. 湖南农业大学，2016.
② 同上。

二、构建生态课堂的意义

在高中阶段以生态化的理念构建课堂教学,具有如下重要意义。

1. 有助于培植生态理念,建构新型课堂文化。

课堂是一个师生共同体验生命成长过程的生态圈,教师人生中的大部分时间都花在课堂里,学生生命中最重要的阶段也是在课堂中度过。因此,课堂对于师生来说至关重要,是课堂教学的动力之源和活力之本。课堂文化对师生的行为和意识产生潜移默化的影响,和谐的课堂文化能保证教学活动的顺利开展和促进教学目标的达成。生态课堂教学在生态理念的指导下,让师生在课堂中找到合适的"生态位",关注人与环境之间,人与人之间和谐双向建构的关系。在课堂中以生态理念为指导,建立新型的课堂文化,使师生在民主平等、和谐共进的氛围中,实现教与学的多元互动,通过平等对话与交流,产生智慧的火花。

2. 有利于关注个体生命,使师生生命质量得到提升

教育源于生命的发展,教育的目的在于用知识启迪智慧,将智慧融入生命,最终提升生命的意义。黄克剑教授曾谈到,教育教学要做 3 件事:授受知识,开启智慧,点化和润泽生命。所以,点化和润泽生命,提升生命质量,是教育教学的核心。叶澜教授认为课堂教学应被看作人生中一段重要的生命经历,是师生生命意义的组成部分,并提出让课堂焕发生命活力。生态课堂教学思想,确立了全新的生命观,关注师生生命成长为基点,发展和提升师生生命质量为核心,在遵循教学活动的内在规律的前提下,又遵循了个体生命发展的客观需求;既关注知识技能的增长,同时又注重生命意义的实现,使课堂教学处于和谐共生的境界,师生通过体验生命的愉悦,感受知识的魅力和产生对话的激情,从而使教学回归生命的本真意义。

3. 有助于创新教学方法,使学生成为主动学习者

新课程标准指出教学的三维目标为:知识与技能、过程与方法、情感态度价值观。从标准中可以看出,教育目标从注重知识传授转向学生的情感体验。这就要求教师自觉地探索具有创造性的教学方法,注重培养学生的情感体验,在体验中鼓励学生自由探索。因此,教师应发挥教学智慧,鼓励学生积极参与到课堂中来,使课堂既有教师的智慧生成,又有学生的灵感产生。

生态课堂教学实现了对象教学向关系教学的转变。学生、教师、文本和教学环境组成了一个复杂的关系网络,每一个学生在关系网络中有自己独立的位置,在教学活动中,师生双方互为主体,教师采用探究教学法和体验式教学法,站在与学生平等的位置上,引导学生一步一步地解读文本,使学生拥有开放的思维,

提出对文本有个性的看法；使其成为课堂真正的主人，在课堂中学生的主体意识逐渐鲜明起来，积极地参与到课堂中来，这样才能使整个教学系统处于平衡和谐之中；师生立足于文本，收获美的陶冶，拥有理性的愉快，使课堂展现出欣欣向荣的状态。

三、生态课堂的实践框架

江苏省清浦中学在生态课堂构建方面有着自己的理念，综合考量了"新课标"和"生态教育"的要求，提出要配置和谐生态的教学环境、采用灵活互动的教学方式、创新完整开放的教学内容和倡导自主高效的学习方式等内容。

1. 确立"四三五"生态课堂教学模式

为全面贯彻落实国家、省、市《中长期教育改革和发展规划纲要（2010—2020）年》文件精神，进一步提高课堂教学效益，提升人才培养质量，促进学校可持续发展，清浦中学在生态教育理念指引下，围绕生态课堂建设，扎实有效地开展了"四三五"生态教学模式探析，取得了初步的成果。学校坚持"以人为本"，遵循学生认知和身心发展规律，全面落实以"四有、三限、五环节"为基本特征的"四三五"生态课堂教学模式的要求。"四有"，即有教案、有学案、有课件、有检测；"三限"，即课堂教学中教师讲解不超过 25 分钟，学生自主学习合作探究不少于15 分钟，课堂总结反馈不少于 5 分钟；"五环节"，即课堂教学应包括目标引领、自主学习、合作探究、精讲点拨、巩固检测五个基本步骤，进一步推动教学从教师为中心向学生为中心转变，学生被动学向主动学转变，知识为本向能力为本转变，课堂结构封闭式向开放式转变，把教室变成学生快乐成长的学习场、生活场和精神场。每个学期，学校都会组织各学科骨干教师专题开设研究课与展示课。在学校校长室带领下，教务处、教科室、全体教备组长积极参与听课及研讨活动，研讨后，再对四三五模式进行再理解，"四三五"生态课堂教学模式，真正把课堂还给学生，更好的体现学生的主体地位，调动学生学习的主动性，激发学生学习兴趣。目前，这一模式已初步形成学科课堂规范与特色，对促进学校整体教育教学质量的提升起到了很大的作用。

2. 配置和谐生态的教学环境

配置和谐生态的教学环境首先要创设温馨的物质环境，以便给学生带来轻松愉悦的心情，为教师带来舒适的教学体验。在江苏省清浦中学每个班级都被控制在一定的规模，给学生以充足的活动空间和宽松舒适的学习空间，让其获得最佳的学习状态。同时，每个班级的座位编排方式可以灵活转变，在集中授课时，座位可按照行列式的方式排列，有利于发挥教师的主导作用，便于教师观察和控制全班学生的课堂行为,减少学生间的相互干扰,减少纪律问题,同时能将学生的注意力集中在教师身上;在课堂讨论时,座位又可以转变为圆桌式的编排方式,从而有利于促进学生之间的交往与相互合作。教室的装修和布置采用了隔音处理,颜色舒心,空气流通便利,每个班级在此基础上也会装扮自己的教室,例如,粘贴绘画作品和名言警句,建立班级书架,自造小橱窗用来存放小发明,窗台和墙角遍布绿色植物。在舒适安静的环境中,可以保证师生心情舒畅、注意力集中和思维活跃,从而促进教学活动的有效实施。

其次,要建立和谐平等的人际环境,这是课堂教学的生命所在,也是实现师生和谐共生的关键所在。建立平等的人际环境应该打破"中心论"的单向控制关系,实现师生的互利共赢和在互动中的知识建构。江苏省清浦中学提倡师生之间要彼此尊重和互相理解,教师在教学过程中要尊重学生的个体差异,对学生多一分理解和关爱,学生也要体谅教师的良苦用心,心怀师恩,将教师的期望转化为自身成长的动力。此外,学校提出教师要适应自身在课堂中引导者和参与者的身份,要走出"权威"的形象,将自己融入学生集体中,形成师生之间的平等对话,在互动中激活思维,在交往中获得新知,从而实现师生共同进步。

3. 采用灵活互动的教学方式

人类的智力并非是单一的而是多元的,不同的学习者可能拥有不同类型的智力优势,为了激发学生各方面的潜能,就需要善于采用灵活多样的教学方法。江苏省清浦中学特别注重课堂中问题情境的创设,学生思维的启发。学校每学期都会举办课程情境创设环节的比赛,目的就是鼓励教师根据教学的需要和教材内容的特点,从自身的经验出发,设计一些富有思考价值的问题,引导学生思考,启发学生思维,提高学生学习迁移能力。同时,学校也鼓励教师能够根据学生的基础知识、接受能力和认知水平使用创新的教学方法,从而能够进一步激发学生的学习兴趣,激活学生的创新思维,最终点亮学生智慧,实现学生全面可持续发展。

此外,学校还鼓励师生在课堂上实施互动教学,探究知识的意蕴。因为根据知识建构的理论,师生之间的互动与交流有助于实现学生对知识的意义建构。我校在实施互动教学时,改变以往单一的集体化授课模式,采用探究法、讨论法、分组合作法等多样化的教学方法,增进师生之间的合作与交流,促进知识的生成与获取。学校也采用了多样化的教学方式,根据教学内容,有时不同的班级会在一起上课,有时一个班级的同学会被分成若干组分别授课。其中小组的划分并没有按照传统男女生比例或者学习程度的好坏进行划分,而是依据认知风格将他们进行合理搭配,从而提升小组讨论时生成观点的质量。同时,学校还创设了多样化的教学活动,例如,开展合作探究、小组竞争和知识辩论等,从而引导学生积极地参与到课堂互动中,提高他们的自主学习能力和合作探究意识。

4. 创生完整开放的教学内容

教学内容是课程教学中师生交往的"文本",其应该满足于学生智力和非智力等多方面发展的需要,也就是说,教学内容不能只依靠课本,更应该与学生的生活经验相融合,这就要求师生要重视教学内容的创生,并且要让学生能够建立知识的整体联系。因此,江苏省清浦中学多次邀请国内课程教学的专家到校开讲座,并积极成立攻坚小组来突破该难题。在关注教学内容的动态生成方面,学校一方面要求教师首先要重视教材本身蕴含的创造价值,在此基础上为学生提供开放交流的平台,通过收集学生的观念不断加工教材,从而形成新的意义。另一方面,学校为师生创造不断挖掘蕴含知识意义的课外拓展资源的条件,从而促进他们对教学内容的动态生成和文本意义的持续建构。

在重视知识之间的整体联系方面。江苏省清浦中学注重教学主体和知识的整体性,不因为盲目追求升学率就将系统的知识进行肢解,以至于让学生学会的是一个个零碎的知识点,对知识的掌握只限于记忆,无法系统了解知识的全貌,从而沦为考试的工具。为了让学生理解知识的整体内涵,学校督促教师要结合学生的认知规律,准确的把握教学内容的整体性和逻辑性。具体做法为:在选择教学内容时,要将知识点融入内容设计的整改系统中,严厉批评为了追求效率将各个知识点进行分解的行为;教师要积极走入学生的生活中,了解他们的经历和经验,在对课本知识进行设计时,能够要将其融入学生的生活经验中,通过学生的体验,进一步把握住教学内容的逻辑结构。

5. 倡导自主高效的学习方式

"新课改"明确指出课堂教学应改变学生单一的学习方式,加强合作学习,倡导发现学习,使学生成为具有合作精神和不断创新的人。倡导自主高效的学习方式是攻克传统应试教育弊端的重要手段,也是生态课堂十分重视的一个方面。首先来说,江苏省清浦中学十分重视学生的自主学习,因为学校早就将学生养成的自我发展能力和主动学习能力看作是教学最理想的效果。教师通过多种手段激发学生的学习兴趣,让学生对外表现为"要学";为其培养健康的学习方式和习惯,让其对内表现出"想学"。学校鼓励每节课留下几分钟时间,让学生主动反思课堂的学习效果,根据不足从而进一步制定下一步的学习计划。

学校的另一项举措就是鼓励教师组织学生开展合作学习。合作学习是指根据一定的标准将学生分成不同的小组,每个小组中有着共同的学习目标,组员间团结合作,最后实现共同成长。与其他学校的小组合作偏于形式不同,本校的小组合作在划分小组之初就严格把关,在分配组员时注意成员之间的多样性,组织配备不同类型的角色,做到"组内异质,组间同质",发挥不同成员的优势、取长补短。在开展小组合作学习时教师会设计一些具有挑战性的问题,并提供必要的引导,让学生提前准备。教师也会组成团队,在班级小组讨论时,分别负责观察各小组情况,发现问题及时调控并适当点拨,使小组合作学习效果最大化。

第五节　生态课程:开创幸福人生的跑道

江苏省清浦中学在生态教育理念的指引下,开发了"生态教育"系列校本课程、改造了学科课程、发展了综合实践课程,推动了学生在思维、能力和情感上的飞跃发展,从而为其开创了幸福人生的跑道。同时,我校关于生态课程建设的经验也受到了省内外学者和同行的关注,这得力于我们对生态课程内涵的准确把握。

一、生态课程的内涵解析

学界普遍认为人的自由、主体性、创造性、想象力等重要品质是传统课程的所忽视的,其用理性割裂了课程的生态平衡,最终造成了课程体系的支离破碎和教师、学生人格的片段化。生态课程独特的内涵不仅丰富了当代的课程话语,亦为课程理论发展注入了新的活力。所谓"生态课程"即"生态化的课程",它是运用生态学的原理,特别是生态系统、生态平衡、协调进化等原理与机制为我们提供新的思维方式和研究方法,来审视现代课程体系,用生态的眼光、方法、态度和价值观来思考、分析和解释课程相关问题。概括地说,生态课程是研究课程与生态系统之间相互作用的规律和机制,来建立一个以"和谐发展"为中心的,与自然、文化、社会高度协调、和谐发展的生态课程系统。①

与日常的课程相比,生态课程具有如下特征②。

1. 平衡性

生态课程需要与自然、环境、社会进行物质和信息的传递与交流,生态课程不能脱离物质和文化基础而独立存在。生态课程在进行物质和信息的传递和交流时,能够准确地协调各方的平衡,从而使生态课程能够潜移默化地完成自身体系的建构。此外,生态课程由课程目标、课程价值、课程方法、课程实施、课程评

---

① 阴祖宝.困境与超越:生态课程的意蕴及建构[J].重庆电子工程职业学院学报,2013,22(1):108-110.

② 同上。

价等众多因素组成,这些因素相互联系、相互作用、相互制约,和谐地构建生态课程的平衡。

2. 创生性

生态课程中包含诸多因素,其中教师、学生等作为生态中的"人"具有能动性、想象力和创造性的特征。生态中的"人"与其他非"人"因素相比能够发挥主观能动性,对课程目的、内容等进行组织筹划,"人"的创造性、想象力等观念和意志就能纳入生态课程中去。这样生态课程就能不断地创新生成,进而实现生态课程在创新中生成,在生成中创新。

3. 联结性

生态课程认为,在本质上,我们生来就与自然生态有一种联结。只有我们与自然生态达到真正意义上的联结,我们的世界才能够和谐和富有意义。自然生态是课程意义生成的背景,意义的生成需要生态中的"人"与这一背景建立联结。总之,生态哲学视野下的课程观要体现知识的整体性和关联性。

二、生态课程构建的原则

根据上述生态课程的内涵分析,生态课程的构建需遵循以下几个原则。

1. 时刻关注学生的需求

需求是生命活动的表现,是人的本性,也是一切人类生存的第一个前提。生态课程所关注的需求是学生的需求和社会的需求的统一体。关注学生需求,并非生态课程所特有,在当代的课程中都提倡关注学生的需求。这种重视学生需求的课程在一定程度上体现了"以学生为中心"的课程观和教学观。学生中心的课程观主张课程应根据学生的本性之需要来确定,课程的根本目的在于使学生的本性和潜能得到最充分的发展。需要注意的是,在生态系统理论的诠释下,学生的需要和社会的需要不是非此即彼、二元对立的,它们是内在统一的。生态课程关注学生需求,还将其目标定位于适应未来生活的导向,这就要求学校对日常的课程进行改造,在对课程的改造或重构的过程中,一方面要满足学生的需要,尊重学生,尊重学生身心发展的规律,让学生健康地成长和发展;另一方面要满足学生的社会生存和发展的需要,将学生培养成为有能力改造并推动社会的发展前进的人。[①]

[①] 李绯,王雁. 特殊教育生态课程:内涵、依据及其建构[J]. 现代特殊教育,2016(6): 16-20,40.

2. 注重师生的双向互动性

课程是一种动态的、生长性的"生态系统",这就要求课程是教师、学生、教材、环境四个因素间持续交互作用的动态结果。这种动态关系体现在课程设计、实施过程中的这四个因素各种互动关系上,如师生关系、同伴互动、学生与课程环境的互动、学生与知识、教材的互动等。因此,生态课程中的师生关系应是一种民主、平等的关系。每一个学生都有被尊重的权利,都有表达思想观点而不受压制的自由。师生互动是双向和谐的,体现在教学目标的决策、课程内容的制定、教学方法的选择上,学生在课程从设计到实施再到评价的各个环节中不再是单纯的接受者,而是积极的参与者;教师已不是单纯的传授者,而是引导者,促进者。在课程互动中,师生平等对话,相互促进,教学相长。

3. 强调课程创设的情境性

情境是生态课程与生俱来的标志,不仅是生态课程对学生学习环境的要求,还体现了生态课程对实施方式(即教学方法)和评价的要求。因此,生态课程的情境化具体体现在课程的内容、教学方法和评估等要素的情境化上。它强调在教学过程中,创设情境化的教学环境,依据教学情境来确立目的,制定课程内容并采用情景教学的方法实施课程,并在具体的情境中评价课程结果。此外,生态课程的情境性不仅强调情境性,更侧重于"适宜性"。[①] 这种适宜性并非有一成不变的标准来衡量。依据生态系统理论,个体与所处的环境之间的双向互动的动态关系。这种适宜性也是动态的、依情境而改变的标准。要做到适宜性,就需要将课程所涉及的各个成员以及各成员间的相互关系都考虑在内,这才是生态系统理论所强调的动态交互作用的结果。

4. 关注学生发展的个别化差异

个别化教育是一种以适应并发展学生的差异性和个别性为主旨的教学策略与设计,因此个别化教育课程作为个别化教育的实施载体,关注的是个体间的差异,包容尊重每个学生的个体独特性,是为每个学生的个别的、独特的需要服务的。个别化是生态课程的关键词,也是特殊教育的关键词。个别化教育在生态课程与特殊教育间搭建了桥梁,为特殊教育课程走生态化的发展道路奠定了基础。

---

① 李绯,王雁.特殊教育生态课程:内涵、依据及其建构[J].现代特殊教育,2016(6):16-20,40.

三、生态课程的实践框架

课程构建是一件非常庞杂的工程,江苏省清浦中学化繁为简抓住其中最为关键的三个环节来构建生态课程:一是创建面向学生完整生活的校本课程,为其未来生活做准备;二是改造原有课程,加强学生直接经验的积累;三是充分利用综合实践课程,激发学生的创新性思维,探索自然奥秘,感受社会历史的文化积淀。

1. 创建面向学生完整生活的校本课程

生态学视角下的学生身心发展是整体的发展,在课程设置时应该注意每个生态因子在系统中所发挥的作用。在校本课程建设中既要注重对学生身体健康的呵护,也要注重对学生心理健康的辅导。课程目标是整个教学活动的出发点和归宿。为了保证活动中对学生的全面教育,就需要制定完整的目标,并重点关注学生的心理健康教育,不仅在预定活动计划中有所体现,而且要做好各种可能发生的情况的处理预案,全方位做日常行为的引导。学生生活可以分为当前的现实生活和未来的可能生活两部分。在建构学生课程的时候,我们既要关注学生可能的生活,为他们应对将来可能面对的生活做准备,同时又要关注学生当前的现实生活。

清浦中学在设置生态校本课程目标时有以下几个方面的经验。首先,目标的设定应当符合学生的年龄特点。高中生的认知发展已接近成人的水平,他们精力旺盛、思想敏锐、能言善辩、反应迅速,能够用发展的眼光看问题,但是在与人交往的时候还存在着以自我为中心的现象,由此课程目标的设定还是以学生为中心。其次,课程目标的设定应当处于学生的最近发展区之内,起到对学生发展的引导和促进作用。学生的生活经验和学习经验会有所差别,需要教师认真观察学生的能力,为目标的制定做好准备。为了促进其独立性的发展,教师也给予了他们更多独立制定计划、执行计划、检查计划的机会,并进行有效指导。最后,课程目标的设定需要激发学生的内在学习动机。发现学生的兴趣点,并不断扩充学生在该领域的经验,促使他们在没有外在奖励的情况下自主地参与活动,并愿意为实现目标付出意志努力。

2. 加强学生直接经验的积累

不同学科的课程内容都包括了直接经验和间接经验,前者是亲身参加变革世界的实践活动所获得的知识,而后者则是从他人或书本上学来的知识。只不过大部分课程内容有利于学生对间接经验的获取,不利于学生习得直接经验。就高中学生而言,直接经验的积累可以为今后间接经验的学习奠定基础,为适应当前生活提供帮助,应当作为课程内容挖掘的重点。由此,我校的课程内容提倡将知识与经验相联系,充分挖掘生活中有价值的内容,引导学生正确处理日常生活中遇到的矛盾,促进其健康成长。其次,在呈现学习内容的时候,我校提倡以直观感知的形式为主,化抽象为具体,让学生在活动的过程当中掌握知识、发展智力、培养情感。最后,我们选择了那些能够引发学生兴趣、激发其积极思考愿望的学习内容,反对超前学习,以避免过度的重复性技能训练引发学生的厌学情绪。

高中课程各领域的内容之间存在着相互关联性,学生的身体、知识、技能、情感、行为等在发展上相互促进、相互制约。这就在一定程度上说明了高中课程内容的丰富性。生态学视角下的课程不但要关注知识、技能学习的显性课程,而且要关注学生情感发展、行为习惯养成的隐性课程。在高中阶段,教师的大部分时间都在关照学生文化知识的学习,如果我们把这些时间利用起来,就能成为培养学生思想和行为的最佳途径。由此,学生真实的学习生活可以共同构成一门经验课程,教师从生态观的高度来看待学生在生活中的各种表现,将会把学生学习的指导提升为一件更有意义的事情。

3. 重视综合实践课程的作用

综合实践课程的很多内容都是我校自主研发的。例如,创客教育、机器人和创意编程,等等。这些综合实践课程不仅是我校的特色,也是构建生态课程的重要一环。在综合实践课上,清浦中学教师将"做中学"的理念贯彻到创作活动中,将课程的主动权交还给了学生,发挥学生在创新创造中的主体地位,激发了他们的创新思维。当学生遇到困难需要教师指导时,教师也经常将自己当作游戏者的身份进行启发,或者是采取隐性指导的方式,不破坏学生创造的氛围。此外,教师还十分重视学生所生成的每一个创意,尊重学生活动过程中所采取的新方式、方法和应用的新工具,让他们在"鼓捣"工具时可以摆脱传统课程的枷锁,释放自己的灵感,激发自身的想象力,从而让教育游戏化、游戏教育化。

由于生态课程是一个开放的、可持续发展的生态系统,学生周围的所有信息都可以作为综合实践课程内容进行吸收。因此,我校在创设综合实践课程时秉承了开放性的思想,例如,我校给学生开设的种菜、养兔子等课程,课程内容会随着活动的开展而不断变化,在这种情况下,预设的课程内容就无法满足学生发展的需要,生成性课程将是学生活动发展的新趋势。有时候,课程内容主题就是围绕着学生某一个感兴趣话题展开一系列的活动,我们既做好充分的计划提前开发出预定的内容,又会根据活动的进程和学生的兴趣进行内容的扩充。总之,自然、社会和生活是我校的活教材,我们的综合实践课程就是引导学生不断地激发创新性思维,探索自然奥秘以及感受社会历史的文化积淀。

第五章　生态课堂教学策略的应用

教学策略是教师在教学过程中,为达到一定教学目的而采取的一系列相对系统的行为。① 相对于教学模式的稳定结构,教学策略往往是灵活多变的,可以根据教学内容和学情的发展适当进行调整;另外,教学模式往往指向的是整个教学过程,而教学策略则指向的是某个教学片段,或某个教学行为。江苏省清浦中学在开发出若干教学模式的基础上,又通过小组分工协作、认知工具应用、具身学习活动等多样化教学策略的应用,使生态课堂呈现出一种充满人情之味、人性之美的课堂,一种互动愉悦、和谐共生的课堂,从而使生态教育绽放出更加绚丽的光彩。

第一节　小组协作学习

小组协作学习已被广泛应用于中小学的教学实践,它的产生主要是为了克服传统教学存在的弊端以提高教学效率。江苏省清浦中学创新了小组合作学习的形式,不仅有助于学生深刻的建构知识的意义,更有助于开发每一位学生的学习动力和创造潜能。

一、Jigsaw Reading(拼图式阅读)

1. 聚焦课堂

江苏省清浦中学的课堂上经常可以看到这样的情景:同学们分为若干个基本组,教师将整块学习内容划分为与小组人数相同份数的子任务,并指派给各个基本组。各个小组指派一名成员担任领导者的角色,并将划分过的子任务分配给小组成员。之后,拥有相同子任务的各个小组成员重新组成专家组,每个专家组成员就同一子任务进行讨论和研究。当讨论完成之后,各个专家成员回到原

---

① 谢幼如,何清超,尹睿.教学设计原理与方法[M].北京:高等教育出版社,2016.

有的基本组中,把自己所探究的内容分享给组内其他成员。最后,学生填写学习单,通过汇报,或者教师提问、测试等手段评估同学们学习的情况。

在结束之后,同学们会这样回味课堂:我平时不怎么喜欢举手站起来回答问题,总是听其他同学的答案来验证心中所想,但是通过这节课我开口说话了,通过自己的方式来证明自己的聪明才智,而且同学们都很认真听我讲解,我感到很有成就感;作为组长的我经常在小组讨论中跟唱独角戏一样,有两个同学肯担任"配角",其余同学像"观众"一样,因此小组讨论的气氛很不活跃,大家一副事不关己高高挂起的态度,这种情况下我是很着急的,但是通过 Jigsaw Reading 这种学习方式,大家突然变得活跃起来,也表现得很有责任感,我很喜欢这样的小组……

2. 理论支撑

传统小组合作容易使个别学生的能力得到深入发展,譬如组长、班长和班委等,而其余同学往往沦落为"陪读"的角色,难以调动广大同学的积极性。而且学生能力的成长一般都在教师的预设范围之内,学生的成长都受到了极大的束缚。为了促进学生和谐、自由和平等的发展,江苏省清浦中学在选择合适的教学内容,采用了 Jigsaw 小组合作学习策略。

Jigsaw 的意思是"拼图"游戏,就是将一个完整的团分成若干小块,再由游戏者按照一定的思路将完成的团再拼合起来。Jigsaw 合作学习策略就是利用这种思想促进学生参与整个学习过程中,深度地建构知识的意义,即通过细化任务并分配给每个学习者,以提升合作学习的效率和效果。Jigsaw 策略已经经历了 30 多年的历史,研究表明这种方法能够建立学生之间的彼此依赖、合作互助和谐的学习气氛,而且对于消除学生学习的等级差异和提高整体学业方面有着显著效果。[①]

首先,Jigsaw 降低了班级内严重的竞争[②]。Jigsaw 作为一种小组协作学习方法,将任务细化为并分配给每个学习者,让学生最大程度地发挥个人的潜力,给予其表达和聆听的机会,使得学生之间的关系从竞争转化为合作。

其次,Jigsaw 注重学习中的网络交互。Jigsaw 小组协作方法让学生先后从其他小组成员和本小组成员身上学习知识,并且担任任务的分配,角色的变化和小组的划分等任务,从而形成一种高度的交互,使其有机会对知识进行深度的建构。

---

① 黄成夫. Jigsaw 模式在英语阅读教学中的应用研究[J]. 鸡西大学学报,2008,8(2).
② 黄娟,傅霖. 切块拼接法(Jigsaw):一种行之有效的协作学习方式[J]. 电化教育研究,2010,(5).

再次，Jigsaw 强调认知学徒式的学习。学生从一开始从"新手"和听从他人讲解的"聆听者"，成长为"专家"的角色。一方面，给予了学生充分的时间去克服表达能力和探究能力的不足。另一方面，经历了角色的转变更容易从多角度来观察事物，从而获得更多的理解。

最后，Jigsaw 保证了充足的参与学习。协作学习相比较于传统学习更容易激发学生的积极性，而民主与平等的环境更是教学过程中所珍视的。Jigsaw 将任务分配给每个学习者，使之全身心融入学习中，避免参与不相关的事情，这种充足的参与保证了学习的效率。

3. 实用技巧

采用 Jigsaw 模式，一是，应该让学生明白向他人进行知识的讲解本身就是一种很好的学习范式，并鼓励其结合案例、图片和视音频完善讲解的细节；二是，Jigsaw 模式要将学习材料合理分为若干个部分，而且学习任务的设计应该是开放性的；三是，教师要合理设置教室中桌椅的布局，避免学生在进行交叉换位时造成混乱，此外，也要方便教师进行指导、监控和协调；四是，要加强各个小组成员角色职能的训练，使他们具有过程控制和消除干扰"噪声"的能力。

二、投骰选组长

1. 聚焦课堂

在语文课堂上，骰子成了张老师上课的必备工具。每次骰子在讲台上转动的时候，有的同学迫切希望骰子停下来的数字与自己的编号相同，有的则神情颇为忐忑，希望不要被抽中。当骰子停止转动，张老师就会宣布今天各个小组组长就由编号与骰子上数字相同的同学担任。随机课堂上会传来幸福的声音，也会伴随着一些"抱怨"的声音。这是怎么回事呢？原来为了活跃课堂气氛，以及"照顾"那些较为沉默的同学，张老师想出了这个投骰子选组长的办法。每个班级被分为 6~8 个小组，且每个小组成员为 6 个人，并且被从 1 到 6 进行了编号。每次上课，张老师就会转动骰子，最终编号与骰子数字相同的同学就会被选派为组长，负责本节课小组成员分工、汇报、总结和任务指派等工作。

这项制度实施了几个学期之后，学生们认为自己不再是默不出声的一名小兵了，也有机会成为"带头大哥"，而且他们也注意到了作为组长的不容易，只有大家团结协作，每个人贡献自己的力量，小组才能成长，才能胜过其他小组。张老师指出，投骰子是为了给每个同学制造均等的机会轮流当组长，就是这么简单的一个改变，一次很平常的体验，孩子就给了令我想象不到的变化。不仅孩子们的协作能力、管理能力、责任感得到了有效的提高，而且孩子们能感受到老师对于他们公平的爱,让他们有了换位思考的机会,从而上课特别认真听讲,也增加了孩子对老师的敬意,增强了师生之间的融洽度。

2. 理论支撑

在教育领域,教育公平包含了两个基本方面,分别为:教育权的公平与教育机会的公平。前者是现代教育的基础价值之一,而后者的实现则要困难得多。从事一线教学的教师,很难完全杜绝课程教学中的不公平现象,但是通过一定的措施可以尽可能地接近教育公平的理想境界。① 一是,需要在教育思想上理解教育公平。现在的教师不仅是扮演着传道授业解惑的角色,更是研究者、创造者、辅助者和指导者,要努力研究新的教育思想和方法以化解教育中的问题。二是,在教学行为中接近教育公平。教师在课堂教学中会无意识地做出对学生不公平的举动,如习惯性地把问题留给喜欢表达的学习者,或者自己欣赏的学生。因此,教师要克服这些问题,给予学生同等发展的机会。

在小组合作学习中,小组组长起到了决定性的作用。在教师的视角下,小组组长往往是那些成绩优秀,具有良好品德的学生。这种组长的选定方式一般是先验的,即承认组长在各个方面要比其他学生优秀。此外,这种方式也将小组合作视为了任务完成的手段,而不是将其看作是培养学生的手段。然而,日常经验告诉我们,每个学生身上都有闪光点,都具备其他学生不具备的特征,例如,擅长独立钻研学生的协作能力可能需要提升,不喜欢独立思考学生的团队管理能力不见得不行。因此,投骰选组长不仅是教师在思想上对"教育公平"的深层次思考,也是其创新的教学行为,即不仅可以让学生的闪光点得以进一步发展,而且可以通过小组学习培养其他方面的能力。

3. 实用技巧

一是,在课程开始之前,教师要做好相关的培训工作。教师为学生讲解投骰当组长的环节及用意。在此过程中,还要为每个小组的学生进行编号。提示:每个小组成员不宜超过骰子上的最大数字,例如骰子最大数为六点,则小组成员应控制在六人以内,同理如果是八点,人数则控制在8人以内。二是,教师要及时指导组长工作。一方面,教师要充分信任学生,让手让其展示自己的能力,另一方面,教师也要及时体察学生的工作过程,对其工作中所存在的问题要及时提出整改意见,以促进其快速成长;三是,督促组长要做好记录以及反思。在学生完成组长的工作之后,教师要督促其写出当组长的心得感受,并总结经验写出不足。在这个过程中,学生才能够对自己行为得以清晰的认识,从而增长了见识、

① 张小亚.试论教育公平在中小学课堂教学中的实现[J].江苏教育研究,2006(11).

培养了性格、孕育了精神。

三、独特的激励机制

1. 聚焦课堂

在清浦中学很多教室的黑板两侧都会有表格,里面填充了若干个"正"字,还有一些没有完成的"正",每堂课结束之后一些"正"字就会被完成,还另外一些格子会重新萌发出新的"正"字的笔画。原来各个学科教师将学生小组协作的过程记录了下来,每当小组组长或者小组成员针对某一问题回答的特别优秀,教师都会在该小组的记录栏中记录"一笔",科任教师或班主任会根据这些记录做到一周一小评,一月一总评,而在期末时,班主任还会统计出各个小组一学期的战况,并为突出的小组颁发相应的物质奖励。

记录方式包括六种形式,分别为:课堂发言,发言一次加一分,得到老师的特殊表扬加两分,回答错误不加分;课堂展示,展示一次加一分,有解题方法的总结或得到老师的特殊表扬加两分,展示错误不加分;组内讨论,小组讨论较为积极的加一分,表现突出的加两分,不积极的不加分;完成任务,小组通过讨论能够基本完成教师布置的任务则加一分,表现突出的加两分,不能完成任务的不加分;违纪,小组学习过程中,讨论与问题无关的或注意力不集中的,再或记录差的扣一分,老师点名批评的扣两分;对手比拼,若干小组进行 PK,获胜者加一分。

2. 理论支撑

从心理学的角度来讲,激励是以一定的刺激诱发人的行为动机,并引起、激励行为的活动过程[1],而激励行为从根本上来讲是利用了学习者的学习动机。按照奥苏贝尔的分类,学习动机可分为认知内驱力、自我提高内驱力和附属内驱力。所谓认知内驱力是指要求了解和理解周围事物的需要,要求掌握知识的需要以及系统阐述问题和解决问题的需要。对于中学生而言,确实有一部分学生的学习是通过认知内驱力驱动的,但是不可否认的是还有相当一部分学生不具备这种学习动机,他们的学习往往需要通过和自我提高内驱力和附属内驱力来进行驱动。自我提高内驱力是个体由于自己的学业成绩而获得相应的地位和威望的需要。附属内驱力是为保持长者或集体的赞许或认可,所表现出的是要把学习和工作做好的一种需要。

学生在附属内驱力的促使下,从集体和老师的认可和赞许中也会获得一些派生的地位,但这种地位与自我提高内驱力所赢得的社会地位不同。因为这种

---

① 蔺素珍,李宏艳. 协作学习中的激励机制研究[J]. 教育理论与实践,2010(24).

派生的地位不是由学生本人的能力或成就水平决定的,而是从他人给予的赞许中引申出来的。而江苏省清浦中学的激励措施就充分将这两者进行了结合,不仅能够将其成果记录下来,使其在班级中获得了一定的地位,而且也通过及时的评价使其获得了老师和集体的赞许和认可。此外,这种激励措施的特别之处还在于:很好地运用了竞争的机制,进一步激发了学习者的学习兴趣;将长期激励和短期激励很好地结合在一起,不仅让学生在各个阶段中体会到成功带来的喜悦,也通过整个学期的评价,使其较强的学习动机得以长时间的保存。

3. 实用技巧

在记录各个小组平时表现的基础上,也要适当采取以下办法来增加激励的效果。一是,通过信任来进行激励。教师在小组成员工作的过程中,要尊重他们的意见和想法,从而使其发挥自己的主观能动性和创造性。二是,通过职务的安排来进行激励。学生都具有好胜心和强烈的表现欲望,可以通过轮流担任班干部或小组组长的方式来推动其学习热情。三是,通过情感进行激励。教师要深入关注学生的内心变化,满足其合理学习需求,以激发其积极向上的情感,产生集体归属感。四是,通过设置合理的目标进行激励。引导学生形成由小目标向大目标,由近景目标到远景目标的目标体系,让其在完成目标的过程中得到满足。五是,通过鉴赏性评价进行激励。教师要减少教学过程中不必要的惩罚性评价,多以肯定性和鼓励性的评价为主,以此使学生形成更高的附属内驱力。

第二节　认知工具的应用

认知工具是支持、指引和扩充学习者思想过程的心智模式和设备,能够帮助和促进学习者的认知过程,在培养其批判性思维、创造性思维和综合思维中起着关键的作用。江苏省清浦中学创新性的使用思维导图、概念图和 Prezi 等认知工具,来帮助学生对信息的收集、整理、处理、创造和表达。

一、思维导图工具的应用

1. 聚焦课堂

在"万有引力和向心力"的物理课堂上,王老师在讲授完相关内容之后,用 Xmind 思维导图工具呈现出了本节课程中的知识要点,并且清晰呈现了 $F_引 = GMm/r^2$、$F_向 = m\omega^2 r$ 以及 $M = \rho V = 3\rho\pi r^3/4$ 公式之间的联系,如图 5-1 所示。其实这只是思维导图在课程应用的一个片段,每当知识小结,或者呈现知识的关联时,王老师都会借助思维导图来进行辅助。尤其是在进行物理解题的过程中,思维导图的使用频率就会大大增加,且根据内容的不同,思维导图可以采用蛛状图、T形图、故事板、鱼骨图和循环图等形式。因为物理解题的"建构过程"就是再现与物理相关的物理知识,运用"设计思维工具"就是要尽可能地再现与解题有关的物理知识。①

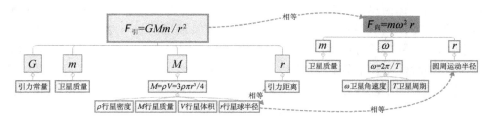

图 5-1　知识之间的关联图

　　自从王老师使用思维导图之后,同学们认为物理课程与以往明显不同了,知识之间的关联不再难以把握了,做题的正确率得到了有效的提升。他们表示思维导图的应用有助于形成深刻和创造性的思考,有利于找到问题的关键节点。它还能够充分刻画一个人的思考特点、知识结构和思考习惯,这将有利于自己个性化的发展。此外,同学们自从习惯了思维导图工具的使用之后,在做读书笔记、问题分析、甚至拟定学习计划时也喜欢上了这类工具,认为它是表达现代非线性思考方式的最佳支持工具。

　　2. 理论支撑

　　图式是人脑中存在的知识单位,是个体对世界的知觉理解和思考的方式,是学习者的认知构架。瑞士心理学家皮亚杰认为认知能力的发展过程是在主体与环境的相互作用下,通过增长、调谐和重构导致内部图式—认知结构的变化的过程。在这一过程中认知个体通过自我调节机制实现认知发展从一个平衡状态经由不平衡状态到另一种较高平衡状态。个体的认知图式也是在"平衡—不平衡—新的平衡"的不断循环中走向完善。而运用思维导图支架式外语教学的主要机制就是教师启发、引导、帮助学生把新知识纳入或同化到原有的认知结构中,重建新的认知图式,达成对外界客体新知识的顺应,更快更好地修正、丰富学习者的语感图式。这种同化与顺应作用在教学中就体现在引导学习者以思维导图绘制出主题的现存知识结构,组织素材,纳入新概念和整合知识体。构造思维导图过程中,学习者对思维导图节点的增加或对概念结构的修改都体现了学习

---

　　① 　陈爱萍."思维导图"应用于"物理解题"的探究[J]. 新高考:升学考试,2015(8).

者个性化的主动构建和扩充认知图式的过程,这就在最大程度上激活他们认识发展中的内部机制。①

此外,思维导图通过有效的概念意义的组织和概念框架的建立成为一个有力的助记工具。一方面,思维导图以直观形象化的图示从学习者已有的知识中引发出概念框架,作为吸收新知识内容的架构,使学习内容对学生具有潜在意义,因而当知识信息在工作记忆中处理时,这个概念框架就起了降低内在负重的作用;另一方面,思维导图可以用来作为记忆系统处理信息时组织知识模块,引导记忆系统层级地、分段地组织信息,这与大脑按层级结构来组织知识的形式相似,因而当教学中新的知识能以思维图式呈现时,它将帮助组织知识使之结构化,有效地与大脑已存在的认知结构建立关联,形成有效负重,降低外在负重,促进了意义构建。②

3. 操作技巧

思维导图可以在教学过程的多个环节中使用,例如,可以作为先行组织者呈现、作为教学进程的引导工具、作为讨论交流的工具、作为汇报的工具、作为反思的工具以及可以作为评价的工具,等等。当前有很多思维导图工具,例如 Mindmanager,MindMapper,Inspiration 等软件。相比而言,Inspiration 使用起来较为简单,还可以制作概念图;MiindMapper 适合于初学者,且界面美观;MindManager 的专业化程度较高,但入门较难,适合对功能要求比较高的人群。此外,在这需要提醒的是:大脑对色彩较为敏感,丰富的色彩有利于进行记忆,因此在绘制思维导图的过程中,色彩也是不可忽略的要素。

二、概念图的应用

1. 聚焦课堂

在化学课堂上,同学们正在纸上聚精会神的绘制各种图形,图形的形状像一个大网,网的交点部分写着各种化学概念。原来这是一节复习课,同学们在老师的帮助下正在运用概念图工具,思维导图的应用已经成了复习课上的常态。此外,概念图已经渗透到了"序言""氧化还原反应""电解质""燃烧""化学反应的分类""钠的化合物""物质的量""卤素"等单元的教学中。教师也通过多种渠道来使用概念图。例如,教师有时会给出部分空白的概念图,让学生自己上课填充;有时会将整个概念图分解为若干部分,交由每个小组进行补充完善;有时也会搞

---

① 陈敏. 思维导图及其在英语教学中的应用[J]. 外语电化教学,2005(1).

② 同上。

一些竞赛活动，或者展示活动。

学生已经在化学课堂上习惯了概念图的使用，当学生试图用图来表示知识的理解时，效果比原来死记硬背时要好。通过几个学期概念图的使用，自学能力较强的学生从原来班级总人数的二分之一，增长到如今的四分之三，而对于公式和概念易忘的学生的比例则大幅度下降。此外，当概念图与探究学习、自主学习和合作学习相结合时，学生的自主性更是得到了充分的体现，他们争相发言。热烈讨论，甚至遇到了某个值得商榷的问题，同学们能"吵"得面红耳赤。前一段时间，教师还将同学们制作精美的概念图做成海报粘贴于教室之内，大家的学习兴趣更高了。

2. 理论支撑

概念图是一种用节点代表概念、连线表示概念关系的图示法。虽然外形与思维导图极其相似，但是两者有着本质的区别：一是，两者所要达成的目的不同，概念图是用来组织和表征知识的工具，而思维导图是一种改进人思维方式的工具；二是，两者对知识的表示能力不同，概念图能够清晰构造一个知识网络，便于学生对于整个知识框架的掌握，而思维导图呈现的是一个思维过程，便于梳理思维的脉络；三是，创造方法的不同，概念图的创设需要先罗列所有概念，然后建立概念之间的关系，而思维导图往往是从一个主要概念开始，不同拓展和丰富其子节点；四是，表现形式不同，概念图表示的是知识之间的网络，而思维导图一般情况下不是网状结构的。

建构主义认为，知识不是通过教师传授得到的，而是学习者在一定的情境中，借助学习资料和同伴之间互动，通过意义建构的方式获得的。具体而言包括以下几个方面[1]：学习是学生自己建构知识的过程，而不是被动地接收信息；学习根据自己的经验背景，对外部信息进行主动地选择、加工和处理，从而获得意义；学生的学习是以自己原有的知识经验为基础的，且原有经验会随着新经验的进入而发生改变；学生的学习需要主要通过同化和顺应两种方式，前者是认知结构的量变，后者是认知结构的质变。学生在绘制概念图的过程其实也是其主动建构知识的过程，学生在审视学习内容时需要在自己原有认知基础上运用回忆、联想等来思考和寻找知识点之间的相互关联，从而对其进行标注和实例化以形成可视化的网络结构图。

3. 操作技巧

由于学习内容和学情的不同，在将概念图应用于学生学习活动的步骤也不

---

①　钟志贤.建构主义学习理论与教学设计[J].电化教育研究,2006(5).

尽相同,但是仍有一些关键要素需要注意。第一,概念图应用的初始阶段,需要向学生介绍相关的概念以及使用的意义。教师可以通过举例、演示和定义等多种方法,讲清楚概念图中各个概念之间的关系,逐步使其认清楚性质和作用;第二,概念图的应用需要借助一定的问题情景。概念图的使用质量与问题情境有着很大的关系,根据课程内容设定一定的问题情境,可以让学生更好地绘制概念图;第三,确定关键概念并排序。起初学生使用概念图时,可以让其将学习内容中的概念尽量选取出来,接着筛选出关键的概念,再将这些概念从一般到具体,从大到小排序,最后再标记它们之间的关系;第四,绘制、修改概念图。根据上面概念的排序,使用不同颜色和形状框进行图形的绘制,一般来说,绘制图形时也会对原来的排序和内容进行反复修改;第五,评价与完善概念图。绘制完成概念图并不是学习的重点,还要对其进行讲解和评价,以加强自己对知识的理解,并且通过他人的评价也不断修正和完善自己的知识结构。

三、Prezi 的课件演示工具的应用

1. 聚焦课堂

政治课往往是学生最不感兴趣的,但是这段时间却发生了一件"怪事":高二(一)班的同学们在政治课上经常发出爽朗的笑声,并盼望着下次政治课的到来。原来,赵老师这段时间开始使用了一个叫作 Prezi 的课件演示工具,把大家伙都给吸引住了。赵老师解释道,政治课程中的知识点是很零碎的,平时讲课过程中就发现学生不自觉地开小差。于是,借助这个工具费了很大力气将单元的知识体系完整地呈现出来,并找到一条主线将其进行演示,以配合课堂教学。

学生认为,这个软件界面简单,播放时有着很炫的动画效果,给大家带来了很大的视觉冲击。通过 Prezi 课件进行政治课的学习,能够将教学内容的基本框架清晰地呈现出来,从而能够从整体上更好地把握教学内容。Prezi 在自由缩放的同时,也能够引起学生的好奇心,其严密的逻辑结构更能够支持学生深入的思考和学习,满足学生建构自己知识体现的需要。此外,在政治课堂上当老师提出开放性问题的时候,学生往往不知所云。而 Prezi 课件可以帮助学生整理自己散乱的观点和整合自己的思维,从而 Prezi 软件支持解决这些开放性问题具有积极的作用。

2. 理论支撑

Prezi 是一个基于用户缩放界面 ZUI(Zooming or Zoomable User Interface)技术的幻灯片演示软件,其与传统的 PowerPoint 相比,具有如下特点。一是,展示"画布"无限大。PowerPoint 是由若干幻灯片组成的,每张幻灯片只能包含有

限个数的知识点。而 Prezi 的画布可以无限放大和缩小,里面可以包涵多个教学的知识点。二是,页面布局灵活。PowerPoint 中幻灯片的布局只能是线性结构,而 Prezi 中的内容布局不受空间和格式的约束,更加灵活方便,甚至可以呈现出网络结构的形态。三是,层次关系分明。Prezi 中的流程符号、关系符号非常丰富,且演示顺序和方式也可以随意调解,从而更容易使知识呈现的层次关系分明。

认知心理学家认为有意义的学习是符号所代表的新知识与学习者认知结构里已有的概念建立关联而产生的,教学就是帮助学习者将新的概念纳入原有的认知结构中并加以综合贯通。这种综合贯通,一方面,要在呈现教学新内容前用适当相关的引导性材料,以引发学习者能积极主动地把符号所代表的新知识与学习者认知结构中原有的适当知识加以联系的倾向性,为最终有意义地习得新的内容铺垫。另一方面,需要为学习者呈现具有清晰脉络的知识结构,让学生能够更好地将其融入自己的知识结构中。Prezi 演示工具恰好具备这两个优势,不仅能够有效的引入"先行组织者",而且有助于教师用图示激发学习者认知结构中的原有观念并使之外化成为思考方式的图解,为学习新的知识提供了概念框架,帮助学习者认识到当前所学内容与自己头脑中原有认知结构的某一部分有实质性联系,从而有效地促进有意义学习的发生和习得意义的保持。

3. 操作技巧

在使用 Prezi 认知工具的过程中,有三个方面需要特别注意。[1]

一是,课程展示层面。并非所有的内容都适合使用 Prezi 来演示,或者说使用了 Prezi 与传统的演示工具难分伯仲,并不能体现其优势。如果教学内容的各部分没有明显的逻辑顺序或空间关系,就不合适摆放在同一张画布上,不如使用 Powerpoint 在不同页面展示看上去更简洁。尤其对于大篇幅的理论性内容,与常用演示工具的呈现效果也没有很大差异。所以,教师可以根据实际情况选择合适的演示工具。这也说明了教学媒体选择的重要性。

二是,效果实现层面。很多使用 Prezi 的新手由于对软件的特性不熟悉,喜欢在旋转和缩放功能上做文章而不注意与要呈现的内容相结合。这种缺乏目的和毫无原则的操作,有可能使得原本脉络清晰的内容变得杂乱无章。恰当的旋转效果会让演示生动,但是无休止的旋转,会大大降低演示的可观赏性,甚至会让人产生眩晕的感觉。

三是,技术操作层面。使用 Prezi 的方式有两种:一种是通过下载的方式在

---

[1]　马萌.新型演示软件 Prezi 介绍及其教学应用[J]. 现代教育技术,2011,21(3).

桌面上安装;另一种可以直接登录 Prezi 的官网进行编辑。通常两种方式可以相互操作,但是某些情况下会有限制:使用桌面版的 Prezi 有可能制作的作品所占的容量大于网站分配的空间容量而导致上传失败;如果桌面编辑器中加载了不能被网络编辑器支持的图片格式,在网页上可能就无法正常显示。如果想在网页上展示 prezi 作品需要考虑这些问题。

第三节　课堂艺术的渗透

借助美学的思路和方法开展课程实施,课程实施便凝聚了浓厚的艺术风格,这样的风格使课程实施充满了人文关怀,同时也深刻反映了生态教育对课堂教学的诉求。

一、巧妙应用,展现数学之美

1. 聚焦课堂

在高中的数学课堂上,余老师这样对同学们表述:对于集合 A 当中的任意一个元素,在集合 B 当中都有唯一确定是原色与之对应。此时,于老师特别要求学生关注"任意"与"唯一"两个词语,并结合具体实例理解这两个词语的内涵。通过判断 $y=x^2$,$y=x^3$,$y_2=x$,$y_3=x$ 当中哪些是函数,学生们深刻体会了函数概念的全面含义。

在数列知识的教学过程中,余老师向学生展示了这样一道习题:"已知,S_n 是等比数列的前 n 项和,且 S_3,S_6,S_9 构成一个等差数列。求证:a_2,a_5,a_8 也成等差数列。"在讲解该题目时,余老师从不同角度入手进行了分析。首先,可以通过公式 $S_n=a_1(1-q^n)/(1-q)$ 进行证明,由已知条件得出 $S_3+S_9=2S_6$ 且 $q\neq 1$ 的结论,展开化简 $[a_1(1-q^3)/(1-q)]+[a_1(1-q^9)/(1-q)]=2a_1(1-q^6)/(1-q)$ $\Rightarrow q^3+q^9=2q^6(q\neq1)\Rightarrow q+q^7=2q^4\Rightarrow a_1q+a_1q^7=2a_1q^4\Rightarrow a_2+a_8=2a_5$ 进而求证。其次,也可以从公式 $S_n=(a_1-a_nq)/(1-q)$ 入手,将已知条件进行转化,得出 $a_3+a_9=2a_6\Rightarrow a_2q+a_8q=2a_5q\Rightarrow a_2+a_8=2a_5$ 的关系式,从而得证。

在讲授立体几何内容时,为了让学生切身感受到数形结合的作用和魅力,余老师要求学生解答这样一个问题:"现有一个正三棱柱,它的高是 8,底面边长是 1。现有一只蚂蚁,从一个顶点开始爬行,绕行两圈之后到达与该顶点在同一条侧棱上的下方顶点,那么,蚂蚁所爬行的最短距离是多少?"仅从字面上来看,学生很难想象出题目所要求的内容以及思路设计,于是,余老师引导学生们将这个动态过程以图形的方式呈现出来，大家马上画出了图形。在这一做法的辅助之下，学生们很顺利地将数量关系与具体图形之间建立了联系，看似复杂的问题瞬间迎刃而解了。

2. 理论支撑

在当前的高中数学课堂当中，教师和学生的目光常常只是聚焦于数量繁多、难度较大的知识内容本身上，却往往忽略了对于数学中的美的关注。很多学生提到高中数学学习，头脑中闪现的便是各种复杂的公式和抽象的理论，很难与"美"这个形容词联系起来，这也是当前高中数学教学中存在的一大缺失。如果失去了对于数学学习的全面认知，高中数学教学就是残缺的，也会为教学质量提升平添障碍。

这三个课堂瞬间其实分别体现了数学课堂中的表述美、思维美和形态美。一是，数学的学术语言并不同于大家在日常生活当中的表达方式，除了一些数学学科专用语词之外，还表现在其语言的严谨与细致上，可见数学语言的表述美；二是，思维的灵活多样在很多学生的眼中，是高中数学学习的难点所在。实际上，只要教师想办法让学生能够科学合理地认知和设计数学思维，便会发现其中的美；三是，数形结合是高中数学教学过程中出现频率较高的思想方法之一，常常成为教师在讲评习题时要求学生必须熟练掌握的数学方法，但也是发现形态美的契机。

美学作为一种哲学观，以独特的表现形式和意向性向课程探究呈现了一个丰富的世界。美学取向的课程实施强调课程与个体的相互融合，主张以个体的体验参与到课程中，使个体在艺术性的阐述、欣赏和理解课程中获得的美的体验。从美学的角度审视课程，为课程的多元理解赋予了新的意义，课程也因此而有了美的韵味和生命的质感。课程美的建构，需要从课程目标的和谐性出发，利用教师诗性的智慧，将课程看作一次对美的理解过程，把课程实施当成一个美的创生过程，这样，课程便有了一种审美、包容、鉴赏和诗化的意蕴。[①]

3. 操作技巧

数学美的发现，一方面，可以转移学生的学习压力，让学生们看到高中数学的轻松乐趣之处。另一方面，发现数学美的同时，也是让学生更加深入地了解高中数学特点的好机会，这对于提升高中数学教学成效来讲，也是十分有利的。[②]

第一，实现表达美。实现高中数学当中的表述美，需要教师对数学名词及其

---

①　何茜. 美学取向课程探究[D]. 西南大学, 2014.

②　余志亮. 巧妙引导，让学生发现高中数学之美[J]. 求知导刊, 2015(21).

概念的内涵有着深刻的理解。在向学生们表达时,要"抠字眼",不仅要毫无漏洞可言,还要没有任何赘述出现。这种才能体现数学语言的一大魅力,即细致且严谨的表述之美。

第二,实现思维美。具有多种解答方法的习题,可以成为教师引导学生发现高中数学当中的思维之美的理想切入点。通过对于一题多解的分析,学生真实地感受到了高中数学当中的多种思维可能性。在课堂教学过程当中,教师除了将每种解答方式告知学生之外,还要将触发这些方式的思维过程授予学生。

第三,实现形态美。在高中数学学习中,数形结合的情况并不鲜见。教师在处理数形结合问题时,不仅要从其辅助解答具体问题的角度对学生进行引导,还应当有重点地强调图形在数学学习中的准确性和必要性。这样一来,会有效加深学生对于数学图形的理解,并在面对复杂问题时,更快联想到相应图形,促进数学学习的深入推进。

二、以诗教培养学子的人文素养

1. 聚焦课堂

在校园里,学生集体又开始了吟诗,不仅普通话十分标准,而且也饱含情感,让人不禁赞叹学生的诗词文化底蕴。然而仔细一听,咦,学生所吟的诗词好像以前好像没有听过,这是怎么回事呢?原来学生所朗诵的诗词来源于淮安家乡,是淮安本地名人留下的精美诗篇,其中包括高适的《涟水题樊氏水亭》、苏轼《淮山诗》、刘禹锡《淮阴侯庙》、李白《淮阴书怀寄王宋城》、白居易《渡淮》,等等。自"书香校园"活动实施以来,学校不仅搜集、挖掘乡土诗词文化资源,编制适合实际的校本教材,更是整体规划诗教,让校园成为鲜明人文精神、丰富人文内涵的诗教场所。例如,设置淮安名胜、名人、名诗词文化长廊、橱窗报廊及诗词阅览角。

江老师说,让学生在浓郁的人文氛围中品味诗情画意、真善美,让学生知道学校提倡什么,反对什么,自己应该追求什么,养成什么,雅俗文野,博陋静躁自然分别。学生沉浸在诗教的气氛中,丰富了人文知识,积淀了文化底蕴,提升了人文素养,培养了人文情感。一些学生这样评价诗教:校园里充盈诗香,校园里每一处景点、每一面墙壁都能体现诗教的引导和熏陶,校园里的每一棵树、每一块草坪、每一个角落都散发着缕缕诗香,无论走到哪,都能感觉诗词的存在。不知不觉中受到诗教的濡染和熏陶,春风化雨润物无声,时时处在浓浓诗意校园中,感受诗教的优美情趣。产生一种完善自我的内驱力,思想内化、道德深化、言行外化,从而让我们健康、阳光、诗意地成长。

2. 理论支撑

诗文化从来就是中国文学史的主流，是民族文化的旗帜和烙印。诗教是中华民族人文教育的基石，是塑造中华民族人文特质和精神品格的有效途径。学习诗，可以提升人的精神，对人进行礼仪教化，培养君子人格。诗教培育令人仰慕知书达礼、才华横溢的博雅君子，引导我们诗意对待宇宙星辰、花鸟虫鱼、荣辱功过、是非得失，熏陶出日常生活的风雅情意，形成独特的人文品格。完全可以这样说，历代莘莘学子无不在成长过程中受到过"诗教"的熏陶。中山大学谢有顺教授也多次强调："重振诗教，对于提升下一代的人文素养，重塑其审美品位、情感体验、心灵世界等方面，具有非凡意义。"①

诗教就是教育中对人的守护，长期以来受技术工具论的影响，单向思维的模式一直在主导着我国的教育技术研究，普遍存在着重电轻教、见物不见人、重机不重网的倾向。传统教育的研究的重心一直放在如何掌握技术，技术如何支持以更好地完成教学任务等，却忽略了人这一个重要因素。因此，诗教活动将人文精神重新置于了科学精神之上，使教育回归培养人、熏陶人和滋育人的本质。

3. 操作技巧

诗教是以人为本，养心种德，使社会和谐、科学发展的强中固本之举。诗教对于国人，尤其是对未成年人来说，其功效可以用十个字来概括，即启智、立德、育美、燃情、创新。其操作应遵循以下几个规律。②

第一，鼓励学生坚持诵读。养成反复吟诵、潜心涵泳的习惯，这是通向审美、培育自身人文素养的必由之路。当然，读无定法，形式灵活多样，只要有利于鉴赏、培育素养都可采用。把语文课上成诗意的课堂，引导学生用作者的心态去品味其表现内容，将诗词中之情转化为自己的情感，达到水乳交融的共鸣。引发鉴赏者的想象、联想、体验和感受，潜心品味，如鱼之涵泳于大海之中，自有无穷乐趣。

第二，鼓励学生作诗填词。学诗，诵诗，不单是欣赏，而且要写作，人品出诗品，诗品育人品，诗词创作是培育人文素养最佳的沃土。尤其是中学阶段正是诗心激动、诗情炽热、诗智开放的黄金时期，更应大力提倡诗词习作。不搞创作的诗教，就好比不要写作的语文和不要练字的书法。从审美的"内模仿"视角说，创作过程是理想人格追求、模仿、塑造的主动过程，情感因激荡而升华，崇高或优美

---

① 郭珊. 以诗育心，是为诗教[N]. 南方日报，2010 - 04 - 28(19).
② 江家华. 试论以"诗教"培育青年学子的人文素养[J]. 淮阴师范学院学报（自然科学版），2010,9(5).

都能在此时此刻溶入血液、化入头脑、注入灵魂。

第三，积极开展诗教熏陶活动。教师在教学中最大限度地萃取、拓展、挖掘古诗文所蕴含的人文精神提供了材料。举行有声有色"诵诗、赏诗、作诗、画诗、用诗"的活动，从而拉近古典诗歌和学生之间的距离，让学生搜索、查阅、探索的过程，也是学习、欣赏、创作、研究诗词的过程，更是人文素养培育、内化、提升的过程。

三、音乐激发学生的学习力

1. 聚焦课堂

你所认识的语文课是什么样子的？是不是老师拿着书讲，学生在下面忙碌记着笔记。那你见过这样的语文课吗？课堂上响起了优美的旋律，同学们闭幕聆听，沉浸在音乐中的世界，有时也会随着音符的跳动，随手画着想象中的情景。可能你会有这样的错觉，这究竟是音乐课，还是美术课啊？不，这都不是，而是一节语文课，内容为"我的四季"。

教师：花从春走过，留下缕缕花香；叶从夏走过，留下片片荫凉；风从秋走过，留下阵阵金浪；雪从冬走过，留下种种希望。这是一年四季带给我们的美好，请大家闭上眼睛，听这首《四季》音乐作品的其中一部分，用耳朵感受其中每个美妙的音符，用心体会这节课给大家留下来的美好瞬间，或者你能想起来哪些关于四季优美的诗句？

音乐播放完成以后……

学生1：我想起了课文中发芽、生长、开花和结果四个词语，因为这几个词语穿透了一年当中的四个季节。

学生2：我认为这一部分音乐应该是描写的是春天，因为音乐的旋律是轻快愉快的，使人联想到冰雪的融化和春天的阳光。

学生3：我仿佛看到了上小学时和伙伴们春游的情景，满地的青草、满树的桃花、满世界清香的空气。

学生4：我会背韩愈的一句诗，"天街小雨润如酥，草色遥看近却无。最是一年春好处，绝胜烟柳满皇都"。

学生5：我想到了"春姑娘"这首现代诗，还记得其中几句，"她是一个小姑娘，长得比我还漂亮，两只眼睛水汪汪，一条辫子这么长！"

……

教师：同学们，你们想得真美，说得真好，想不想把这些回忆和感受画下来，让其成为永恒，并与小伙伴们分享你的喜悦。让我们再听一遍这部分音乐，大家画下心中的所想所悟。

2. 理论支撑

保加利亚心理学家、教育家乔治·罗扎诺夫认为音乐可以帮助吸收、消化、记忆与运用知识，并获得了惊人的效率和成果。在一项单词学习的实验室中，他指出学生每天最多可以轻松地记住大约 3000 个单词，在 3 个月之后还能够记住大约 80%。罗扎诺夫根据学习的不同需要，还将乐曲分为主动音乐（主要用于学习）和被动音乐（主要用于记忆）。该音乐播放以约 40 分贝为宜。此外，他认为声音其实是一种空气振动方式，音乐的理解需要通过人全身心的投入，并非只是用耳朵去听。因为用全身心来听音乐，会带给您一种被包围的感觉，你的注意力和创造力就能得到有效激发。

此外，也有科学的实验证明：α 脑波音乐能够有效促进人的灵感、想象力和创造力，造成思维的不断涌出，同时身心会产生一种愉悦、舒适和轻松的感觉，人们对于事物的理解力都会大幅度提升。据悉，爱因斯坦幼年时期对于音乐的热爱与学习，使其在科学领域迸出火花，取得举世瞩目的成就。而当前将音乐融入教师的日常教学和学生的日常生活中，无疑是智慧的，也是清浦中学追求师生平等、兴趣引导、互动沟通和教学相长生态课堂的有力体现。

3. 操作技巧

良好的音乐环境氛围可以使学生置身于音乐美的熏陶中，在美好的音乐感染中渐渐培养他们对音乐的兴趣，喜欢他，热爱他。如何营造良好的环境氛围呢？江苏省清浦中学主要从以下几方面着手。①

第一，创设环境氛围陶冶情操以渗趣。学校设置了专门的音乐教室，教室里张贴音乐家名人名言录、画像、钢琴、多媒体及良好的音响设备、键盘五线谱黑板、合唱表演台、音苑栏板（音乐趣事、音乐知识、音乐动态、同学们演出剧照……），同学们走进教室就融入了音乐的怀抱，感受音乐的熏陶。

第二，用课余、课间、广播等途径，播放优秀的中外歌曲、世界名曲，利用闭路电视或定期讲座进行音乐欣赏活动，并在橱窗、教室张贴音乐图片，定期举办艺术节或晚会等形式，让同学们展示才华并组织同学们集体观看演出或参与。让学生在充满艺术的氛围中熏陶和潜移默化，保持对音乐的热情。

第三，宽松民主的课堂氛围是调动学生主观能动性的重要保证，学生教师在教学中要充分发扬民主，做到"动静"结合。"动"要有秩序，有规律的动。情绪饱满，气氛热烈，勇于发问，使学生有"成就感""轻松感"。"静"不是暮气沉沉、没精打采，而是注意力集中，思维专注而活跃。但是宽松的教学气氛中应有严谨的教

---

① 吴波.浅谈如何培养学生对音乐的兴趣[J].剑南文学：经典教苑,2012(3).

风和学风,这样,宽松而不涣散,严谨而不威慑。两者结合,构建了一种和谐共创的教学环境。

第四节 信息化的魅力

信息技术的发展给当前人们的生活带来了极大的便利,无论是电子商务,还是信息交流,无疑经历了急速的发展。教育同样如此,在信息技术光环的照耀下,各类相关策略也变得灿烂无比,无不吸引教师和学生的目光。

一、博客上的作文

1. 聚焦课堂

课堂上,老师正在给大家解析"风采人物"为主题的作文材料,点出了材料的寓意以及作文写作过程中需要注意的重点问题。在这之后,老师问大家:同学们,还有什么不清楚的吗? 大家皱皱眉毛,似乎有些地方不太理解,但又说不出来。教师微笑着说,那好就请同学们开始进行作文写作吧。作文课结束前,老师按照惯例向大家提醒道:同学们回家把自己的作文的图片上传到博客上,我们等到下一次作文课时,看看大家对你的作文都有哪些意见,你又有了哪些收获。又一次作文课开始了,老师还未讲话,班级里就开始讨论起来了。老师提高嗓子连说几遍"请同学们安静",声音才逐步消失。老师问同学:在博客中讨论之后,大家有什么收获啊。话音未落,同学们都争先恐后地举起手想要发言,分享自己的见解。

一个孩子在他的日记中写道:"自从在某个平台开了博客以来,最高兴的事情就是能够将自己的作文与大家分享。每当上传过作文之后,我好像多了件心事。每天放学回家做完作业以后,我就急忙上网,直奔自己的博客"月光落满台",去查看大家对我的评价及建议。之后,我就会去查看别人的作文,发表自己的一些观点,给出自己的一点建议"。教师也会在平时对学生作文的点击数和评论数做统计,平均点击数为 39 次,一些同学的点击数能够达到上百次。这样活跃的交流带动了课堂气氛,大家勇于去表达自己的观点,这在平时的课堂上是很难遇见的。

2. 理论支撑

创造一个师生共享和生生共享的协作作文环境,这在传统教学环境中是很难实现的,但是博客技术为我们提供了这样一个便利的平台。博客(BLog)的原名为"网络日志",是一种通常由个人管理、不定期张贴新文章的网站。博客上的文章通常根据张贴时间，以倒序方式由新到旧排列。

博客主要有以下四大功能①。第一，促学增知功。能从接触博客的瞬间就注定了要开始学习。从管理自己的博客开始，为了要增加内容，为了要美化界面，为了要增加动感，都要不断地学习博客方面的基本知识。第二，记录历程功能。谱写博客就是一个记录生活、描写历程的过程。通过参阅自己先前那些日志，可以看到成长的每天，成熟的痕迹。第三，结友交心功能。博客并不是单纯意义上的日记，它具有开放性。在博客交流中，通过友情链接，肯定会邂逅一些有共同志趣的博友。第四，练笔功能。博客申请之后，要不断地更新自己的日志，不断地增加新内容。

新建构主义是我国学者王竹立教授针对网络时代学习所面临的挑战，提出的一种新的学习理论，可概括为"一种学习策略、七个关键"。一种学习策略是指"零存整取"式的学习策略，共分为积件式写作、个性化修改和创造性重构三个阶段。七个关键分别是指"情境""搜索""选择""写作""交流""创新"和"意义建构"。新建构主义其实是对建构主义学习理论的创新与发展，主要表现为：首次明确了网络学习时代人类所面临的挑战；指出"学习就是建构，建构蕴含创新"的理念；提出了极具操作性的零存整取式的学习策略；强调学习应以个人需要为中心，以解决问题为中心。这些思想为运用博客进行作文创作提供了理论基础。

3. 操作技巧

案例中运用博客提升学生的作文水平，其实就是采用共享、互评的形式来激发学生的积极性。如果采用这种策略，那么有这么几个步骤是需要注意的：首先，学生需要在教师的指导下，通过各种形式将自己的作品上传到朋友圈，案例中为了节省学生的时间，采用的是拍照的形式，如果孩子时间充裕，输入到博客中可能效果会更好；其次，虽然学生可以在博客圈中任意浏览同学的作品，但是教师仍然要推荐优秀的作品，供大家学习；再次，教师要截取精彩的评论展示于课堂上或课堂下；最后，在课堂上先由学生交流修改心得，之后需要教师进一步的总结升格。

二、英语课堂中的"小"翻转

1. 聚焦课堂

"咦，今天高一（2）班早自习怎么班级里没有人呐？班级里的同学都跑哪

---

① 姚军. 浅谈博客写作对中学作文教学的辅助作用[J]. 西北成人教育学院学报，2008(5).

里去了?"一位路过高一(2)班的同学疑惑地挠了挠头。原来,今天英语课的早自习同学们都去了机房,每个同学都在认真对着话筒读着单词和课文,其内容被计算机录音软件录制了下来。学生可以将自己的录音与原声带进行对比,以修改和纠正发音。如果同学们对发音不是太满意,可以录制到满意为止,之前的录音也会被自动的覆盖。在结束早自习之前,同学们通过网络将自己的录音上传到共享平台上。

课堂上,教师随机抽选了几位同学的作品进行了播放,让大家一起来找出阅读的问题。同学们在经过短暂的思考之后,一位学生举手说道:"刘××同学在单词朗读中 cough 一词发音有问题,ou 应该发[ɔː]的音,不是[əʊ]。"另一位同学则指出:"杨××同学在句子的阅读中,词语词之间的连续性较差,而且爆破音读的太重了,中国式 English 的韵味太重了。"还有一名同学则认为:"李××在读课文时像流水账一样,没有音节的顿挫和断句。"最后,老师开始总结……

2. 理论支撑

所谓翻转课堂就是在信息化环境下中,课程教师提供学习资源,学生在上课前完成对教学视频等学习资源的观看和学习,师生在课堂上一起完成作业答疑、协作探究和互动交流等活动的一种教学模式。在这种教学模式下,课堂内的宝贵时间,学生能够更专注于主动的基于项目的学习,从而获得更深层次的理解。翻转课堂的教学过程一般分为两个阶段:一是课下知识传播阶段,即学生在教师的指导下,通过观看视频,学习课件、进行网络学习、搜索资源、自我评测等,以对课程内容进行初步的学习;二是课上知识内化阶段,主要是让学生在教师的指导下通过小组讨论、反思总结和作业练习等学习活动,对之前所获得的知识进行应用和分析。

翻转课堂最大的优势如下。第一,提升学习者的主观能动性。翻转课堂真正实现了将学习主体归还于学习者。其最大好处就是增加了师生、生生互动,充分发挥学习者的主观能动性,其主体地位得以体现,学习更主动、更积极、更有效。第二,有利于转变学习者的学习态度。翻转课堂环境下学习内容往往是基于项目的,学习者通过教师提供的学习材料,自行完成知识的获得和能力的提升。教师将传统的课堂讲授、练习等环节转变为学习资料和待解决的问题提供给学习者。这种学习方式的转变将自主权下发给学习者的同时,也给学习者带来了压力和紧迫感。第三,拓展学习者的社交能力。翻转课堂模式将主要学习活动放在课下,学习者在几乎没有教师的帮助下完成学习知识、解决问题的任务,通过交流探讨、组织协调,在完成任务的同时可以有效加强学习者的人际交往能力、组织领导能力、团队协作能力等。①

　　一般来讲，翻转课堂的范围针对的是整节课，而英语课堂中的"小"翻转则是新单词与新课文的朗读，只是英语整节课程中的一小部分内容。当初采用这种策略来促进学生学习英语原因有二：一是教师发现学生单词发音不标准，课文朗读也存在很大的问题；二是机房一直在闲置，如果能够充分利用起来的话可谓是一举两得。由此，英语老师就在机房的计算机上安装了录音软件，并每次早读课都推送标准的单词读音和课文的朗读，以方便让学生对自己所读内容进行对比。此外，起初有一小部分学习者早读不专心，而老师也难以每次都对其进行督促。现在需要在课堂上随机抽取声音样例，这在无形中也是对这些学生的督促，他们为了"面子"，也开始认真的朗读了。

　　3. 操作技巧

　　英语课堂中的"小"翻转策略在实施时需要注意以下几个方面的内容：第一，我们将这种策略应用于早自习，是出于学生、学校和学生家庭的综合考虑，但是它并非只能用在早自习上，也可以让学生晚上在家中进行声音的录制，进而上传到网络平台中；第二，这种策略并不需要应用于每次英语课的早自习中，实践表明，将其运用于新授课的早自习中，效果最好；第三，教师要提前录制好本次早读课程中单词读音和课文朗读的工作，并将其上传到共享网络平台，这样学生在录制完读音后，经过对比才能知晓自己朗读的情况；第四，由于很多同学都爱针锋相对指出别人的问题所在，似乎忘记了被评价同学的优点，那么教师就要及时总结被评同学的优缺点，对他们的学习进行鼓励，这样才能促使其不断进步，更加喜欢这种学习方式。

三、关注反馈，让学习更有效

　　1. 聚焦课堂

　　在数学课堂上，每个学生手里都拿着一个平板电脑正在上面答题，五分钟过去了，老师打开了自己的平板电脑进行查看同学们做题情况，发现第一题和第三题的正确率只有 42.3% 和 41%，于是老师拿起课本又将指数函数与对数函数的相关知识讲授了一遍。之后，又让学生将这两道题做了一遍，这次成功率变成了 89% 和 93%。老师提问了一个先错后对的学生（此时学生不知道自

---

　　① 李海龙，邓敏杰，梁存良.基于任务的翻转课堂教学模式设计与应用[J].现代教育技术，2013，23(9).

己的对错),让其说明改变的理由。当听到这位学生的理由之后,一部分学生有若有感悟,及时改变了这道题的答案。这时,老师又请一位坚持自己答案的同学(其实这位同学的答案是错误的),说出自己选出这道题答案的理由,还没等他说完理由,自己就笑着对老师说:老师,我知道这道题错了,而且知道怎么错了,我现在就把答案改过来。

直到老师把所有学生的习题讲完,这堂课恰好结束了。学生特别喜欢这样的习题课,因为之前课程都是用的题海战术,同一个知识点的题目学生一节课要做很多遍,十分痛苦。而且教师也不知道每个同学的作答情况,一般情况下起来回答问题的同学说对了,老师就会开始另外一道习题,很多学生对题目背后的知识原理仍然不是很清楚。而现在的课堂,教师能够很清楚地知道同学们对于知识整体的把握状况,以及每个同学知识水平,甚至是每个同学的知识成长路径。王老师认为,原来的数学练习课堂是以习题的数量来换取质量,也就是同学们通过多道题目不断的练习来促使其对知识的领悟,而现在通过引入及时反馈系统,能够准确开展教学工作,提升教学效率。

2. 理论支撑

现代教学论认为,教学过程就是教师不断把学什么与怎么学的信息传递给学生,学生接受了这些信息,通过大脑,进行分析思考,形成记忆,从而获得知识,再通过讨论、作答、操作、考试等形式从同学、教师中吸收反馈信息,调节学法,发展思维;同时,教师又不断从学生那里搜集反馈信息,有效地调整自己教学方法,改进课堂教学。

作为教师而言,通过教学反馈可以了解学生知识掌握、方法获得的情况,可以检验自己的教学方法和教学效果,从而根据反馈信息随时修正教学进程,促使教学恰到好处地适合学生的学习水平,使学生对知识的好奇心理和探求欲望能够在自己设置的情境中激发出来,顺利地按照目标要求形成学生的思维活动。作为学生而言,一方面,学生在学习过程中看到了自己的成绩,从而进一步激发兴趣,提高学习的积极性;另一方面,可以及时发现自己的不足,修正自己的学习态度和学习方法,及时弥补不足,改进自己的学习。

《教育心理研究》一书中曾介绍过罗西与亨利的实验:把一班学生分成三组,每天学习后进行测验。教师对第一组每日告知其学习结果,对第二组每周告知其学习结果,对第三周则不告知,即不给予任何评价信息。如此进行八周,学习成绩明显不同。第一组最好,第二组中等,第三组最差。八周以后,改变方法,使一、三组对换,如此进行八周,则成绩也随之改变,第一组由最好变为最差,第三组由最差变为最好。

因此,课堂教学反馈是检查教学效果、调整教学内容、改进教学方式、组织后续教学的重要方法和主要依据;把握课堂教学反馈进而修正课堂教学,是课堂教学的重要环节。在课堂教学中恰当地运用教学反馈与修正对提高课堂效率有着重要的实用价值。但是之前由于受学生数量,以及技术手段的制约,教学反馈的及时性和准确性无法保障,从而在一定程度上影响了教学效果。江苏省清浦中学通过将实时反馈系统集成在平板电脑、计算上以改变传统教学反馈所存在的弊端,为提升教学质量提供了范式。

3. 操作技巧

运用电子书包或普通计算机聚焦学生学习的反馈,需注意以下几个方面①。

第一,可以使用当前流行的学习反馈系统,也可以根据学生需求开发适切的App 应用,应用最好包括这几个特点:集成学生思维可视化工具,并支持手写辨识,从而使教师充分了解学生的思维过程;较强的人机交互功能,在一对一数字化环境中,能够与电子书包友好对话;学生学习监控系统,能够为调整学生学习路径提供科学依据;App 能够实现教育应用自动推优和不断整合功能,减少在切换平台过程中浪费的时间。

第二,丰富匹配教学活动的学习资源。无论是电子书包,还是普通计算机,学习者在使用过程中都存在着寻找资源耗时长、开发资源困难多、适配资源数量少等问题。究其原因是资源开发与资源利用存在严重脱节。学校应联动高校、企业等部分的力量,实现协同共建、优化数字化学习资源。在一对一数字化学习环境中,应聚焦学生的互动性资源建设。面临检索优质资源难的问题,应按知识点或学习主题创建、汇总学习资源。同样,健全资源评价机制,通过用户对资源的等级评定,自动筛选优质资源。

第三,聚焦贴切学习活动的实践培训。"笼统的大班教学培训""理念倡导"导致一线教师对培训"敬而远之"。教师更加渴求面向课堂聚焦活动的案例式培训。通过案例培训与研讨,教师能够真正意识到电子书包带来的改变,并思考如何指导学生运用电子书包开展学习活动。针对各学科、各学段的特点及培养目标,开展适切学习活动的培训,避免大一统现象。同样,注重小模块精品化,建设面向学习主题、面向课型的学习活动设计培训。

---

① 张汉玉,钱冬明,任友群. 推进电子书包教学应用:教师接受度的实证研究[J]. 电化教育研究,2015(10).

第五节　变"错"为宝

　　教师在教学过程中往往会"犯错",而学生在学习过程中也会"犯错",这些错误如果能够很好地利用起来,顺"错"思"措",可能会变"错"为宝,实现正常教学中不能达到的教学效果。

一、巧用"错误"资源

1. 聚焦课堂

　　在学习有关"物质的分散系"时,学生对电解质和非电解质的概念已经倒背如流,然而蒋老师发现同学们仍然不能准确地进行判断和分类,常常将一些混合物归为电解质,将单质归为非电解质,将沉淀归为非电解质,对氨气、二氧化碳、二氧化硫等物质的分类产生混淆。教师就利用了对比的方法,让学生对两个概念进行反复的分析探索。概念展示:电解质,在水溶液或熔融状态下能导电的化合物;非电解质,在水溶液和熔融状态下均不能导电的化合物。在逐字逐句的对比中,学生发现了其中的相同点——化合物,从而他们得知了电解质和非电解质都是"纯净物且为化合物",分清楚了单质和混合物。学生又发现了其中的不同:"或""和""能导电""均不导电"。从而得知电解质和非电解质之间的不同,分清楚了沉淀的归类。学生还从概念上领悟到了电解质是自身电离出的离子能够导电,从而明白了氨气、二氧化碳、二氧化硫气体的归类。

　　在学习有关"乙醛和新制氢氧化铜悬浊液的反应"时,万老师让学生对实验进行预习,然后进行自我操作验证。然而在实验中,有的小组并没有得到砖红色沉淀,而得到了黑色沉淀,学生们感到尴尬和不好意思。面对这样的情况,万老师并没有责怪他们,而是让他们找出错误的原因。学生回忆:他们没有按照书上所写的来制取氢氧化铜悬浊液,而是在硫酸铜溶液中滴了几滴氢氧化钠溶液,使得滴加顺序反了。原因被找到后,学生积极地讨论顺序加反以后会有什么样的不同,了解到了实验失败的原因,从而了解到乙醛和新制氢氧化铜悬浊液的反应需要在碱性环境下,也就是氢氧化钠溶液要过量。有了这样的发现,学生再次进行了实验,学生看到砖红色沉淀时,非常地兴奋,体验到了成功的快乐。

　　在学习有关"电子式的书写"时,学生对电子式的书写不能很好地掌握,有的学生在离子化合物中使用了共用电子对,如氮化镁;有的学生漏写了孤对电子,如氮气。教师就可以将学生的这些"错误写法"进行收集,在黑板上给予展示,让学生进行评价。学生评价:在电子式的书写时,应该先考虑物质是共价化合物还是离子化合物,以判断是电子的得失还是共用。然后分析相邻原子之间的得失或共用情况,最后检查是否处于2电子或8电子稳定结构。

2. 理论支撑

以上三个课堂片段分别展示了在化学课堂中教师巧用错误资源,让学生在"错误生成"中加深对概念的理解,培养谨慎的科学态度和融入对自我的评价。叶澜教授曾提过,学生在课堂活动中的状态,包括对题目的学习兴趣、注意力、合作能力、表达的观点、提出的问题与争论乃至错误的回答等都是教学过程中的生成性资源。学生在学习过程中和生活过程中出现各种错误都是难以避免的,是很正常的事情,教师要珍视这些契机,彻底摆脱唯错误来评判学生的依据,让学生能够表达自己真实的想法,允许其做错了重新做,答错了重新答,回答的不完整思考过后再答,不会的学习后再答。

在一些公开课或者示范课中,教师和学生的错误很难被发现,但这并不是其水平的真实体现。难容错误是所谓优质课的标准之一,那么在真正的实际动态课堂中是不是真的没有一点错误呢,回答当然是否定的,教师在教学中难免会出现口误、板书书写错误等,但对于我们自己的失误,我们往往故意遮盖掩饰,不知所措,作为教师通常采取坦然面对、承认错误,并告知学生这么简单的问题,难道老师真的不会吗? 其实不然,不是不会,而是草率不认真,让学生笑过之后明白其中的道理。课堂教学可以是不完美的,但一定要追求朴素的真实,"没有问题的课堂才是问题最大的课堂",所以华而不实的、美丽的虚假课堂要不得。[①]

3. 操作技巧

课堂中的"错误生成"并不可怕,关键是教师对待"错误生成"的态度。那么,如何在高中化学课堂中巧妙地将"错误生成"转化为宝贵的"课堂财富"呢? 万老师根据一些教学实践,提出了以下几点建议[②]。

第一,在"错误生成"中加深学生的概念理解概念往往非常精练准确、惜字如金。学生对概念往往已经非常熟悉,然而在练习中仍然会出现这样或那样的理解偏差,对概念不能全面地进行掌握。面对学生的"错误生成",教师不能直接给出"对"或"不对"的回答,而要引导学生再次从概念出发,找出原因以加深理解。"错误生成"激励了学生对概念的再次学习,使学生的思考更具有针对性、细致

━━━━━━━━━━

① 江已舒.错误也是一种课程资源[J].化学教与学,2016(10).
② 万星星.巧用化学课堂"错误"资源,生成学生智慧[J].求知导刊,2016(1).

性,挖掘出了概念的内涵和外延,加强了学生的分析能力与理解能力。

第二,完美的课堂生成是教师在面对学生的"错误生成"时,所作出的机智反应和灵活调整。学生在操作实验的过程中,"实验失败"是常见的,教师要鼓励学生勇敢面对,而不要采用逃避心理,培养学生那种"刨根问底"的求学精神,帮助学生养成严谨的学习态度。

第三,自我纠错是提高学生学习能力的好方法。面对学生的"错误生成",教师要肯定学生的思考和操作,肯定学生在学习中积极的一面,然后站在学生的立场上,沿着他们的思维来进行诱导,不但让学生了解错误的来龙去脉,还要让学生学会在"错中求知、错中探究",以培养学生的自我评价能力。"错误生成"的展示成了典型的案例,使学生积极结合自己的认知进行评价,相互之间讨论错误点,不仅加深了学生对知识的理解,还使学生看到了自己的不足,增强了学生的自我纠正能力。

二、数学中的矫正错解

1. 聚焦课堂

董老师把班级学生分成八个人一组,选出一人为组长,以方便他们对一些问题进行讨论。有这么一道题目:"已知 α,β 均为锐角,且 $\cos(\alpha+\beta)=\sin(\alpha-\beta)$,则 $\tan\alpha=$ _____ 。"董老师问学生:这道题要不要讲解下? 学生回答道:不用讲解。董老师又带着神秘的笑问学生:那这道题有没有人不动笔就能知道答案的? 此时下面学生一片寂静。经过董老师的一番点拨,下面学生都发出惊讶的叫声。原来玄机在于:三角函数是以角为自变量的函数;对于公式 $\cos\left(\dfrac{\pi}{2}-\alpha\right)=\sin\alpha$,只要满足 $x+y=2k\pi+\dfrac{\pi}{2}$,就有 $\cos x=\sin y$;由于本题是填空题,且 α 和 β 均为锐角,所以只需要 $(\alpha+\beta)+(\alpha-\beta)=\dfrac{\pi}{2}$ 即可,从而得 $\alpha=\dfrac{\pi}{4}$,$\tan\alpha=1$。有了这样的认识,提高的就不仅仅是速度,更是思考问题的方式。

又有这么一道题目:已知 $\sin 10°=m$,则 $\dfrac{3}{\sin^2 40°}-\dfrac{1}{\cos^2 40°}=$ _____ 。

这一道题,在笔者看来并不难,方法是"遇到平方用降幂公式"。

解:原式 $=\dfrac{3}{\dfrac{1-\cos 80°}{2}}-\dfrac{1}{\dfrac{1+\cos 80°}{2}}=\dfrac{6}{1-\sin 10°}-\dfrac{2}{1+\sin 10°}=\dfrac{6}{1-m}-$

$\dfrac{2}{1+m}=\dfrac{4+8m}{1-m^2}$（标准答案也给的这个）。

$$原式=\left(\dfrac{\sqrt{3}}{\sin 40°}\right)^2-\left(\dfrac{1}{\cos 40°}\right)^2=\left(\dfrac{\sqrt{3}}{\sin 40°}+\dfrac{1}{\cos 40°}\right)\left(\dfrac{\sqrt{3}}{\sin 40°}-\dfrac{1}{\cos 40°}\right)=$$

$$\dfrac{4\left(\dfrac{\sqrt{3}}{2}\cos 40°+\dfrac{1}{2}\sin 40°\right)\left(\dfrac{\sqrt{3}}{2}\cos 40°-\dfrac{1}{2}\sin 40°\right)}{(\sin 40°\cos 40°)^2}=\dfrac{4\cos 10°\cos 70°}{\left(\dfrac{1}{2}\sin 80°\right)^2}=$$

$$\dfrac{16\cos 10°\sin 20°}{\cos^2 10°}=32m。[1]$$

2. 理论支撑

学生认知结构改造和重组的过程就是认知发展同化和顺应的过程。教师应顺应学生的年龄特征与学习心理,让学生亲历主动探究、积极思考、自主纠错的过程,从中获得数学基础知识、基本技能,在获得知识的经历中积累数学基本活动经验,理解和掌握数学的思想方法,发展学生的数学思维能力。学生生活在丰富多彩的世界中,他们对客观世界有着自己独特的认识,这些认识来源于他们的直观感觉和经验。这些经验有的正确、有的错误、有的全面、有的局部,但对于学生都是生活的积淀,是他们思维的产物,更是他们理解新事物的认知基础。教师要顺应学生的学习经验,将"错误"转化为学生学习的宝贵资源,巧妙利用他们的经验,改造认知结构。[2]

董老师认为,数学学习离不开解题,但数学教学并不完全是解题,而是以数学问题为载体,让学生经历数学思路的探究过程,走过解决问题的全过程,培养学生分析问题、解决问题的能力;教会学生解题才是解题教学的目的。试卷讲评课是解题教学的主要课型之一,尤其在高三复习课中,试卷讲评是其中一个主要的环节,而矫正试卷中出现的错误,更是重中之重。然而,学情的不确定性、教师教学的个性、试卷的时效性以及高考的区域性,使它至今难找到公允的、最好的模式,只能追求"矫正学生最需要的"和"做最适合学生的矫正"。

3. 操作技巧

董老师曾在本校高中学生中通过交谈、个别询问或问卷等形式做过一些调查,最后归纳出学生对矫正错解的看法,有这样几点。第一,大多数学生在试卷

①　董建奎. 矫正错解的策略[J]. 中学数学月刊,2016(5).

②　黄惠暄. 顺"错"思"措":小学数学解题错误矫正策略[J]. 福建教育学院学报,2015,16(11).

改完发下来时能主动地看一看错误之处,而且也积极地通过自己翻阅课本以及其他资料、重新验算、同学间相互讨论等方式自己矫正,其中以同学间相互讨论得最多,只是对一些难度较大的或同学间错误率较高的题不能解决。第二,课堂矫正错解时,教师要多给学生一些鼓励,多让优秀学生说说他们当时的想法,这样才能激励学生有信心和毅力完成数学学习任务。同时也希望教师能倾听学生的想法(即使是错误的,或者是离奇的),因为这最接近学生的思维,也最希望教师帮助学生分析错误的原因,并给出具体措施,对学生学习很有帮助,学生很反对只给答案。第三,希望能针对学生存在的问题,继续分析相关知识体系、帮助总结带有规律性的东西,得到以少胜多的效果,不能只是就题论题,枯燥无味。教师能根据学生的错误原因重新改编一些有关的变式题,让学生能及时检查看自己是否真懂了、真掌握了。

由此,他在结合调研以及实践经验的基础上认为矫正错题有如下策略。①

第一,可以采取自我矫正的策略。矫正错解应是学生的矫正,而不是教师的矫正;应是学生思维的再完善,而不是教师正确解答的介绍。矫正错解的权力应还给学生。遵循学生认知规律,把纠正错解的任务前置,考试后及时批阅(要适时给学生鼓励,激励语言应恰如其分,不夸大其词)并统计好相关数据后,立即重新发给学生,要求学生自行矫正,再交上来进行批阅(二次批改)。这样做的好处:一是改变学生被动学习的习惯,促使学生主动学习,做错的题要主动订正,不会的题主动思考,拿不准的题主动查因;二是激发学生成功心理,部分学生试卷上交后,会对考试时未能及时解答正确的试题"心有不甘",继续主动探索,对于个别不会解答的题也会主动向其他学生请教;三是考试再延伸,学生思维的延续如因时间紧张定时完不成,可以继续独立思考解答。对于绝大部分学生能自主解决的题目教师一般情况下不讲,但是除了有"巧法妙招"的题、易忽略"细节"的题和"歪打正着"的题。

第二,可以采取合作矫正的策略。在课堂上学生相互学习,发挥集体智慧。笔者采取如下做法:把班级学生分成若干组(以座位相连为主),选出一人为组长,规定每次试卷发下来,几个人共同讨论,谁作对就负责把自己的做法、想法讲给其他人听,这样既提高了学生思维能力,又提高了语言表达能力。互相讨论一定时间后,由组长把组员共同问题反馈给教师,提出还需教师讲解的题目,或某题解答到什么程度,遇到什么困难。针对各小组提出的问题,其他小组学生会解答的可以主动给出解答,同时可以提供多种思考方法、思路、解法,供学生选择、比较、借鉴、吸收。

---

① 董建奎.矫正错解的策略[J].中学数学月刊,2016(5).

　　第三，可以采取拓展矫正的策略。学生的失分相当一部分原因是对试题中个别信息不会加工，解答时不能透过现象看到问题的本质，所以这类试题自然是教师选择的拓展对象。拓展的目的是通过剖析解题的切入点，培养学生信息加工的能力，帮助学生系统地整理认知结构。事实上，学生获得的知识越完整、越深刻、越系统，就越容易迁移到其他情境中去，促进其智力和思维力的发展。另外，对一些内涵丰富、有一定背景的试题，即使这个题目解答无多大错误，也可以对它丰富的内涵和背景进行针对性讲评，以发挥试题的更大作用，拓展学生的知识视野。

　　第四，可以采取补充矫正的策略。讲评课后必须根据讲评课反馈的情况进行矫正补偿，这是讲评课的延伸，也是保证讲评课教学效果的必要环节。教师应要求学生将答错的题全部用红笔订正在试卷上，并把自己在考试中出现典型错误的试题收集在"错题集"中，做好答错原因的分析说明，给出相应的正确解答。矫正后的试卷不能一扔了之，也不能由学生保管，教师应把矫正后的试卷收齐，仔细检查，并妥善保管。这样不但可以检查督促学生及时矫正试卷，了解学生矫正情况，而且每次的试卷还不会遗失，待到复习时，教师再把试卷发给学生，让学生重做红笔矫正的题目。使学生的复习有针对性，避免了机械重复，提高了复习效率，同时教师要及时依据讲评情况，再精心设计一份针对性的练习题，作为讲评后的矫正补偿练习，让易错易混淆的问题多次在练习中出现，达到矫正、巩固的目的。

第六章　语文数学英语学科生态教学设计

作为教师,为了很好地完成教学任务,就必须通过教学设计,以不断缩短教学目标与学生实际水平之间的差距。对于什么是教学设计? 著名学者皮连生认为:"教学设计运用现代学习理论与教学心理学、传播学、教学媒体论等相关的理论与技术,来分析教学中的问题与需要、设计解决方法,试行解决方法,评价试行结果并在评价基础上改进设计的一个系统过程。"①可以说,教学设计是教师教学的前奏,也是教师教学行进过程的蓝本,其实质上是对教师课堂教学行为的一种事先筹划,是对学生达成教学目标,表现出学业进步的条件和情景作出的精心安排。江苏省清浦中学实施生态教育战略,其根本落脚点必然在于各学科的课堂教学上,从教学这一中心环节上来保障生态教育在育人方面的全面、深入和有效的落实。本章提供的中学语文、数学、外语三门学科的课堂教学设计文本,既是清浦中学一线教师深入理解生态教育并在课堂教学实践中渗透生态教育的一种努力,也是学校倡导的生态教育在学科课堂教学中的自然表达,从中我们可以看出清浦中学教师专业成长的心路历程。

第一节　《左忠毅公逸事》的教学设计②

一、教材分析

《左忠毅公逸事》选自苏教版语文读本必修五中"生与死的对话"专题(2009年第三版第83页),属于传统经典篇目。它记述了明朝末年东林党成员左光斗的生前逸事,左忠毅公即左光斗,安徽桐城人,官至左金都御史,因弹劾专断朝政

---

①　皮连生.教学设计——心理学的理论与技术[M].北京.高等教育出版社,2002:2.

②　本教学设计由江家华撰写,本课在"全国中小学学科德育课程"评比活动中荣获"部优"。江家华,教育硕士,中小学高级教师,系"淮安市中小学教师教育教学指导委员会委员",获"江苏省333人才第三层次培养对象""江苏省优秀青年教师""淮安市第一、二期533英才工程拔尖人才培养对象""淮安市第一、二、三、四批学科带头人"等荣誉。

的宦官魏忠贤三十二斩罪而被诬陷,死于狱中。方苞这篇文章,就是写左光斗生前与其学生史可法有关逸事,其"忠毅"之品质气节及其传承极富教育因子,与当下倡导社会主义核心价值观中"爱国"相契合,便于学科育人,弘扬以爱国主义为核心的民族精神,树立社会主义荣辱观、人生观。

《左忠毅公逸事》作为桐城派散文的代表作,合乎"义法"。它语言"雅洁",微言大义,值得咀嚼玩味。同时,文章选材精当、谋篇布局精妙,都值得我们玩味借鉴。而且它短小精悍,全文不到 600 字,适宜一课时的教学。

二、教学目标

1. 学生能体会行文艺术手法,感受体悟桐城派散文"义法说"的特点。

2. 学生能体悟人物品质气节,感受左光斗爱才若渴,坚贞不屈,一心为国的高风亮节。

三、教学重点与难点

重点:品味语言、领会选取典型事件,运用细节描写刻画人物。

难点:理解借助史可法来衬托左光斗形象的艺术手法。

四、教学思路

1. 依据教学目标,要对教与学作必要的取舍。譬如学生对该文文字的阅读理解难度并不大,对字词句的理解就不应成为课堂教学的重点;但"天下文章出桐城",作为创始人的方苞以文章道德名于当世,他继承归有光"唐宋派"古文传统,提出"义法"主张,遣词用语又是我们学习的重点。就全文而言,文本一二两节又是研读的重点。

2. 通过写颁奖词、仿句等读写结合的形式,让人物"忠毅"的内核对学生产生实实在在的濡染,而且老师要敢于尝试,通过自己写来影响引领学生。

3. 注重调动学生积极思维,呵护学生的学习热情,以发展性评价赏识学生,让学生"想学—会学—乐学"。突出在尊重文本的同时引导学生对作品的解读,努力发展思辨能力、提升思维品质、提升语文学习力,发展其语言建构与运用、思维发展与提升、审美鉴赏与创造、文化传承与理解等语文学科的核心素养。

五、教学准备

1. 自读课文,借助注释及工具书,自主完成学案注音、字词句等基础知识整理工作。

2. 查阅相关资料,完成学案课前准备中"知识链接",将相关知识前移。

3. 研读文本。学生个体在研习文本时,要做到用不同色彩的笔圈点勾画,做标记、写评注,写出自己的理解。

4. 再读本文,写出自己的疑问,上交科代表。

六、教学过程

(一)创设情境

古往今来,神州大地上,涌现了多少忠心报国、死而后已的仁人志士。南宋状元宰相文天祥、《五人墓碑记》中五位平民英雄、鲁迅笔下的刘和珍君,都给我们留下了深刻印象。

今天,我们一起走进桐城派散文大家方苞的《左忠毅公逸事》,感受左公的爱国情怀。

设计意图:此环节设计,紧紧围绕"爱国"这个核心、主旋律导入,创设情境,不经意间进行了德育渗透。

(二)目标引领

我们一起看一下本课的学习目标。大家齐读一下。

设计意图:学习,一定要有明确的目标。让学生齐读学习目标,方向感明确,知道做什么。此环节设计,意在此。

(三)自主学习

请大家把学案拿出来,看一下学案上——课前准备。检查圈画钩点,用不同颜色的笔把它标注出来。

1. 知识链接

(1) 方苞(1668—1749),(　　)代散文家,字凤九(灵皋),号(　　)。有集为《望溪先生文集》,安徽(　　)人,是散文流派"桐城派"创始人。擅长古文,提倡"义法"。"义"即内容上"言之有物",以宣扬理学道统为宗旨;"法"即形式上"言之有序",有条理。语言风格追求"雅洁"。其弟子刘大櫆、再传弟子姚鼐皆桐城人,称为桐城三祖。

(2) 左忠毅公即左光斗(1575—1625),字遗直,明桐城人。官做御史,不怕权贵,敢直言。太监魏忠贤专权,上奏章弹劾,列举魏三十二斩罪。被魏陷害下狱,备受酷刑死,追谥(　　　)。

(3) 逸事,也作"轶事""佚事",是指散失没有经正史流传的事迹。这类文章不像正史作传那样全面叙述人物的生平事迹,而是从一生行事中选取一小部分来表现人物。所记史实既新鲜(不是尽人皆知的),又要有一定的史料价值。记事具体、生动、形象。形式比较自由(不像正史那样必须记一个人完整的经历,记事可多可少,文章可短可长)。

2. 自读课文自主完成(对照注释或借助工具书)

——给加点字注音。

京畿(　　) 从数骑出(　　) 庑下(　　) 貂皮(　　)
瞿然(　　) 逆阉(　　) 炮烙(　)(　) 草屦(　　)
睚眦(　)(　) 嗫声(　　) 蹲踞(　　) 蕲(　　)
檄文(　　) 帷幄(　　) 迸落(　　) 铿然(　　)

——字词句整理。

——解释下列加点的字词。

(1) 乡先辈左忠毅公视学京畿(　　　　　)

(2) 微行入古寺(　　　　　) 微指左公处(　　　　　)

(3) 文方成草(　　　　　)

(4) 公瞿然注视,呈卷,即面署第一(　　　　)(　　　　)

(5) 久之,闻左公被炮烙,旦夕且死(　　　)(　　　)(　　　)

(6) 使史更敝衣(　　　　) 使将士更休(　　　　)

(7) 乃奋臂以指拨眦(　　　　　)

(8) 不速去,无俟奸人构陷(　　　)(　　　)

(9) 史嗫不敢发声,趋而出(　　)(　　　)

(10) 漏鼓移则番代(　　　) 叩之寺僧,则史公可法也(　　　)

(11) 史公治兵,往来桐城,必躬造左公第(　　)(　　)(　　)

(12) 宗老与先君子善(　　　　)

——标出下列句中的词类活用的词,指出活用类型并解释。

(1) 从数骑出(　　　　　)

(2) 呈卷,即面署第一(　　　　　)

(3) 草屦,背筐(　　　　　)

(4) 则席地倚墙而坐(　　　　　)

(5) 手长镵 (　　　　　)

——指出下列句式类型。

(1) 叩之寺僧(　　　　　)

（2）久之,闻左公被炮烙,旦夕且死,持五十金（　　　　　　　　　）

（3）涕泣谋于禁卒（　　　　　　）

（4）史朝夕狱门外（　　　　　　）

（5）吾师肺肝,皆铁石所铸造也（　　　　　　　）

——整体感知。

第一部分（　　　节）＿＿＿＿＿＿＿＿＿＿＿＿＿＿＿＿＿＿＿＿

第二部分（　　　节）＿＿＿＿＿＿＿＿＿＿＿＿＿＿＿＿＿＿＿＿

第三部分（　　　节）＿＿＿＿＿＿＿＿＿＿＿＿＿＿＿＿＿＿＿＿

3. 初读本文,写出自己的疑问?

设计意图:学案由学生个人自主完成,遇到疑问查阅相关资料或与同学讨论,然后到公共邮箱下载答案,订正完善。各组长收起交科代表统计后交给老师,梳理出带普遍性的问题。重点展示《学案》中"知识链接"部分,以一斑窥全豹,重点强调圈点勾画的阅读学习习惯。

设计此环节,极大地调动学生自主学习的能力,同时,解放了课堂,让课堂更多处理重点、难点、疑点、关键点、精彩点。

（四）研习、欣赏、探究文本

课堂讨论（一）

文章标题是全文的眼睛,通过它,我们可以到达文章的心灵深处。引导学生由文章标题想出问题?

问题一:文章写了左公哪些逸事?

在自主学习、自行梳理的基础上,小组讨论,归纳明确。

左公逸事:

第一节:视学拔才;

第二节:陷狱护才。

史公情况:

第三节:奉檄守御;

第四节:躬造左府。

设计意图:设计此问题起了一个整体感知,宏观把握的功用,同时训练了学生概括能力。

问题二:左光斗的谥号为何为"忠毅"?

要求自主学习,在文中找佐证,要言之有据。

（1）"忠毅"可以拆开来看。"忠"表现在对国忠诚。在风雪之中左公为国选才,体现了他对国家非常的忠心。他认为史可法能继承他的事业。选人才的第一标准,是为国家考虑,而不是私人考虑。对国家忠诚,从第二节可以看出。当史可法来看望他的时候,他宁愿用怒视的方法来让他走,怕连累史可法。"毅"指坚毅,第二节中"面额焦烂不可辨,左膝以下筋骨尽脱矣"可以看出左公饱受酷刑,为国忠毅,宁死不屈。

（2）可以从一些细节的地方看出来,第二节不仅讲左公的毅,还讲到忠。当所有人都惧怕魏忠贤的时候,左公上书列举他的32种罪。怀着国家、怀着天下的赤子的心,为国家贡献自己的力量,牺牲了自己的生命,忠心爱国。左公尽管受刑,依然"席地倚墙而坐"不肯倒下,显示了他的忠毅。

（3）品味细节描写,品读语言,讨论明确。

① "席地倚墙而坐",为什么是用"坐",而不用"躺""爬"等词?

躺:给人屈服的感觉;坐:即便深受酷刑,也不愿屈服阉贼。坐是一种姿态,宁折不弯、傲岸挺立。

② "公辨其声,而目不可开,乃奋臂以指拨眦,目光如炬"。奋臂以指拨眦,说明他情绪激烈,目不可开说明他受刑之重,但丝毫不见颓唐。坚持他"忠"支撑他,当史可法来了以后,他骂道,表现他忧国如焚、言辞慷慨,爱国爱才,忠心为国。

③ "目光如炬"不愿牵连史可法;为国护才;对阉贼的恨。对国家未来的期望。如炬的目光就像火把,照亮了后来人包括他的学生史可法,史可法后来的表现也正是在老师如炬的目光下前行,老师精神在学生身上得到传承。

④ 视学京畿。京畿是千里以内的地方,为国选才,不辞辛苦,而且在严寒天气,他完全可以不这么做,这是他一心为国的表现。第二段对史可法保护、护才。第一段也看出,"公阅毕,即解貂覆生,为掩户"。看似很小的动作,实际体现浓浓的爱护之情。

⑤ "庸奴！此何地也,而汝来前！国家之事糜烂至此,老夫已矣,汝复轻身而昧大义,天下事谁可支柱者？不速去,无俟奸人构陷,吾今即扑杀汝！"害怕学生被构陷,害怕无人为国效力。最希望史可法关心国家、关心人民。

小结:"忠毅"是朝廷对左公一生行事和品格的高度概括,忠君爱国,矢志不渝。

忠:识才惜才选才（第一节）

毅:责才护才勖才（第二节）

设计意图:语言是人物心灵的外现。揣摩文中人物的表情、动作以及说话的语气,对剖析人物的内心世界具有独特的审美价值。选择最具有表现力的句子读读品品,也最能品味人物的性格特征及其当时的心理活动。此问题设计抓住了题目,也就是抓住本文的灵魂、精髓。

课堂讨论(二)

出示学生课前预习时提出的有代表性问题。

问题一:左光斗为何要在风雨严寒中"微行入古寺",读史可法文后为什么不当即叫醒他?

讨论明确:古寺是有志寒门子弟读书的理想地方,环境清幽且提供食宿。左公作为学政竟然在风雪严寒之际到古寺里,就是为国选拔人才。"风雪严寒,从数骑出",略略几笔先描画出左光斗四处奔波寻觅人才的急切心情。风雪载途,寒气逼人,行路当十分艰难,但在这样恶劣的天气,视学京畿的左光斗仍率领从骑外出寻访。微服间行,是要洞察真情,径入古寺,唯恐错过良材。

问题二:题目是《左忠毅公逸事》,为何花大量笔墨写史可法?

讨论明确:明写史,暗写左,写史的忠于职守,正是表现左的言传身教对史的影响,从侧面丰富了左的形象。例如,史的"数月不就寝"照应左在"严寒"天视学;史坐帐外看着士卒睡觉,照应左对古寺中寒士的爱护;史"甲上冰霜落",照应左在狱中伤痛万状的刚毅谋国。史的"下恐负吾师也"一语,点透了和主题的关系。全文以史可法映衬左光斗。

设计意图:此环节,教师精讲点拨,解决学生提出的问题。解决学生问题,才是真正解决了学习问题,是教学的根本任务。

(五)小结艺术手法

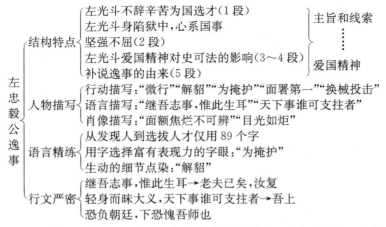

此设计意图:表格设计,让学生从整体上感知、体悟桐城派文章的妙处,便于理解掌握精妙。

（六）当堂练习

太史公在《报任安书》中说道"古者富贵而名摩灭，不可胜记，唯倜傥非常之人称焉"。要求学生为"非常之人"的左公的忠毅节气写一段 100 字左右的颁奖词。

（1）现场写作。

（2）出示颁奖词特点，对照要求修改，组内交流，推荐发言。

颁奖词是对受表彰的人物颁发奖项时由颁奖活动主持人宣读的致词。

① 高度概括，简洁精炼。要以极其简洁精炼的语言高度地概括当选者的崇高精神和闪光点，予以浓墨重彩地展示，既有高度也有深度。

② 词吻意合，富有特色。根据获奖者事迹的不同，或明快，或凝重，或平和，或庄严，于人于事于情于理都显得十分和谐得体。

③ 语句清新，文笔优美。语句长短结合，风格刚柔并济，抒情、描写、议论各有侧重，有的还恰当引用了一些名言警句，尺幅之间，五彩飞扬，读来朗朗上口，给人以美的享受。

④ 言志寓义，饱含深情。赞扬的人和事虽然各不相同，但无论是褒扬还是怀念，都洋溢着崇敬之意，一字一句饱含深情。

（3）学生展示成果。

（4）教师展示创作，引导学生。

"风雪严寒，微服寻才，解衣掩护，面署第一，此乃官之模范也；虽受酷刑，席地而坐，目光如炬，忧事骂生，此乃师之模范；既无官傲，又无私心，以天下大事为己任，此乃人世间顶极之模范也。"

"漫天风雪，策马视寻。他考虑的从来不是个人的享乐，更愿在彻骨的寒冷中为国家寻找栋梁。惨遭酷刑，狱中赤身，他担心的从来都不是个人的安危，只愿用自己的微薄力量为国家寻找人才。古者富贵而名摩灭，不可胜计，唯倜傥非常之人称焉。正是他的拳拳爱国之心，为那个黑暗时代带来一缕阳光，为后来的我们树立了一面鲜明的爱国旗帜。"

"他，身陷囹圄，受酷刑，却忧国如焚，忘生死；他，风雪严寒，觅人才，然恩威并重，待如子。他，大义凛然，忠肝义胆，以浩然正气惊天地，用爱国之心震古今。一身铮铮傲骨，忘生死，唯念志，一颗耿耿忠心，处险地，唯念国。他，为国效命，无怨无悔，心怀国家，既忠且毅。他，以国为重，刚毅正直，酷刑之下，一息尚存，心中唯念国事，早已将生死置之度外。左忠毅公，他是忠的化身，他是毅的诠释。"

"苟利国家生死以，岂因祸福趋避之。"他不惧朝廷政治黑暗，一片赤子之心，谱写桐城挽歌;他爱才如命,不惜牺牲肉体的痛苦,化身红烛,只为劝解学生走向图存路,这是一位师者民族大义,不为其他,只为无愧于心、无愧于民。当我们无数次叹息这段历史,他是那段荫翳时光中浓墨重彩雄浑的一笔。"

"他,忠心朝廷、心系社稷、国事为重。身居高官却在风雪严寒之时为国微服觅拔英才。举手之间,温暖寒门书生;奖掖托志,勉励继志而行。

他,身陷囹圄、备受酷刑、痛苦万状。但铁骨铮铮,坚毅凛然。爱徒冒险探视之时,他大义相责、慷慨激昂,为国护才、以国勖生。忠肝义胆、浩然正气。一心为国,唯独没有他自己。

他,就是耿介贞良之臣、忠烈刚毅之士,谥号为"忠毅"的忠毅公——左光斗,一面永远不倒的爱国旗帜。"

设计意图:设计通过写颁奖词,加深了对人物精神内核的认识与理解。

(七) 拓展延伸

练一练:通过句式仿写来深化对人物精神的认识。

顾准是宁为玉碎、不为瓦全、承受苦难的勇者,在黑暗中摸索前进,拆下肋骨当火把而烧穿黑森林。

梁漱溟是坚持操守、讲究气节、承受苦难的仁者,面对权力的高压,决不轻易改变自己的看法,随波逐流。

钱谷融是有所为有所不为、承受苦难的逸者,愿说之际滔滔不绝,不愿说时三缄其口,皆是为了本真守诚。

左光斗是忠心为国、义无反顾、承受苦难的毅者,面对逆党的专权,誓死不屈服、守住了气节,忠毅坚贞。

史可法是感恩图报、铭心尽责、承受苦难的志者,带着老师的嘱托,继志而行、奋发有为、撑起国之事、负起家之责。

读一读:推荐阅读书目,开阔视野

曾光光.《桐城派与晚清文化》.合肥:黄山书社,2011.

杨荣祥.《方苞姚鼐文选译》.南京:凤凰出版社,2011.

王 力.《中国古代文化史讲座》.北京:中央广播电视大学,1984.

柳宗元.《段太尉逸事状》.见苏教版《唐宋八大家散文选读》.

全祖望.《梅花岭记》见苏教版必修五语文读本.

戴名世.《左忠毅公传》见苏教版必修五语文读本.

设计意图:设计读写结合,全面围绕教学目标,提升语文核心素养。

附:板书设计

左忠毅公逸事
方苞

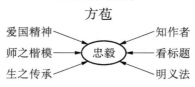

爱国精神 ————→   知作者

师之楷模 ————→ 忠毅 ←———— 看标题

生之传承 ————→   明义法

七、教学反思

1. 学什么比怎么学更重要,这是一个价值取向的问题。任何一门课程,首要任务永远是教育人、培养人,尤其是承载了众多民族因子母语的语文学科更应如此。学什么? 学习一些富含社会主义核心价值观的经典作品,能产生无形而巨大的精神力量,在阅读鉴赏欣赏玩味汉语言文字的美妙与神奇的同时,也被流淌在字里行间的"民族味"濡染熏陶。

以前自己面对文本,常常会说"这篇有讲头,那篇没意思",潜意识里重心仍然是自己,好不好讲,能讲到什么程度,文本的取舍及开展的程度完全是自己一个人的事,甚至可以这样说,很"独裁",全凭个人喜好行事,而不顾学习的真正主人——学生的感受。诚然,文本解读能力是语文教师核心竞争力,但我没有考虑学生,这篇文章,学生是喜欢,还是不喜欢? 是能自己读懂,还是需要老师帮助? 要在哪方面帮助,帮助到什么程度? 等等。导致教师教得疲惫,学生学得很累,家长不高兴,领导不认可。语文教师甚至有人戏言"前世杀了人,这辈教语文""语数外,死得快"。个人幸福感都不强,试想学生呢?

所以说选什么来学习,也要关注学生的需要,要与学生互动,进行"生态教育",这是个人今后教学中要关注的。

2. 德育进课堂,不能是简单的政治说教。要不显山不露水,如盐融水,了无痕迹地进行,春风化雨、润物无声。通过以写作颁奖词、仿写句式等形式潜移默化地进行德育渗透。激发学生学习语文的兴趣、乐趣,给予学法指导点拨,让全面提升学生语文学习力的同时,实现文与道的和谐统一;提升听说读写能力为语文核心素养的同时,德育也得以开展,使学生在学习语文课程过程中受到教育感化。

3. 课堂是学生展示学习成果、获得学习成就感和自我效能感的平台,是集体的学习家园,是学生自己的"地盘"。"有一种爱,叫放手",使学生成为课堂的真正主人。为此,老师要让出时间与空间,把课堂真正还给学生。基于叶圣陶老先生"教是为了不教",践行"生态教育"理念,让学生"生动、主动、互动"动起来。

孟子曰:"如欲平治天下,当今之世,舍我其谁。"如斯言,学生才是课堂的真正主人,"学生有信仰,课堂有力量"。"教育的根本意义在于促进学生的学习。所有的因素最终要归结为以生为本,所有的一切最终都要依靠学生来完成。"把课堂真正还给学生,首先要让学生动起来,学起来、问起来、议起来、讲起来、练起来。不顾左、不言右,发扬"我来"精神,实现真正意义上"生态教育"。

每年高考结束后,不管考得好与不好,学生从楼上往下扔书、扔试卷,把教材和辅导书烧了、撕了,或当废纸卖了等现象,常有发生。学生为何以此种方式庆祝自己获得"自由解放",其本质是学生宣泄了对整个高中生涯的不满与愤怒,也说明学习是来自外部,而非发自内心,因为没有幸福感。

生态课堂教学模式是教学本性的回归,返璞归真。课堂教学要还"教学"本来面目。

基于此,本人在教学中包括执教《左忠毅公逸事》,尽最大可能地调动学生的积极性,让学生动起来。即便会有这样那样的不足与缺憾,但终究是真实的,是学生自己的东西,留下了他们自己的痕迹。

第二节 《任意角的三角函数》的教学设计①

一、教材分析

本节课是苏教版必修 4 第 1 章"1.2.1 任意角的三角函数"第 1 课时的内容,是继任意角、弧度制后又一重要概念,是一承前启后的核心概念,既是锐角三角函数的上位概念,又是函数概念的下位概念,是三角函数的重要基础,是本章其他内容的出发点。紧扣它,可以导出本章的其他知识:三角函数线、三角函数的定义域、值域、同角三角函数的关系、三角函数的图像与性质。它的学习可以深化函数的概念,同时也为学习平面向量、斜率、极坐标与参数方程作准备;它的学习体现数形结合、转化与化归、分类讨论、特殊到一般等重要数学思想方法。因此,必须深刻理解这一概念。

---

① 本教学设计为 2017 年 3 月在江苏省教研室《教学新时空·名师课堂》开设的指导课课题,吴洪生撰写。吴洪生,江苏省清浦中学副校长,高中数学特级教师、正高级教师,淮安市有突出贡献的中青年专家,淮安市高中数学学科带头人,淮安市中学数学骨干教师,享受淮安市人民政府中小学教师特殊津贴.主要从事高中数学教学研究,近年来,在省级以上数学专业期刊发表论文 50 余篇,主持多项省规划课题与教研课题,研究成果丰硕;多次在淮安市数学名师工作室开设示范课。

二、教学目标

1. 知识与技能目标

通过创设摩天轮问题情境,将摩天轮上的人的运动抽象为质点在圆周上的运动,以问题串形式引导学生自主探究任意角的三角函数概念的生成过程,理解任意角的三角函数的定义;已知角 α 终边上一点,会求角 α 的各三角函数值;根据角所在象限判断三角函数值的符号。

2. 过程与方法目标

通过对任意角三角函数概念的建构过程的探索与体验,培养学生的观察问题和探索问题的能力。经历"由给定锐角到任意锐角、再到任意角"的探究过程,发现任意角的三角函数定义的本质。领会从简单到复杂,从具体到抽象的思维方法;在探究过程中渗透转化与化归、特殊到一般、数形结合、分类讨论等数学思想方法。

3. 情感、态度与价值观

通过建构任意角的三角函数,培养学生数学抽象、直观想象、逻辑推理、数学运算、数学建模等数学核心素养。让学生自己发现问题、解决问题,经历探究过程,形成从具体到抽象,由感性到理性的数学理念,体验成功的喜悦,培养数学意识与探究精神。通过自主探究,培养学生独立思考能力与合作交流能力。

三、教学重点与难点

本节课的教学重点:任意角的三角函数的概念。
本节课的教学难点:任意角的三角函数概念的建构。

四、学情分析

本节课的内容是学生在初中学习了直角三角形中的三角函数以及刚刚学过的函数、任意角、弧度制等知识的基础上展开的,相应地,三角函数也应有所扩充,任意角三角函数的概念是角的概念扩充的必然结果。学生对此有一定的基础,但推广过程又比较曲折,特别是将"边长比"转化为"坐标比",学生对此是有一定困难的。

五、教学思路

1. 启发引导

在老师的启发与引导下,以问题为中心,以探究任意角的三角函数概念为主线,以初中直角三角形中的三角函数为基础,实现"边长比"到"坐标比"的转化,建构起三角函数的形式,再推广到任一锐角,任意角,层层推进,使学习过程成为学生对书本知识再发现、再创造的过程,培养学生的创新意识。

2. 合作探究

让学生从"摩天轮"情境中观察、分析、探究、建构,培养学生发现问题、提出问题、分析问题和解决问题的能力。

六、教学准备

利用几何画板辅助教学,可以对任意角的三角函数进行分析,有利于学生突破本节课的难点,有利于学生理解任意角的三角函数概念的数学本质。该探究方法也可以迁移到其他类似的问题中去。

七、教学过程

1. 创设情境,启发思考

情境引入:星期六下午,小明和弟弟到游乐园游玩,弟弟坐上摩天轮(摩天轮半径为 r),摩天轮绕其中心 O 逆时针旋转(旋转角为 α),假设弟弟的起始位置在 P_0 处(如图 6-1)。

设计意图:由于三角函数是刻画周期运动的数学模型,而摩天轮的运动是生活中最常见、最典型的周期运动情境,用这样熟悉的背景引入课题,显得比较自然,学生容易接受,后续探究也比较顺畅。

问题 1:随着摩天轮的转动,弟弟的位置在不断改变,你能刻画小明弟弟在每一瞬间的位置 P?

学生 1:点 P 位置有两种刻画方法。

(1)如图 6-2,以水平方向作参照方向,有序数对 (r,α) 可以表示点 P。

(2)如图 6-3,以水平线为 x 轴,圆心 O 为坐标原点建立直角坐标系,有序数对 (x,y) 也可以表示点 P。

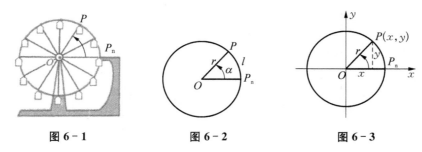

图 6-1　　　　　　　图 6-2　　　　　　　图 6-3

设计意图：让学生通过观察发现，随着摩天轮的旋转，形成弟弟位置不断改变的感性认识。通过直观想象与数学抽象，将摩天轮抽象为圆，弟弟抽象为点，这样弟弟随摩天轮的旋转就抽象为质点在圆周上的运动。弟弟在摩天轮上的位置，就转化为圆周上点 P 的位置。进而经过学生的探究有两种刻画的方法：有序数对 (r,α) 可以表示点 P；有序数对 (x,y) 也可以表示点 P。有利于培养学生的直观想象、数学抽象等核心素养。

问题 2：随着摩天轮的转动，r,α,x,y 这四个量哪些发生改变？

学生 2：α,x,y 发生改变。

设计意图：问题 2 是对问题 1 的深入，学生可从直观感知点 P 运动的过程，发现并想象 r,α,x,y 中的哪些量在变化。培养学生的直观想象素养。

问题 3：这些改变本质上是由哪个量引起的？

学生 3：这些改变本质上是由于 α 的变化引起的。

设计意图：问题 3 的目的在于明确哪个量在变化中起关键作用，明确 α 的关键作用后，为后续定义中，比值随 α 的变化而变化，即确定 α 的自变量的身份埋下伏笔。培养学生的逻辑推理能力。

2. 合作探究，协作交流

问题 4：随着 α 改变，r,x,y 与 α 之间有什么关系？

众学生：？茫然。

设计意图：问题 4 提出本节课所要探究的中心问题——寻找四个量之间的关系，唤起学生的探究意识。从问题 2 到问题 3 再到问题 4，发现问题，提出问题，层层递进，螺旋上升。为解决这个问题，学生自然会在直角坐标系中画出角 α 的终边，标出坐标，再让角 α 的终边绕原点 O 旋转。问题 4 的解决过程也就是任意角三角函数概念的建构过程，构成整个教学过程的主体。

问题 5：当 α 为锐角时，r,x,y 与 α 有什么关系？

学生 4：如图 4，α 为锐角，角 α 的终边在第一象限，则有，

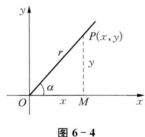

$$\sin \alpha = \frac{PM}{OP} = \frac{y}{x}$$

$$\cos \alpha = \frac{OM}{OP} = \frac{x}{r}$$

$$\tan \alpha = \frac{PM}{OM} = \frac{y}{x}$$

图 6 - 4

设计意图：搭建脚手架，以退为进，引领学生合作、探究，从最熟悉的锐角出发，借助初中所学的直角三角形中的边角关系，转化得到 $\sin \alpha = \frac{y}{r}$，$\cos \alpha = \frac{x}{r}$，$\tan \alpha = \frac{y}{x}$，这样我们就发现了所要寻求的联系，即先建立起三角函数的数学形式。培养学生数学建构意识和转化思想。

问题6：$\frac{y}{r}$ 的值与 P 点位置有关吗？$\frac{x}{r}$，$\frac{y}{x}$ 呢？

设计意图：通过图形的相似，说明比值与点 P 的坐标无关，即比值由角 α 终边的位置决定，也就是说比值只由角 α 确定，进而揭示定义的本质，从而形成现代函数意义下的锐角三角函数定义。

学生5：改变点 P 的位置，借助相似三角形，可以证明这三个比值都与 P 点位置无关。

问题7：怎样把锐角三角函数推广到任意角呢？

学生6：由于锐角的终边在第一象限，而锐角三角函数的定义只与角的终边有关，因此，当 α 为第一象限角时，仍有：$\sin \alpha = \frac{y}{r}$，$\cos \alpha = \frac{x}{r}$，$\tan \alpha = \frac{y}{x}$。

问题8：当 α 的终边落在第二象限时，r，x，y 与 α 有什么关系？α 的终边落在第三象限呢？第四象限呢？

学生7：当 α 的终边落在第二、三、四象限时，猜想 $\frac{y}{r}$，$\frac{x}{r}$，$\frac{y}{x}$ 也都只与 α 有关，而与点 P 在角 α 的终边上的位置无关。也就是还有：$\sin \alpha = \frac{y}{r}$，$\cos \alpha = \frac{x}{r}$，$\tan \alpha = \frac{y}{x}$。

老师：如何验证呢？

老师：几何画板动态演示：

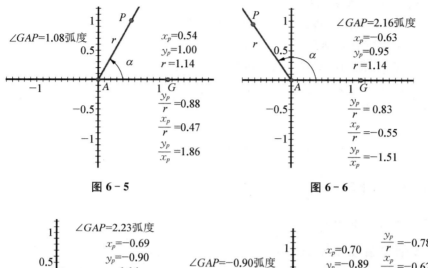

图 6-5　　　　　　　　　　图 6-6

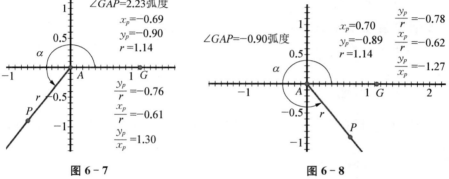

图 6-7　　　　　　　　　　图 6-8

问题 9：观察几何画板的演示过程，你有什么发现？

众学生：不论角 α 的终边旋转到哪个象限，也不论旋转多少圈，α 角的终边一旦确定，$\frac{y}{r}$，$\frac{x}{r}$，$\frac{y}{x}$ 都分别唯一确定。也就是说，对任意给定的一个角 α，都有唯一的比值 $\frac{y}{r}$ 与之对应；也有唯一的一个比值 $\frac{x}{r}$ 与之对应；也有唯一的一个比值 $\frac{y}{x}$ 与之对应。

老师：很好！通过大家的观察与共同分析，对任意一个角 α（用弧度表示，即实数），都有：

$$\alpha \to \text{唯一比值} \frac{y}{r}；\alpha \to \text{唯一比值} \frac{x}{r}；\alpha \to \text{唯一比值} \frac{y}{x}。$$

设计意图：由于有锐角三角函数的铺垫，再通过老师几何画板的动态演示，学生可以顺理成章地开展任意角三角函数的建构活动，将锐角三角函数推广到任意角的情形,培养学生观察、分析、概括的能力。

问题 10:上面建构的数学模型与我们学过的什么概念有关?

学生 8:与函数概念有关。

问题 11:能用函数概念对它进行完整阐述吗?

学生 9:对于确定的角 α,比值 $\dfrac{y}{r}$,$\dfrac{x}{r}$ 都唯一确定,所以 $\dfrac{y}{r}$,$\dfrac{x}{r}$ 都是角 α 的函数;

当 $\alpha = \dfrac{\pi}{2} + k\pi(k \in \mathbf{Z})$ 时,角 α 的终边在 y 轴上,$x = 0$,此时 $\tan \alpha$ 无意义。

除此之外,对于确定的角 $\alpha\left[\alpha \neq \dfrac{\pi}{2} + k\pi(k \in \mathbf{Z})\right]$,比值 $\dfrac{y}{x}$ 也是唯一确定的,所以 $\dfrac{y}{x}$ 也是角 α 的函数。

设计意图:用函数概念阐述上面的数学模型,目的是建构现代函数意义下的任意角三角函数的概念,培养学生的语言概括能力,会用数学的语言表达世界。

3. 知识建构,提升能力

一般地,对于任意角 α(图 6-9),我们规定:比值 $\dfrac{y}{r}$ 叫作 α 的正弦,记作 $\sin \alpha$,即 $\sin \alpha = \dfrac{y}{r}$;比值 $\dfrac{x}{r}$ 叫作 α 的余弦,记作 $\cos \alpha$,即 $\cos \alpha = \dfrac{x}{r}$;比值 $\dfrac{y}{x}$ 叫作 α 的正切,记作 $\tan \alpha$,即 $\tan \alpha = \dfrac{y}{x}$。$\sin \alpha$,$\cos \alpha$,$\tan \alpha$ 分别叫作 α 的正弦函数、余弦函数、正切函数。它们都称为三角函数。

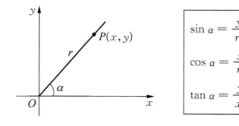

图 6-9

剖析:(1)任意角 α 的三角函数值仅与 α 有关,而与点在角的终边上的位置无关;(2)由于角的集合与实数集之间可以建立一一对应关系,三角函数可以看成是自变量为实数的函数。

问题 12:刚才研究的过程中,你发现了这些三角函数的符号规律了吗?

学生 10:

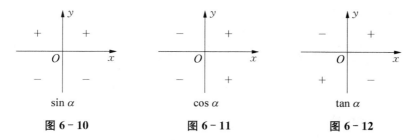

| 图 6 - 10 | 图 6 - 11 | 图 6 - 12 |

设计意图:让学生由三角函数的定义总结归纳三种三角函数在各个象限的符号规律,培养学生的逻辑推理素养。

4. 精讲点拨,变式拓展

题型一:根据角终边上一点坐标求三角函数值

例 1:已知角 α 的终边经过点 $P(2,-3)$,求 α 的正弦、余弦、正切值。

老师:如何根据角终边上一点,求此角的三角函数值?

学生活动:结合定义,(1) 计算 OP 的长度;(2) 计算三个比值。

学生 11(板演):因为 $x=2,y=-3$

所以 $r=\sqrt{2^2+(-3)^2}=\sqrt{13}$

所以 $\sin\alpha=\dfrac{y}{r}=\dfrac{-3}{\sqrt{13}}=-\dfrac{3\sqrt{13}}{13}$,$\cos\alpha=\dfrac{x}{r}=\dfrac{2}{\sqrt{13}}=\dfrac{2\sqrt{13}}{13}$,$\tan\alpha=\dfrac{y}{x}=-\dfrac{3}{2}$

变式 1:已知角 α 的终边经过点 $P(2a,-3a)(a>0)$,求 α 的正弦、余弦、正切值。

学生 12(板演):因为 $x=2a,y=-3a$

所以 $r=\sqrt{(2a)^2+(-3a)^2}=\sqrt{13}a(a>0)$

所以 $\sin\alpha=\dfrac{y}{r}=\dfrac{-3a}{\sqrt{13}a}=-\dfrac{3\sqrt{13}}{13}$,$\cos\alpha=\dfrac{x}{r}=\dfrac{2a}{\sqrt{13}a}=\dfrac{2\sqrt{13}}{13}$,$\tan\alpha=\dfrac{y}{x}=-\dfrac{3a}{2a}=-\dfrac{3}{2}$

变式 2:已知角 α 的终边经过点 $P(2a,-3a)(a\neq0)$,求 α 的正弦、余弦、正切值。

老师:要求在为生 12 的基础上修改、补充、完善。

学生 13：因为 $x = 2a, y = -3a$

所以 $r = \sqrt{(2a)^2 + (-3a)^2} = \sqrt{13}\,|a|\,(a \neq 0)$

（1）当 $a > 0$ 时，$r = \sqrt{13}a$

所以 $\sin \alpha = \dfrac{y}{r} = \dfrac{-3a}{\sqrt{13}a} = -\dfrac{3\sqrt{13}}{13}$，$\cos \alpha = \dfrac{x}{r} = \dfrac{2a}{\sqrt{13}a} = \dfrac{2\sqrt{13}}{13}$，$\tan \alpha =$

$\dfrac{y}{x} = -\dfrac{3a}{2a} = -\dfrac{3}{2}$

（2）当 $a < 0$ 时，$r = -\sqrt{13}a$

所以 $\sin \alpha = \dfrac{y}{r} = \dfrac{-3a}{-\sqrt{13}a} = \dfrac{3\sqrt{13}}{13}$，$\cos \alpha = \dfrac{x}{r} = \dfrac{2a}{-\sqrt{13}a} = -\dfrac{2\sqrt{13}}{13}$，

$\tan \alpha = \dfrac{y}{x} = -\dfrac{3a}{2a} = -\dfrac{3}{2}$

变式 3：已知角 α 的终边落在直线 $y = 3x$ 上，求 α 的正弦、余弦、正切值。

学生 14：本质与变式 2 相同。

设计意图：例 1 及其三个变式是用定义求三角函数值，意图是强化学生对任意角的三角函数概念的理解与运用，培养学生的数学运算素养。数学的教学遵从低起点，小步子，多活动，勤反馈。变式的练习可以提高学生的应变能力，完善思维的严密性，调动学生的学习积极性和主动性。让学生思考后上黑板板演，做的结论和书写虽然不尽完善，不够规范，但这是利用学生的错误资源进行教育的好机会，教育价值更高。

题型二：由角确定三角函数值的符号

例 2：确定下列三角函数值的符号：

（1）$\cos \dfrac{7\pi}{12}$；　　（2）$\sin(-465°)$；　　（3）$\tan \dfrac{11\pi}{3}$。

学生 15：（1）$\dfrac{7\pi}{12}$ 是第二象限角，所以 $\cos \dfrac{7\pi}{12} < 0$

（2）因为 $-465° = -2 \times 360° + 225°$ 即 $-465°$ 是第三象限角，所以 $\sin(-465°) < 0$

（3）因为 $\dfrac{11\pi}{3} = 2\pi + \dfrac{5\pi}{3}$，即 $\dfrac{11\pi}{3}$ 是第四象限角，所以 $\tan \dfrac{11\pi}{3} < 0$

老师：你能归纳一下解题步骤？

学生 16：① 先判断角所在象限；

　　　　　② 根据"一全正、二正弦、三正切、四余弦"判断三角函数值的符号。

设计意图：例 2 是依据角判断三角函数值的符号，帮助学生进一步理解任意角

的三角函数的概念及其符号规律。培养学生严谨的思维习惯和逻辑推理素养。

5. 检测矫正，巩固知识

（1）已知角 α 的终边过点 $P(-8a,-6\sin 30°)$，且 $\cos\alpha=-\dfrac{4}{5}$，则 a 的值为

_____。

（2）已知角 α 的终边与函数 $y=\dfrac{4}{5}x$ 的图像重合，求 $\sin\alpha,\cos\alpha,\tan\alpha$ 的值。

（3）已知角 α 的终边经过点 $P(4a-3,2a+1)$ 且 $\cos\alpha\leqslant 0,\sin\alpha\geqslant 0$，则实数 a 的取值范围是_____。

6. 归纳梳理，提升素养

老师：通过本节课的学习，你学到了哪些？（启发引导学生表述，老师适时点拨）

（1）知识总结

① 任意角的三角函数的概念；

② 任意角的三角函数值的求法；

③ 三角函数值在各个象限的符号。

（2）方法总结

从问题情境出发，从已有知识入手，用媒体技术辅助，启发引导学生探究。

（3）思想总结

转化与化归、数形结合、特殊到一般、分类讨论。

设计意图：引导学生从知识、方法、思想三个方面对本节课进行总结，培养学生用数学的语言表达所学，表达世界，培养学生的数学核心素养。

八、布置作业

详见课时学案。

设计意图：课后作业包括必做题、选做题和拓展题三部分，目的是适应不同层次的学生的发展需求。

九、教学反思

基于学生现有认知水平，按数学核心素养的培养要求设计本节课，并作了有益的尝试，有收获也有遗憾。

1. 突出了重点,突破了难点

教学过程紧紧围绕任意角的三角函数概念的形成这一重点与难点展开,通过问题串来突出任意角三角函数概念的建构,达成了教学目标,体现了培养学生数学核心素养的教学追求。

2. 将概念形成过程交给了学生

在本课中提出了 12 个问题,整个问题串层层推进,不仅有利于学生思维的飞跃、加深对数学本质的认识,而且通过这些经历建构和巩固了任意角三角函数的定义。

3. 强调了概念本质

在教学过程中,不但让学生经历了概念形成的过程,建构任意角的三角函数的定义,而且重视"变式"与"比较",本课例 1 中,给出了三个变式,落实概念本质,任意角三角函数值只与角有关,而与角终边上点的位置无关,3 个变式层层推进,让学生对任意角三角函数的认识逐步升华。除培养学生数学运算素养外,还引导学生掌握分类讨论数学思想方法。通过例 2 的教学加深学生对三种三角函数值在各个象限的符号的理解与巩固。

4. 对学生估计不足

由于学生对"函数"概念的遗忘,在建构任意角三角函数概念时学生表达略显困难。这也更加说明概念教学的重要性。

5. 精研教材,开拓创新

数学的概念教学必须体现概念的形成过程。一方面让学生了解概念的来龙去脉,形成过程,另一方面通过此一过程培养学生的数学素养。教材(本课例的章头图)只是为我们提供一个思路、一种观念,教学设计的空间很广阔,因此,我们需要不断开拓,不断探索。

上述教学案例设计着力于任意角的三角函数概念的形成,致力于让学生经历运动、变化的过程,让学生体会从具体到抽象、从特殊到一般的数学研究方法。数学核心素养内容丰富,作为老师我们要力求通过教学的每一环节,在潜移默化中实现学生核心素养的提升,最终达到"用数学的眼光观察世界,用数学的思维分析世界,用数学的语言表达世界"的崇高境界。

第三节　《平面向量的数量积复习课》的教学设计①

一、教材分析

《普通高中数学课程标准(实验)》指出,平面向量是高中数学中重要的、基本的概念,是沟通代数、几何、三角函数的桥梁,有着极其丰富的实际背景。高考对平面向量的考查主要分为三个层次:第一层次,主要考查平面向量的运算法则和平面向量基本定理等基础知识、基本方法;第二层次,主要考查平面向量的数量积与平面向量的坐标运算,并能运用数量积解决有关平面几何问题;第三层次,主要考查向量与不等式、解析几何、三角函数等知识的综合,考查学生逻辑推理能力、运算能力和综合解决问题的能力。

平面向量的数量积作为江苏高考的8个C级考点之一,在江苏高考中地位突出,常考常新,是高考的高频考点与热点,常以填空题形式出现,或与其他知识交会命制解答题,难度中等偏上。在全国各地的模考与高考试题中争奇斗艳,竞相展演,真可谓"你方唱罢我登场"。

在本节课之前,已对平面向量的运算法则、坐标运算等进行了系统复习,学生对平面向量的认识已达到一定的高度。本节课旨在通过问题1及其变式的分析与探究,使学生主动建构极化恒等式,并运用极化恒等式轻松处理相关模考与高考试题,形成向量数量积运算的求解策略,体会极化恒等式的妙用,使之内化为学生解题的自觉行为;通过问题2及其变式的探究,帮助学生进一步巩固基底法、深化坐标法,其中变式1、变式2的关键是通过引进参数,运用转化思想将数量积问题转化为函数的最值或值域问题。

二、教学目标

1. 通过基础小题的热身训练,让学生进一步理解与掌握平面向量数量积的概念,巩固运算公式、坐标形式、变形形式等,特别要注意两向量的夹角是共起点的两向量;会求两平面向量的夹角。

---

① 本教学设计由时坤明撰写。时坤明,清浦中学一级教师,淮安市清江浦区优秀班主任,获2018年江苏省青年教师基本功大赛一等奖,在《中学数学》《数学学习与研究》《数学大世界》等杂志发表论文多篇。

2. 通过对极化恒等式的建构过程的探索与体验,渗透函数与方程、转化与化归、数形结合等数学思想方法,培养学生观察、类比、抽象的能力和认真分析、严谨思考的良好思维习惯。

3. 以高考试题、模考试题为载体,深化求平面向量数量积的两种基本方法(基底法、坐标法),通过图形及条件的演变、问题的拓展,培养学生的数学核心素养。

4. 通过学生的自主参与、合作探究,培养学生独立思考与合作交流的能力。

三、教学重点与难点

教学重点:

(1) 极化恒等式的建构与应用;

(2) 用基底法、坐标法求平面向量数量积。

教学难点:

(1) 极化恒等式的灵活应用;

(2) 如何引进参数表示向量,转化平面向量的数量积。

四、教学方法

启发引导,合作探究。

五、教学准备

教师利用实物投影、几何画板辅助教学,从而达到数与形、动与静之间的完美结合。学生利用直尺、三角板亲自动手操作,可加深对有关数量积的各种问题的理解。

六、教学过程

1. 课前热身(课前 10 分钟)

(1) 已知 $|\vec{a}| = 4$,$|\vec{b}| = 5$,又 $\vec{a}$ 与 $\vec{b}$ 的夹角为 $60°$,则 $\vec{a} \cdot \vec{b} =$ _____。

(2) 在边长为 2 的正三角形中,$\overrightarrow{AB} \cdot \overrightarrow{BC} =$ _____。

(3) 若非零向量 $\vec{a}, \vec{b}$ 满足 $|\vec{a}| = \dfrac{2\sqrt{2}}{3}|\vec{b}|$,且 $(\vec{a} - \vec{b}) \perp (3\vec{a} + 2\vec{b})$,则 $\vec{a}$ 与 $\vec{b}$ 的夹角为_____。

(4) 在 $Rt\triangle ABC$ 中,$\angle C = \dfrac{\pi}{2}$,$|\overrightarrow{AC}| = 2$,则 $\overrightarrow{AB} \cdot \overrightarrow{AC} =$ _____。

（5）如图 6 - 12，在平行四边形 $ABCD$ 中，E 为 DC 的中点，AE 与 BD 交于点 M，$AB=\sqrt{2}$，$AD=1$，且 $\overrightarrow{MA} \cdot \overrightarrow{MB}=-\dfrac{1}{6}$，则 $\overrightarrow{AB} \cdot \overrightarrow{AD}=$_____。

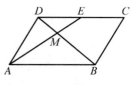

图 6 - 12

（6）已知向量 $\vec{a}=(x,4)$，$\vec{b}=(-2,-1)$，若向量 $\vec{a}$ 与 $\vec{b}$ 的夹角为钝角，则实数 x 的取值范围为_____。

设计意图: 在一轮复习中，学生对于平面向量数量积的定义、夹角、模等知识已经有了较为深刻的认识，也能较为熟练地运用定义法、投影法、基底法、坐标法等基本方法求平面向量的数量积，初步掌握了研究向量问题的基本思想和方法，具备了一定的探究问题、分析问题和解决问题的能力。设计这六个基础小题，引导学生自主复习，目的是深化学生对基础知识、重要考点的理解、把握与梳理，为本节课其他问题的探究暖身。题(1)意在巩固数量积的定义。题(2)围绕向量的夹角这个易错点设计，意在深化对概念的理解，得出用定义法解题时向量必须"共起点"。题(3)揭示了模的运算与夹角公式，意在灵活使用数量积公式。题(4)解法灵活，意在让学生体会求数量积的几种基本方法。题(5)意在巩固向量运算法则与基底法。题(6)是学生学习的又一易错点，意在考查向量的数量积小于 0 与向量夹角为钝角并非等价关系。

2. 知识梳理（略）

3. 合作探究（教学过程简录）

平面向量与平面几何交会命题，是高考命题的主要形式，此类问题往往难度较大，学生常有无从下手之感。本节课的探究主要围绕几何图形中的两类向量问题展开。

问题 1 （2012 浙江文科 15 题）在 $\triangle ABC$ 中，M 是 BC 的中点，$AM=3$，$BC=10$，则 $\overrightarrow{AB} \cdot \overrightarrow{AC}=$_____。

老师：请画出简图，观察并思考，提出解决问题的方法。

学生 1：如图 6 - 13，分别在 $\triangle ABM$ 与 $\triangle ACM$ 中应用余弦定理表示出 $|\overrightarrow{AB}|$、$|\overrightarrow{AC}|$，再在 $\triangle ABC$ 中用余弦定理表示出 $\cos\angle BAC$，最后应用向量数量积的定义即可求出结论。

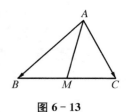

图 6 - 13

老师：怎么想到余弦定理？

学生 1：处理三角形问题的基本工具是余弦定理、正弦定理等。

老师：但我们发现余弦定理用了三次，思维大且运算复杂。还有其他方法吗?

学生 2:首先用向量加法的三角形法则转化$\overrightarrow{AB}$与$\overrightarrow{AC}$,再运用向量数量积的运算律即可将所求的数量积转化已知的数量关系。$\overrightarrow{AB} \cdot \overrightarrow{AC} = (\overrightarrow{AM} + \overrightarrow{MB}) \cdot (\overrightarrow{AM} + \overrightarrow{MC}) = (\overrightarrow{AM} + \overrightarrow{MB}) \cdot (\overrightarrow{AM} - \overrightarrow{MB}) = |\overrightarrow{AM}|^2 - |\overrightarrow{MB}|^2 = -16$。

老师:学生 2 解法的关键是选择$\overrightarrow{AM}$,$\overrightarrow{MB}$作为一组基底,并将$\overrightarrow{AB}$,$\overrightarrow{AC}$用基底线性表示。这就是通常所说的"基底法"。在基底未给出的情况下,合理地选取基底会给解题带来方便。

老师:请大家继续思考,还有办法吗?

学生 3:运用三角形的中线向量及向量减法法则,$\overrightarrow{AB} + \overrightarrow{AC} = 2\overrightarrow{AM}$,$\overrightarrow{AC} - \overrightarrow{AB} = \overrightarrow{BC}$。两式平方相减,得:$4\overrightarrow{AB} \cdot \overrightarrow{AC} = 4\overrightarrow{AM}^2 - \overrightarrow{BC}^2$。即$\overrightarrow{AB} \cdot \overrightarrow{AC} = \overrightarrow{AM}^2 - \frac{1}{4}\overrightarrow{BC}^2 = |\overrightarrow{AM}|^2 - |\overrightarrow{MB}|^2 = -16$。

老师:学生与学生 2 殊途同归。学生 3 运用的是向量数量积的运算性质与方程思想。这种方法与初中代数中两个完全平方公式相减得 $4ab = (a+b)^2 - (a-b)^2$ 如出一辙。

老师:学生 3 把两个向量的数量积转化成了两个向量模的等式,如果把学生 3 的解法一般化,你能得到什么结论?

学生 4:类比 $4ab = (a+b)^2 - (a-b)^2$。对于向量$\vec{a}$,$\vec{b}$,有$\vec{a} \cdot \vec{b} = \frac{1}{4}[(\vec{a}+\vec{b})^2 - (\vec{a}-\vec{b})^2]$。

老师:很好! 我们把这个等式称为极化恒等式。

$\overrightarrow{AB} \cdot \overrightarrow{AC} = \frac{1}{4}[(2\overrightarrow{AM})^2 - \overrightarrow{BC}^2] = \overrightarrow{AM}^2 - \frac{1}{4}\overrightarrow{BC}^2 = |\overrightarrow{AM}|^2 - |\overrightarrow{MB}|^2$ 就是极化恒等式在三角形中的几何表示,或者说是极化恒等式的几何意义,它揭示了三角形的中线与边长的关系,在解决有些向量数量积问题时有着明显的优势[2]。

老师:你能小结一下求向量数量积的方法?

学生 5:除了前面复习过的定义法、投影法、基底法、坐标法外,又多了一种方法即极化恒等式。

设计意图:以高考试题为载体,引导学生积极思考、深度探究并建构极化恒等式,进一步巩固基底法及向量的运算律,立意于对问题本质的理解,服务于向量数量积的研究。

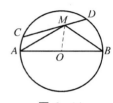

图 6 - 14

变式 1 (2016 淮安市高三数学一模 13 题)如图 6 - 14,已知 AB 为圆 O 的直径,M 为圆 O 的弦 CD 上一动点,$AB = 8$,$CD = 6$,则$\overrightarrow{MA} \cdot \overrightarrow{MB}$的取值范围是_____。

老师：小组讨论，说说你们的思路？

学生6：首选方法是用极化恒等式。连结 MO，得 $\overrightarrow{MA}\cdot\overrightarrow{MB}=\frac{1}{4}\left[(\overrightarrow{MB}+\overrightarrow{MA})^2-(\overrightarrow{MB}-\overrightarrow{MA})^2\right]=\overrightarrow{MO}^2-\frac{1}{4}\overrightarrow{AB}^2=\overrightarrow{MO}^2-16$。

因此，问题转化为求 $|\overrightarrow{MO}|$ 的范围，而 $|\overrightarrow{MO}|$ 的最小值就是点 O 到弦 CD 的距离，$|\overrightarrow{MO}|$ 的最大值就等于圆的半径。

老师：很好！学生6借助极化恒等式，将数量积的范围转化为向量模的范围。

变式2 （2017淮安市高三数学三模11题）如图 6-15，在平面四边形 $ABCD$ 中，O 为 BD 的中点，且 $OA=3$，$OC=5$，若 $\overrightarrow{AB}\cdot\overrightarrow{AD}=-7$，则 $\overrightarrow{BC}\cdot\overrightarrow{DC}$ 的值是_____。

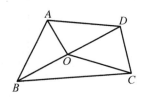

图 6-15

老师：请各小组讨论，推荐一人回答。

学生7：首选方法仍然是极化恒等式：

$$\overrightarrow{BC}\cdot\overrightarrow{DC}=\overrightarrow{CB}\cdot\overrightarrow{CD}=\overrightarrow{CO}^2-\frac{1}{4}\overrightarrow{BD}^2,$$

$$\overrightarrow{AB}\cdot\overrightarrow{AD}=\overrightarrow{AO}^2-\frac{1}{4}\overrightarrow{BD}^2=-7。$$

两式相减得：$\overrightarrow{BC}\cdot\overrightarrow{DC}=9$。

老师：又是极化恒等式，太妙了！再来一题。

变式3 （2016江苏卷13题）如图 6-16，在 $\triangle ABC$ 中，D 是 BC 的中点，E，F 是 AD 上两个三等分点，$\overrightarrow{BA}\cdot\overrightarrow{CA}=4$，$\overrightarrow{BF}\cdot\overrightarrow{CF}=-1$，则 $\overrightarrow{BE}\cdot\overrightarrow{CE}$ 的值是_____。

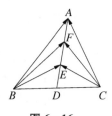

图 6-16

学生8：图形结构明显，可以用极化恒等式"秒杀"。

$$\overrightarrow{BA}\cdot\overrightarrow{CA}=\overrightarrow{AB}\cdot\overrightarrow{AC}=\overrightarrow{AD}^2-\frac{1}{4}\overrightarrow{BC}^2=4,$$

$$\overrightarrow{BF}\cdot\overrightarrow{CF}=\overrightarrow{FB}\cdot\overrightarrow{FC}=\frac{1}{9}\overrightarrow{AD}^2-\frac{1}{4}\overrightarrow{BC}^2=-1。$$

联立方程并解得：

$$\overrightarrow{AD}^2=\frac{45}{8},\overrightarrow{BC}^2=\frac{13}{2}。\text{所以，}\overrightarrow{BE}\cdot\overrightarrow{CE}=\overrightarrow{EB}\cdot\overrightarrow{EC}=\frac{4}{9}\overrightarrow{AD}^2-\frac{1}{4}\overrightarrow{BC}^2=\frac{7}{8}。$$

老师：好一个"秒杀"！极化恒等式的应用在本题中体现得淋漓尽致。当然，本题用基底法或坐标法也不难解决。

设计意图：三个变式的设计，意在活学活用。极化恒等式的优点在于可以很好地利用已知条件，运用整体思想、方程思想、化归思想把复杂的几何问题转化为简单的代数问题,避免中间代入的烦琐过程,快速准确地解决问题。当然,向量问题综合性很强,也不是一个极化恒等式都能解决的,但作为一个工具是可以尝试运用的。

问题2 (2012江苏第9题改编)如图6-17,在矩形$ABCD$中,已知$AB=\sqrt{2}$,$BC=2$,点E为BC的中点,点F在边CD上,$\overrightarrow{AB}\cdot\overrightarrow{AF}=\sqrt{2}$,则$\overrightarrow{AE}\cdot\overrightarrow{AF}$的值为_____。

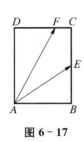 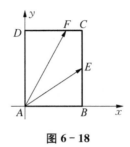

图6-17　　　　　　　　　图6-18

老师:请小组交流讨论,拿出解决方案。

学生9:由于是矩形,首选坐标法。如图6-18,以A为原点,AB所在直线为x轴,AD所在直线为y轴。则$A(0,0)$,$B(\sqrt{2},0)$,$E(\sqrt{2},1)$,设$F(m,2)$。由$\overrightarrow{AB}\cdot\overrightarrow{AF}=\sqrt{2}$得,$m=1$。所以,$\overrightarrow{AE}\cdot\overrightarrow{AF}=(\sqrt{2},1)\cdot(1,2)=2+\sqrt{2}$。

老师:换个点作原点建系,可以吗?

学生9:B,C,D都可作原点,为便于运算坐标轴最好选在互相垂直的边上。

老师:对于一些特殊的图形,如矩形、正方形、菱形、等腰三角形、正三角形等,由于方便建系,一般优选坐标法,而且建系选法灵活,平时要多加感悟。还可以有其他解决方案吗?

学生10:由于题中给出了矩形的一组邻边AB,BC的长,因此考虑以$\overrightarrow{AB}$,$\overrightarrow{AD}$作为基底,用基底法加以解决。题中F位置没给定,可设$\overrightarrow{DF}=\lambda\overrightarrow{DC}$,$\lambda\in[0,1]$。则$\overrightarrow{AE}=\overrightarrow{AB}+\frac{1}{2}\overrightarrow{AD}$,$\overrightarrow{AF}=\lambda\overrightarrow{AB}+\overrightarrow{AD}$。

由$\overrightarrow{AB}\cdot\overrightarrow{AF}=\sqrt{2}$得:$\overrightarrow{AB}\cdot(\lambda\overrightarrow{AB}+\overrightarrow{AD})=\lambda\overrightarrow{AB}^2=2\lambda=\sqrt{2}$,$\lambda=\frac{\sqrt{2}}{2}$。所以,

$$\overrightarrow{AE}\cdot\overrightarrow{AF}=(\overrightarrow{AB}+\frac{1}{2}\overrightarrow{AD})\cdot(\lambda\overrightarrow{AB}+\overrightarrow{AD})=\lambda\overrightarrow{AB}^2+\frac{1}{2}\overrightarrow{AD}^2=2+\sqrt{2}。$$

老师:学生10根据已知条件,选择互相垂直的两个向量$\overrightarrow{AB}$,$\overrightarrow{AD}$作为一组基底,简洁明了。

设计意图:这是一道用坐标法求数量积的典型问题。从矩形的特征考虑,选

择一组互相垂直的基底也可轻松求解,并体现方程思想。设计问题 2 意在使学生思维处于"最近发展区",为变式 1 作一定的铺垫,并为变式 2 的探究树立信心。

变式 1: (2013 天津滨海新区高三联考题)如图 6 - 19,在矩形 $ABCD$ 中,已知 $AB=3$,$AD=1$,若点 M,N 分别在边 BC,CD 上运动(包括边界端点),且满足 $\dfrac{|\overrightarrow{BM}|}{|\overrightarrow{BC}|}=\dfrac{|\overrightarrow{CN}|}{|\overrightarrow{CD}|}$,则 $\overrightarrow{AM}\cdot\overrightarrow{AN}$ 的范围为_____。

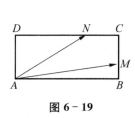

图 6 - 19

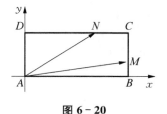

图 6 - 20

老师:请同学们交流讨论。

学生 11:仿上,首选仍为坐标法。如图 6 - 20,先建系,再定点坐标。

老师:请写出点 M,N 的坐标。

学生 11:…(面露难色! 思维遇挫折!)

老师:小组再讨论,看看与问题 2 区别何在?

学生 12:刚才的点 E 为中点,只有点 F 位置在变化,而本题两个点 M,N 位置均在变化,但又相互制约。…(自信心经受考验!)

老师:坐标是如何表示的?

学生 13:用有序数对呀!(恍然大悟!)

学生 13:仿上,令 $\dfrac{|\overrightarrow{BM}|}{|\overrightarrow{BC}|}=\dfrac{|\overrightarrow{CN}|}{|\overrightarrow{CD}|}=\lambda$,则 $\lambda\in[0,1]$,$A(0,0)$,$M(3,\lambda)$,$N(3-3\lambda,1)$,所以,$\overrightarrow{AM}\cdot\overrightarrow{AN}=(3,\lambda)\cdot(3-3\lambda,1)=9-8\lambda\in[1,9]$。

老师:冲破黎明前的黑暗,迎来万道霞光! 基底法行吗?

学生 14:(语气中透着自信)当然可以! 仿上,令 $\dfrac{|\overrightarrow{BM}|}{|\overrightarrow{BC}|}=\dfrac{|\overrightarrow{CN}|}{|\overrightarrow{CD}|}=\lambda$,$\lambda\in[0,1]$。则 $\overrightarrow{BM}=\lambda\overrightarrow{BC}=\lambda\overrightarrow{AD}$。

$\overrightarrow{AM}=\overrightarrow{AB}+\overrightarrow{BM}=\overrightarrow{AB}+\lambda\overrightarrow{BC}=\overrightarrow{AB}+\lambda\overrightarrow{AD}$,$\overrightarrow{AN}=\overrightarrow{AD}+\overrightarrow{DN}=\overrightarrow{AD}+(1-\lambda)\overrightarrow{DC}=\overrightarrow{AD}+(1-\lambda)\overrightarrow{AB}$。$\overrightarrow{AM}\cdot\overrightarrow{AN}=(\overrightarrow{AB}+\lambda\overrightarrow{AD})\cdot[(1-\lambda)\overrightarrow{AB}+\overrightarrow{AD}]=(1-\lambda)\overrightarrow{AB}^2+\lambda\overrightarrow{AD}^2=9-8\lambda\in[1,9]$。

设计意图: 变式 1 是对问题 2 的拓展,思维层次更高,思维量更大。变式 1 受问题 2 情境的影响,学生很容易想到坐标法。但随着动点 M,N 位置的变化,向量在改变,表示点的坐标遇到了障碍,学生讨论进入小高潮,在学生的热烈讨论后,教师适时引导,表示坐标需要有序数对呀! 进一步推动学生探究,由比值相等考虑引进参数。这样的设计,一方面呼唤探究,培养学生思维的深刻性,另一方面意在运用转化与化归、函数与方程、数形结合等思想,把数量积的范围转化为函数的值域。

老师:(鼓励)再攀新高,无限风光在险峰!

变式 2:(2012 年高考上海卷理科 12 题)如图 6-21,在平行四边形 $ABCD$ 中,$\angle BAD = \dfrac{\pi}{3}$,$AB = 2$,$AD = 1$,若点 M,N 分别在边 BC,CD 上运动(包括边界端点),且满足 $\dfrac{|\overrightarrow{BM}|}{|\overrightarrow{BC}|} = \dfrac{|\overrightarrow{CN}|}{|\overrightarrow{CD}|}$,则 $\overrightarrow{AM} \cdot \overrightarrow{AN}$ 的值为_____。

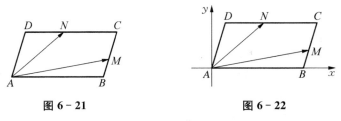

图 6-21　　　　　　　　图 6-22

老师:请大家自己动手! 我们将请同学上讲台前展演并说说你的思路。

(有了变式 1 的铺垫,学生能基本把握变式 2 的两种解法思路,在学生此起彼伏的热烈互动中,形成以下两种解法,将课堂推向了高潮)

学生 15:(基底法)仿上,令 $\dfrac{|\overrightarrow{BM}|}{|\overrightarrow{BC}|} = \dfrac{|\overrightarrow{CN}|}{|\overrightarrow{CD}|} = \lambda$,$\lambda \in [0,1]$。则 $\overrightarrow{BM} = \lambda \overrightarrow{BC} = \lambda \overrightarrow{AD}$。

$\overrightarrow{AM} = \overrightarrow{AB} + \overrightarrow{BM} = \overrightarrow{AB} + \lambda \overrightarrow{BC} = \overrightarrow{AB} + \lambda \overrightarrow{AD}$,$\overrightarrow{AN} = \overrightarrow{AD} + \overrightarrow{DN} = \overrightarrow{AD} + (1-\lambda)\overrightarrow{DC} = \overrightarrow{AD} + (1-\lambda)\overrightarrow{AB}$。$\overrightarrow{AM} \cdot \overrightarrow{AN} = (\overrightarrow{AB} + \lambda \overrightarrow{AD}) \cdot [(1-\lambda)\overrightarrow{AB} + \overrightarrow{AD}] = (1-\lambda)\overrightarrow{AB}^2 + \lambda \overrightarrow{AD}^2 + [\lambda(1-\lambda)+1]\overrightarrow{AB} \cdot \overrightarrow{AD} = -\lambda^2 - 2\lambda + 5 \in [2,5]$。

学生 16:(坐标法)如图 6-22,以 A 为原点,AB 所在直线为 x 轴,过 A 且垂直于 AB 的直线为 y 轴,建立直角坐标系。则 $A(0,0)$,$M\left(2 + \lambda\cos\dfrac{\pi}{3}, \lambda\sin\dfrac{\pi}{3}\right)$ 即 $M\left(2 + \dfrac{\lambda}{2}, \dfrac{\sqrt{3}}{2}\lambda\right)$,$N\left(1 \times \cos\dfrac{\pi}{3} + (2-2\lambda), 1 \times \sin\dfrac{\pi}{3}\right)$ 即 $N\left(\dfrac{5}{2} - 2\lambda, \dfrac{\sqrt{3}}{2}\right)$,

所以 $\overrightarrow{AM} \cdot \overrightarrow{AN} = \left(2 + \dfrac{\lambda}{2}, \dfrac{\sqrt{3}}{2}\lambda\right) \cdot \left(\dfrac{5}{2} - 2\lambda, \dfrac{\sqrt{3}}{2}\right) = -\lambda^2 - 2\lambda + 5 \in [2,5]$。

设计意图:变式 2 是变式 1 的再拓展,设计巧妙,层层递进,对学生的思维能力提出了更高的要求,学生虽可模仿变式 1 引进参数,但点 M,N 坐标的确定及向量 $\overrightarrow{AM},\overrightarrow{AN}$ 的表示均比变式 1 要困难得多。这样的设计除和变式 1 有相同的意图外,还着意于提升学生的自信心,培养学生遇挫不折、坚韧不拔的毅力。

4.归纳梳理,提升素养

老师:通过本节课的学习,你有哪些收获?

(1)知识总结

① 平面向量数量积的定义及变形公式;② 平面向量数量积的求法。

(2)方法总结

从问题情境出发,从已有知识入手,启发引导学生自主探究、合作探究。

(3)思想总结

转化与化归、函数与方程、类比、数形结合。

设计意图:课堂小结培养学生学习——总结——学习——反思的良好习惯,同时通过自我的评价来获得成功的快乐,提高学生学习的自信心,培养学生用数学的语言表达所学,培养学生的数学核心素养。

5.布置作业

(1)书面作业:见课时学案。

(2)拓展提升

题 1(2008 浙江理科 9 题)已知 $\vec{a},\vec{b}$ 是平面内两个互相垂直的单位向量,若向量 $\vec{c}$ 满足 $(\vec{a}-\vec{c})\cdot(\vec{b}-\vec{c})=0$,则 $|\vec{c}|$ 的最大值为_____。

题 2(苏州市 2015 届高三上期末)如图 6 - 23,在 $\triangle ABC$ 中,已知 $AB=4$,$AC=6$,$\angle BAC=60°$,点 D,E 分别在边 AB,AC 上,且 $\overrightarrow{AB}=2\overrightarrow{AD},\overrightarrow{AC}=3\overrightarrow{AE}$,点 F 为 DE 中点,则 $\overrightarrow{BF}\cdot\overrightarrow{DE}$ 的值为_____。

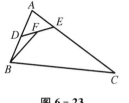
图 6 - 23

图 6 - 24

题 3(南通市 2015 届高三三模)如图 6 - 24,已知正方形 $ABCD$ 的边长为 2,点 E 为 AB 的中点。以 A 为圆心,AE 为半径,作弧交 AD 于点 F。若 P 为劣弧 $\overset{\frown}{EF}$ 上的动点,则 $\overrightarrow{PC}\cdot\overrightarrow{PD}$ 的最小值为_____。

设计意图:(1)课后作业包括必做题、选做题和拓展题三部分,目的是适应不同层次的学生的发展需求;(2)以巩固知识、反馈信息为目的,设计拓展题,意在让学生进一步感知高考试题与模考试题,深化巩固用极化恒等式、坐标法和基底法求平面向量数量积的值或取值范围。题1极化恒等式可行吗?题2若用坐标法如何建立坐标系?若用基底法如何选择基底?题3首选方法应是坐标法,但弧上的点的坐标如何表示呢?是在哪些知识的交会处设置问题的?这样的设计有利于提高学生分析问题、解决问题的能力。

七、教学反思

荷兰著名数学家弗赖登塔尔指出:反思是数学思维活动的核心和动力。本节课的教学鼓励学生自主参与、合作探究,充分暴露学生的思维过程,教师也能及时抓住学生的想法,恰当引导,有效驾驭课堂。从课堂实施的效果来看,这样的设计利于提升学生学习的自信心与积极性,有利于提升学生的思维能力,有利于培养学生的数学核心素养。课堂教学之后,笔者对本节课的教学设计、教学过程进行了回顾与思考,简述如下。

1. 学案引领,先学后教

就是用学案引领学生先自主学习。引导学生解读《考试说明》,把握复习方向;引导学生重温课本,夯实基础;引导学生梳理知识,构建网络;引导学生关注典型问题,总结典型方法。本节课让学生课前完成"课前热身"与"知识梳理"两个部分,一方面对向量数量积的基本知识进行回顾,另一方面巩固了求向量数量积的基本方法,对本节课所要探究的后续问题进行了预热,有效提高了课堂教学的效率。

2. 围绕目标,精心设计

本节课的主旨是基于问题引领探究,教学过程始终围绕目标与问题展开,精心设计问题串,问题的设置为学生营造了广阔的思维空间,使学生的思维有一定的深度和广度。鼓励学生较深层次地参与到数学实践与探究活动之中,通过学生的亲历、内化,实现数学再创造,培养学生的创新能力。无论是问题的设置、环节的掌控,还是活动的展开,都循序渐进、过渡自然、水到渠成。

3. 突出重点,化解难点

整节课在"问题"的驱动下,学生通过自主参与、合作探究等方式理解和掌握知识、训练思维、培养能力,突出了重点、化解了难点。问题是学生在自我辨析中解决的,知识是在问题的破解中获得的,能力是在探究中提升的,过程与方法目标的达成度较好。

4. 深度探究,寻求策略

本节课首先通过课前热身,帮助学生复习、归纳、梳理求平面向量数量积的几种常见方法,在此基础上以高考题为载体,引导学生深度探究,建构极化恒等式,并应用极化恒等式处理相关的高考题与模考题,让学生充分感知极化恒等式的"魅力",欣然接受并应用它。问题 2 及其变式的设计,目的是深度探寻一类问题的研究方法,即通过引进参数将向量问题代数化,形成向量数量积的求解策略。课后拓展题的探究着力于知识的交会与整合,把有关的知识和解题的思想、方法、规律进行纵横联系,使其系统化、结构化。

5. 流程平实,层次分明

教学流程平实,问题注重层次性,体现思想性。具有以下特点。① 导:引导学生对问题进行深入思考。如极化恒等式的建构与应用。② 启:启发学生用两种以上的方法研究同一问题,拓展解题思路,培养思维的发散性。③ 提:提高思维层次,提升思维品质。如由问题 2 到变式 1 再到变式 2 的探究历程,层层递进、螺旋上升。④ 变:通过变式训练培养学生思维的深刻性。⑤ 思想:用数学思想引领课堂教学,让数学思想深入骨髓、沁人心脾浸润学生的心灵。

6. 白璧微瑕,尚存缺憾

问题 2 之变式 2 是学生在本节课中需要突破的难点之一,由于有变式 1 的铺垫,本以为学生会较为顺畅地越过障碍。事实上,由于矩形变成了平行四边形,确定点的坐标还是有一定难度的,尽管在学生的热烈讨论后顺利完成了问题,但耽误了时间,导致课堂小结比较匆忙,没有达到预期效果。

第四节　牛津高中英语 M2《U1 Word power》的教学设计①

一、教材分析

《牛津高中英语》每单元由 7 个板块构成,其中 Word power 属于词汇学习板块,目的是帮助学生学习新的单词,采用单元的有关话题,从 Word family 的

---

① 本教学设计由倪士俊撰写,本课获 2016 年学科德育精品课省级推荐课。倪士俊,男,中学一级教师,文学学士,淮安市 533 骨干人才,清江浦区骨干教师、优秀教师、优秀班主任。曾多次评优课获奖及开设对外讲座,十多篇论文在省级以上刊物上发表或获奖,出版专著《美丽写作 1+1》系列。

角度,向学生介绍该话题的更多分类词汇,力求快速、高效地扩大他们的词汇量。

依据《江苏省高中英语课程标准》,语言知识目标描述及教学建议(八级)对词汇的要求是:① 运用词汇理解和表达不同的功能、意图和态度等;② 在比较复杂的情况下,运用词汇给事物命名、进行指称、描述行为和特征、说明概念等;因此,本节课的词汇教学活动必须依据上述要求来设计。

模块二是高一新生刚入学高中以来的第二本书,学好它非常重要。本单元以 Tales of the unexplained(未解之谜)为话题,而本节课 Word power 主题是 Space exploration(太空探索),话题的关联度较大,本课的词汇主要是与太空探索相关,专有名词较多,词汇偏难,这些词汇又与学生的日常生活关联度小,因此,运用图片的展示和视频的观看来学习词汇直观性强,容易提高学生学习兴趣。但光学单个的词汇很容易忘记,为此,让学生运用学习到的词汇和短语来设计一张太空馆的海报并介绍和展示海报,达到了学以致用,即时巩固的效果,既符合"《高中英语课程标准》中运用词汇给事物命名、进行指称、描述行为和特征、说明概念等"的要求,又与我校"以学生发展为本,让学生参与"的生态课堂理念相一致。

二、教学目标

After this period,students will be able to:

1. remember some words related to the space exploration and know the current achievements of space exploration in China and foreign countries.

2. make a poster by using the words and phrases learnt in class.

3. be aware of the great achievements and progress China has made and that China is becoming richer,stronger and more powerful.

4. love China and try to live their dreams to realize China Dream.

三、教学重点与难点

1. Enable the students to remember more words related to the space exploration.

2. Enable the students to use the words and phrases to make a poster.

四、教学思路

模块二的主题是 Making discoveries(发现),第一单元的话题是 Tales of the unexplained(未解之谜),Word power 这一节的主题是 Space exploration(太空探索),课本内容既涉及国外的太空发现,也有中国近年来取得的太空伟大成就,这也是对学生进行爱国主义教育的好素材。

本节课以两代人(学生和老师我)的 Dream(梦想)作为本节课贯穿始终的线索。

从课堂的导入:Twinkle Twinkle Little Star《一闪一闪小星星》开始,展示老师的儿时梦想并让学生也开始回忆童年的梦想;从老师到了中学时期梦想做宇航员,开始与学生一起学习 Space exploration(太空探索)的相关知识,并让学生当堂设计天文馆的海报(poster)来激发学生不断探索未来、勇于创新的精神;当老师人到中年,成为一名人民教师的时候,老师的梦想变成了为教育事业、为祖国未来贡献一切。此时以中国近年来伟大的航天成就的展示,来激发同学们编织中学时代的梦想,让学生写在心形的纸上亲口说出来并亲手贴到黑板上。最后,将全班所有学生的梦想汇到一起,那就形成了一个梦——中国梦,之后以全班齐说三句话来结束本节课:China dream is our dream(中国梦就是我们的梦)。May our dream come true(祝我们梦想成真)! May China dream come true(祝中国梦想成真)!

五、教学准备

英文歌曲、课本插图、太空探索相关图片与视频、做海报画纸、彩笔等。

六、教学方法

1. Students-centered.（To make every student work in class.）

2. Teacher & students' interaction.（To improve the students' speaking ability.）

3. Teamwork.（To improve the students' writing and cooperating ability.）

七、教学过程

Step 1　Lead in

1. When I was young, I often listened to and sang the song: Twinkle Little Star [PPT:4]

2. Twinkle As a child, I had a dream : I wanted to fly in sky.
   Questions:
   When you were a child, did you have a dream? What was it? [PPT:5]

3. When I became a middle school student, I watched TV and saw a space shuttle [PPT:6]
   As a student, I dreamt of becoming an astronaut. And I was eager to

know more about space exploration, so I began to collect words about astronomy。

设计意图：用《一闪一闪小星星》这首歌曲作为导入，是因为这首歌曲中的 Star 这词正好是本节课内容中"恒星"的意思。既联系到了本课主题"太空探索"，又开始了激发学生开启"梦想"之旅。

观看美国航天飞机的发射视频，激发学生对太空知识的兴趣，引出下面的太空相关词汇学习。同时，国外的太空成就与后面中国的神舟飞船升空对比，也可以激发学生报效祖国赶超世界的热情。

Step 2　Word learning

1. Now, follow me! [PPT：9－19]
2. Word Revision. [PPT：20－21]

设计意图：根据图片来学习相关太空或天文知识，既形象直观，又生动有趣。同时又把书中 Page 6 短文中的部分相关短语：go around, land on, send up, lift into, separate from, pick out, carry out, scientific research 等融入图片的情境中去学习，这为下面为天文馆制作一幅海报后上台展示的语言做了铺垫，同时也符合课标中在情景中学习词汇的要求。

另外，当堂的词汇复习利用英汉翻译法，是对课堂词汇学习的一个即时巩固。同时让学生集体朗读，也训练了词汇的发音。

Step 3　Game time [PPT：22－27]

Guess the name according to the sentence.

设计意图：这一环节是让学生用英文的解释来猜测单词，训练了学生的英文句子阅读能力和"paraphrase"的技巧，因为是竞猜形式，激发了学生学习的兴趣和热情，同时又起到了复习本课词汇的效果。

Step 4　Word extension [PPT：28]

More Words about Astronomy

设计意图：书本的词汇毕竟有限，同时也应《牛津高中英语》模块设计中对 Word power 教学要求，要从 Word family 的角度，向学生介绍该话题的更多分类词汇，因此选择了一些学生容易学习的常识性天文词汇。

Step 5　Teamwork：Making a poster [PPT：22－27]

Our school planetarium（天文馆）will be open next week。Please make a poster for it by using pictures, words and sentences to attract more students to visit it.

Then one of the team will introduce their poster, saying: Our poster is great because we use the picture … I hope you will like it.

设计意图:本环节是要求学生运用本课学习的相关天文词汇,当堂设计一个天文馆的海报(poster),一方面是检测学生词汇学习的效果,另一方面运用写作的方式把相关词汇或句子写在海报上,并配上简单的图片,发挥学生的丰富想象力,激发学生不断探索未来、勇于创新的精神。海报是小组合作完成的,这里当然也体现了团队协作的精神,部分学生还画出地球人与外星人和谐相处的图画,体现的一种人文情怀,更与社会主义核心价值不谋而合。最后学生登台展示,用英语将自己设计的海报介绍给全班同学,训练了英语口语表达能力。

Step 6　Reading and filling the form [PPT:32]

Read the speech on Page 6 and complete the form below.

Time	Event
1957	The 1st man-made satellite went around the earth.
1959	Spaceships have been sent up into space.
1961	The first person travelled in space.

设计意图:本环节材料内容讲的是国外的航天发展,目的是为了引出下面的中国航天。但这项活动同时也训练了学生的"speech"阅读能力和快速获取信息的能力。运用年代时间作为信息定位词,可以快速得出相关事件。这对于今后的阅读理解和任务型阅读的训练也有一定的实践指导意义。

Step 7　Chinese achievements in astronomy [PPT:33 - 38]

1. Question: What about Chinese space travel?

   An old story in China:

   Chang'e flew to the Moon.

   What does the story mean?

   We Chinese had been dreaming of traveling to space for a long time!

2. Present China

   Do you know the heroes?

3. What is your feeling after seeing Shenzhou Spaceship and Chinese space

heroes?

proud,excited,happy …

  Now, China is becoming richer and more powerful and we're proud of our China.

4. Though I can't become an astronaut, my dreaming cannot stop. As a teacher, I will devote myself to teaching and our country. This is my new dream. What about you?

设计意图:本环节的设计是为了引出中国航天,用"嫦娥奔月"的故事表明作为炎黄子孙要明白,中华民族从历史上就一直怀有飞天的梦想。现在中国接连取得了航天成就,神舟飞船世界瞩目,外加航天英雄图片展示,运用问答的方式,引出祖国的富强,这大大地激发了学生的爱国情怀。同时,作为一个追梦人——老师我,此时虽然航天梦断,但教育之梦永存。作为老师,应该为人师表,给学生做出榜样,为引出下面的中国梦做好铺垫。

Step 8 Discussion〔PPT:39-40〕

1. What is your dream now?

2. How will you realize your dream? (Write down your dream on the paper.)

3. China dream

China dream is our dream. May our dream come true! May China dream come true!

设计意图:本环节的目的是引导学生通过行动去确立自己的人生梦想,为祖国创造更美好的未来而努力奋斗。学生把自己的梦想写在纸上,并让他们上台大声地说出自己的梦想以及如何实现自己的梦想,之后全班同学上台把自己的梦想亲手贴到黑板上,这既体现了英语学科核心素养,也将激发学生进行人生梦想的追求,这对学生的德育影响不仅仅体现在这一节课上,可能还会影响人生以后的道路,或许会是一辈子。最后教师总结,把全班同学的梦想汇总为—中国梦,从而引出三句话。China dream is our dream.(中国梦就是我们的梦。)May our dream come true(祝我们梦想成真)! May China dream come true(祝中国梦想成真)!

  这个部分也是本课设计的最终目的,当中国梦出现时,当每位同学为了自己的梦想和中国梦而奋斗时,我想,英语学科核心素养及"四三五生态课堂"的诸多理念都凸显出来了。

Step 9   Homework〔PPT:41〕

1. Go over the words we learnt today;

2. Read the speech on Page 7 and fill in the blanks using words from Page 6.

八、教学反思

课堂上,充分调动学生的积极性,让学生自觉自愿地参与到课堂教学活动中,体现四三五生态课堂理念。在 Game time 中猜测词义和小组活动设计天文馆海报时,同学们个个都是热情参与。让我感到欣慰的是在起立回答问题和上台展示海报时,都是学生主动自愿的,包括后面的上台展示自己的梦想,也是主动上台,此时一定要给予学生掌声和鼓励,这些活动无不体现出以人为本,让学生主体参与的新课程理念。其实,只要尊重学生,鼓励学生大胆发言,给予学生更多的课堂参与机会,我觉得学生做的真的非常好,有的平时不怎么说话的学生上台的表现都会让老师倍感惊喜。

因此,在今后的课堂教育中,我会借鉴这次的生态课堂教学经验,让更多的学生参与到课堂教学活动中来,而不是一味地唱独角戏,要让所有学生都有课堂参与的机会,让所有学生都感到是平等的,当然也体现了社会主义核心价值观中的平等思想,这对他们的心理健康发展也是十分有利的。

第七章　物理化学生物学科生态教学设计

如何在教学设计中落实生态教育的理念？这是清浦中学老师教学中一直思考并积极予以追求的目标。生态教育,并不反对学科知识的教学,其更为重视的是学科知识教学与生态教育理念的融合,是生态教育理念在学科知识教学中的渗透与运用。本章中,通过对清浦中学物理、化学、生物三门学科老师撰写的教学设计文本的案例呈现,我们会发现,清浦中学倡导的生态教育理念在物理、化学、生物三门学科的课堂教学设计中,无论是在教材与学情的分析,还是教学目标的设定上以及教学准备与教学过程的处理上,均渗透了生态教育的理念,体现了生态课堂教学策略在学科课堂教学中的运用。基于生态的学科教学设计,这是生态教育在学科课堂教学中结出的自然之果,是学科教师生态教学的自觉自为,值得广大的一线教师去学习、去研究并不断创新。

第一节　《测定电池的电动势和内阻》的教学设计[①]

一、教材分析

本节课主要介绍了用伏安法测定电池的电动势与内阻的电路以及用图像法处理实验数据的方法。电源的特性主要由电动势与内阻来描述,因此测量电动势和内阻对于合理使用电源具有重要的意义。

通过本节课的学习,学生可以灵活地运用闭合电路欧姆定律,对图像法处理数据进一步熟悉,还可以得到电学实验中许多操作技能的训练。因此,教学内容不只是给学生一种测量电动势的方法,更重要的是通过实验使学生体会不同实

[①] 本教学设计由鲁同心撰写,本设计获 2018 年淮安市中学物理实验教学比赛获一等奖。鲁同心,中学一级教师,淮安市物理学科带头人,市"533"技术骨干人才,清江浦区骨干教师,2017 省级通用技术优质课一等奖,2018 年江苏省普通高中通用技术课程标准培训观摩课一节受好评,曾获市物理、通用技术青年教师基本功大赛一等奖。

验方法以及实验方法的优化。

二、学情分析

学生已经掌握了闭合电路欧姆定律,并且已经有从电路的内、外电阻来分析电路的意识,但是由于对电学实验接触比较少,部分学生对电流表和电压表的读数还不太熟练。对于电路的分析能力仍需进一步的加强,这也是本实验的一个重要任务。学生知道电动势不能用电压表直接测,只能根据闭合电路欧姆定律间接测出。另外,对于数据的处理,学生较熟悉的是计算法(亦称代数法、公式法),学习运用图像法处理数据是本次实验教学的一个重要目标。

三、教学目标

1. 知识与技能

(1) 理解测定电源的电动势和内阻的基本原理,体验测定电源的电动势和内阻的实验探究过程。

(2) 学会用图像法求解电动势和内阻。

2. 过程与方法

(1) 体验实验研究中获取数据、分析数据、寻找规律的科学思维方法。

(2) 学会利用图线处理数据的方法和初步了解误差分析的方法。

3. 情感、态度与价值观

培养学生观察能力、思维能力和操作能力,激发学生学习兴趣,培养学生的合作精神和对科学的求知欲。

四、教学重点和难点

重点:理解不同测量方案和利用图像处理数据。

难点:实验误差的分析和不同实验方案的数据分析。

五、教学思路

本节教学中主要让学生应用已经学过的闭合电路欧姆定律知识,测定电池电动势和内阻,教学中在教师的引导下,让学生明白该怎么做,为什么这样做。本节内容涉及动手实验及用图像法处理数据,通过学生自己的探索,不但把学过的知识应用于实际,还可以激发他们的学习兴趣。

经历实验过程,采集实验数据,利用 DIS 数字化实验来进行观察,将几组电流和电压的测量数据变成连续的数据,使学生更加直观的体会电流和电压的关系,从而得出电源电动势和内阻。

六、教学准备

教学方法:实验探究法,讲解法。

准备:多媒体计算机,投影仪,旧电池,导线若干,电压表,电流表,滑动变阻器,变阻箱,电流和电压传感器和数据采集器,开关,单刀双闸开关等。

七、教学过程

教学过程			
	教师活动	学生活动	设计意图
目标引领	1. 前面我们学习了闭合电路的欧姆定律,那么此定律文字怎么描述?公式怎么写? 闭合电路中的电流跟电源的电动势成正比,跟整个电路的电阻成反比,这就是闭合电路的欧姆定律。 $E=U+Ir$(课件展示结果) 2. 怎样利用器材测定电池的电动势和内阻?	1. 学生课前通过自主学习,已经掌握原理,学生抢答。 2. 如有不全,其他学生补充。	1. 为后面实验测定电动势和内阻奠定理论基础。
自主学习测定电池的电动势和内阻	**一、实验原理** 1. 电池已成为人类生活的亲密伙伴,生活中处处需要电池,电动车使用一两年之后电池性能下降就需要更换电池,是什么原因呢?今天我们通过实验测出其电动势和内阻,你需要什么仪器,采用什么样的电路图,原理是什么? $\begin{cases} E = I_1(R_1 + r) \\ E = I_2(R_2 + r) \end{cases}$	1. 学生在老师的带动下,积极思考,由前面的闭合电路欧姆定律 $I=E/(r+R)$ 可知 $E=I(R+r)$,或 $E=U+Ir$。	1. 抛出问题,激发学生学习兴趣。

	教师活动	学生活动	设计意图
自主学习测定电池的电动势和内阻	2. 教师归纳： （1）伏安法：一个滑动变阻器、一块安培表、一块伏特表、一个开关和导线若干,测量这节电池的电动势和内阻原理：$E=U+Ir$ 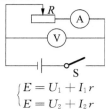 $$\begin{cases} E = U_1 + I_1 r \\ E = U_2 + I_2 r \end{cases}$$ （2）安阻法：一节使用过的干电池、一个变阻箱、一块安培表、一个开关和导线若干,测量这节电池的电动势和内阻 原理：$E=I(R+r)$ 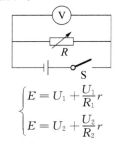 $$\begin{cases} E = U_1 + \dfrac{U_1}{R_1} r \\ E = U_2 + \dfrac{U_2}{R_2} r \end{cases}$$ （3）伏阻法：一节使用过的干电池、一个变阻箱、一块电压表、一个电键和导线若干,测量这节电池的电动势和内阻 原理：$E=U+\dfrac{U}{R}r$ 这几种方法均可测量,今天我们这节课选择用测量的这一种。 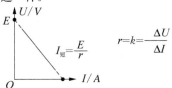	2. 学生认真听讲,积极思考,归纳总结。 结论：学生分析总结得到三种方法的基本原理都是相同的,都是闭合电路的欧姆定律,都离不开路端电压和干路上的电流,故采用最基本的实验电路—第一种方法。	2. 让学生认识到三种电路实质都是相同的,都离不开闭合电路的欧姆定律,这个环节可以略讲。

	教师活动	学生活动	设计意图
合作探究测定电池的电动势和内阻	**二、实验操作** 1. 恰当选择实验器材,照图连好实验仪器,使开关处于断开状态且滑动变阻器的滑动触头滑到使接入电阻值最大的一端。 2. 闭合开关 S,接通电路,记下此时电压表和电流表的示数。 3. 将滑动变阻器的滑动触头由一端向另一端移动至某位置,记下此时电压表和电流表的示数。 4. 继续移动滑动变阻器的滑动触头至其他几个不同位置,记下各位置对应的电压表和电流表的示数。 $E=U_1+I_1 r$ $E=U_2+I_2 r$ $\longrightarrow$ $E=\dfrac{I_1 U_1-I_2 U_1}{I_1-I_2}$ $r=\dfrac{U_2-U_1}{I_1-I_2}$ 5. 断开开关 S,拆除电路。 **三、数据处理** **方法一:公式法** 改变 R 的阻值,从电流表和电压表中读取两组 I、U 的值,代入方程组联立求解,测量两组 I、U 的值,算出 E、r。	学生分组实验,按实验步骤 1、2、3、4、5 依次操作,并认真填写表格。 方法一:由部分同学先用所测两组数据计算得出 E、r。	3. 培养学生的合作探究精神。尤其是对于数据的读取、记录准确。 对公式法理解即可,第 1 种数据处理的方法也是学生最容易接受的方法,不要省略。

次数	1	2	3	4	5
电流(I)					
电压(U)					

	教师活动	学生活动	设计意图
合作探究测定电池的电动势和内阻	**方法二：图像法** 　　在坐标纸上以 I 轴为横坐标，U 为纵坐标，用测出几组的 U，I 值画出 U-I 图像。所得直线跟纵轴的交点即为电动势 E 的值，图线的斜率的绝对值即为内阻的值。 　　注意事项：关于图像法处理数据 　　将多组 U、I 数据描在坐标纸上，利用图线求解电动势和内阻。 　　① 纵轴是路端电压，横轴是干路电流，$U＝E－Ir$，图线是倾斜向下的直线。 　　② 电阻的伏安特性曲线中，U 与 I 成正比，前提是 R 保持一定，而这里的 U-I 图线中，E，r 不变，外电阻 R 改变，正是 R 的变化，才有 I 和 U 的变化。 　　③ 实验中至少得到 5 组以上数据，画在坐标纸上拟合出一条直线。要使多数点落在直线上，且分布在直线两侧的点个数大致相等。 　　④ 将图线延长，纵轴截距意味着断路情况，它的数值等于<u>电动势 E</u>。横轴截距（路端电压 $U＝0$）意味着短路情况，它的数值等于<u>短路电流 $\dfrac{E}{r}$</u>。 　　**【特别提醒】**① 两个截距点均无法用实验直接测到，是利用得到的图线向两侧延长得到的。	在这里学生主要应用图像法作图，将上面实验中得到的数据描点、绘图、连线 　　在坐标纸上以 U 为纵轴，以 I 为横轴，作出 U-I 图像，利用图像求出 E，r。 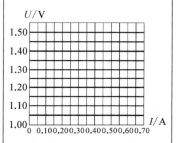	方法二：进一步学会用作图法去处理数据，这是本节课的重点。

	教师活动	学生活动	设计意图
精讲点拨测定电池的电动势和内阻	② 由于 r 一般很小,得到的图线斜率的绝对值就较小。为了使测量结果准确,纵轴的坐标一般不从零开始,计算 r 时选取直线上相距较远的两点求得。 **图 1** **四、误差分析** **偶然误差**:主要来源于电压表和电流表的读数以及作 U-I 图像时描点不是很准确。 **系统误差**: 1. 第一种实验电路(图1) $U=E-Ir$ 中的 I 是通过电源的电流,U 是电源两端电压;本实验用图1所示的电路是存在系统误差的,这是由于电压表分流 I_V,使电流表示数 $I_测$ 小于电池的输出电流 $I_真$。 $\because I_真=I_测+I_V$,而 $I_V=\dfrac{U}{R_V}$,U 越大,I_V 越大,U 趋于零时,I_V 也趋于零。 	学生认真听讲,做好笔记,尝试着自己去画图,分析误差,多练习。	数据处理是难点,本节课只要求学生对于误差分析有一个初步认识即可,为后续的进一步学习奠基。

	教师活动	学生活动	设计意图
合作探究测定电池的电动势和内阻	∴它们的关系可用图表示,测量图线为 AB,真实图线为 $A'B$。由图线可以看出 r 和 E 的测量值都小于真实值,即 $r_测 < r_真$,$E_测 < E_真$。 2. 第二种实验电路(图2所示) 第二种实验电路如图2所示,由于电流表的分压作用,所以 $U_真 = U_测 + U_A = U_测 + IR_A$,$R_A$ 为电流表的内阻。这样在 $U—I$ 图线上对应每一个 I 应加上一修正值 $\triangle U = I \cdot R_A$,由于 R_A 很小,所以在 I 很小时,$\triangle U$ 趋于零,I 增大,$\triangle U$ 也增大,理论值与测量值的差异如图所示。由图可知:$E_测 = E_真$,$r_测 > r_真$。(内阻测量误差非常大) 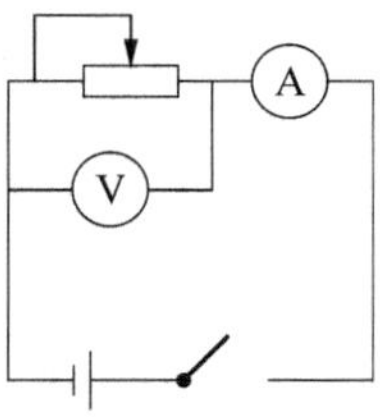 **五、创新实验** 通过前面分析可知,不论图1还是图2所示的实验电路均会产生系统误差,但每个电路又各能准确测量一个物理量,能否利用这一细节,设计一种电路消除这一误差,同时这一电路又贴近学生的实际接受能力,便于在高中展开教学?根据这一想法,笔者从两种常规电路入手,设计电路如图3所示。 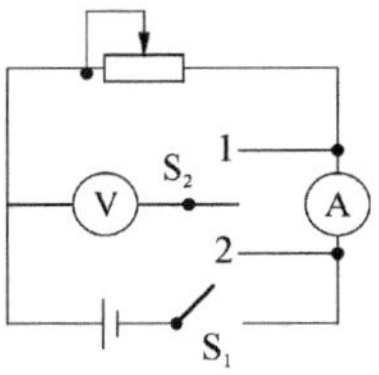 **图2** **图3** 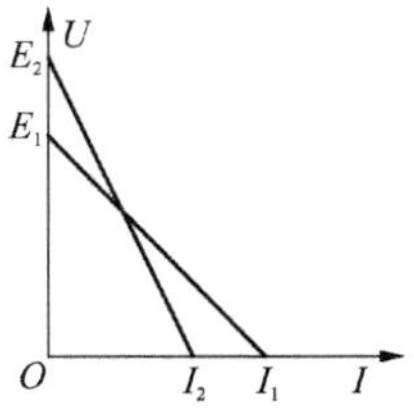 **图4** 1. 操作步骤 (1) 将滑动变阻器调到最右端位置,闭合 S_1; (2) 将 S_2 打向1位置(此时相当于图2电路),调节变阻器,记下几组对应的 U_2、I_2 值; (3) 将 S_2 打向2位置(此时相当于图1电路),调节变阻器,记下几组对应的 U_1、I_1 值后拆去电路。	这个环节:主要引导学生思考尝试设计出此电路,或者让学生能看懂电路,并掌握理论分析。缺点是:数据处理较复杂。	这一电路的特点是:从学生熟悉的电路出发,从一个显而易见但又易忽视的结论入手,利用一只单刀双掷开关将两个基本电路糅合在一个实验中,既可消差,又易于展开教学。

续表

	教师活动	学生活动	设计意图
合作探究测定电池的电动势和内阻	2. 数据处理 　　将上述两类数据在同一坐标系内利用描点法作出对应的图像,如图 4 所示。根据前面分析可知,E_2、I_1 均是准确可测的,由此可得 $E_真=E_2$,$r_真=E_2/I_1$		
总结反馈	引导学生回顾本节课所学内容。	回顾本节课的重点知识	及时复习巩固,让知识系统化。

八、板书设计

实验:测定电池的电动势和内阻

一、实验原理

1. 闭合电路欧姆定律 $E=U+Ir$

2. 三种电路设计

二、实验操作

1. 2. 3. 4. 5.

三、数据处理

1. 公式法

2. 图像法

四、误差分析

1. 电源外接法

2. 电源内接法

九、布置作业

课后练习　2、3

十、教学反思

　　这节课的教学课时安排在两课时比较好,第一节课主要利用"电源外接法"中测量六组左右数据,学生先用两种数据定量计算,在利用几组数据画图像的方法得出电源电动势和内阻即可。考虑学生的接受能力,这节课的重点在于利用图线进行数据处理,它是物理实验中常用的一种方法。

这节课的难点在于误差分析上,笔者把三种电路测量电池电动势的分析、不同电源如"水果电池"等的尝试、利用"等效电路法"进行误差分析以及实验方法的改进和优化等放在第二课时。在学生探究实验方面,时间紧,任务重,使得本节课的各个环节在第一课时完成。而把实验方法的改进与优化,误差分析等较抽象的内容放在第一节课课后和第二课时,比较合理。

第二节　《物质结构与性质——一些典型分子的空间构型》的教学设计①

一、教材分析

高中化学选修教材《物质结构与性质》模块属于选修 3,该模块编制的目的定位于必修教材分子结构等有关内容,进一步扩展与加深学生对物质结构的认知,帮助学生体会科学探究的一般过程和方法,理解物质构成的奥秘,提高抽象思维能力。初步认识物质的结构与性质之间的关系,并能从结构决定性质的视角解释一些现象,预测物质的有关性质,从而提高学生科学素养,增强学习化学理论知识的兴趣。

人教版教材讲述了"价层电子对互斥理论(VSEPR models)",可以用来预测分子的立体构型。教材把 VSEPR 模型分成两大类,一类是中心原子上的价电子都用于形成共价键的,另一类是中心原子上有孤对电子的。教材还列举了一些典型的例子来说明如何用 VSEPR 模型来判断分子的立体构型,并给出了一些分子(或离子)的结构式,要求根据 VSEPR 模型判断分子(或离子)的立体构型。

---

① 本教学设计由陆仁华撰写。陆仁华,江苏特级教师,中学高级教师,全国优秀教师,淮安市化学学科带头人,兼任中国化学学会会员,江苏省化学学会理事,现任江苏省清浦中学校长、党委书记。主持国家级课题 2 个,省级课题 8 个,在各种学术期刊上发表论文 30 余篇。本教学设计发表于《中学化学教学参考》2011 年第 12 期并有修改。

二、教学目标

1. 知识与能力

（1）学会用杂化轨道原理解释常见分子的成键情况与空间构型；

（2）初步认知价层电子对互斥模型，并能根据价层电子对互斥模型判断简单分子或离子的空间构型。

2. 过程与方法

通过学习杂化轨道原理、价层电子对互斥理论，认知比较、探究、讨论、归纳等科学方法对化学研究的作用。

3. 情感态度与价值观

对学生进行辨证主义教育，培养学生分析、归纳、综合的能力和空间想象能力，培养学生严谨认真的科学态度。

三、教学重点与难点

1. 教学重点：学会用杂化轨道原理解释原子的杂化类型，初步认知价层电子对互斥理论并预测分子的空间构型。

2. 教学难点：学会用杂化轨道原理解释原子的杂化类型，初步认知价层电子对互斥理论并预测分子的空间构型。

四、教学思路

这是一节关于物质结构的理论课，杂化轨道原理、价层电子对互斥理论对学生的抽象思维、逻辑思维能力要求很高，传统的教学模式是把杂化轨道原理、价层电子对互斥理论直接告诉给学生，学生对此理论的理解并不深刻，也就不能够对该理论加以灵活的应用。

本节课优化教学策略，利用生态教学的理念，注重知识点的衔接，采取探究式教学法进行教学，化抽象为形象，使以往学生被动地接受变为主动探究。在解决小问题的时候，由教师创设情境，提出要解决的问题，通过提问、演示、讨论、对比、分析、练习等活动，让学生分析杂化轨道原理、价层电子对互斥理论的要点，探究、解决问题，并迁移应用。

五、教学准备

1. 学生准备：课前预习，初步了解本课基础知识。

2. 教师准备：

（1）布置学习任务；

（2）收集图片、资料、制作多媒体课件。

六、教学过程

1. 激发兴趣，确定目标

在宏观世界中，花朵、蝴蝶、冰晶等诸多物质展现出规则与和谐的美，实际上宏观的秩序与和谐源于微观的规则与对称。通常不同的分子具有不同的空间构型，例如：甲烷分子呈正四面体形，三氟化硼呈平面三角形，氨分子呈三角锥形等。那么，这些分子为什么具有不同的空间构型呢？

设计意图：本课从宏观多彩的物质世界联系到微观分子的空间构型，以激发学生的学习兴趣，在课堂教学中能够利用杂化轨道原理、价层电子对互斥理论去探索分子的空间构型，明确本课的学习目标。

2. 多维互动，主题探究

探究主题一　杂化轨道原理

学生阅读教材相关内容，思考相关问题：

（1）甲烷分子的 C 的杂化轨道是如何形成的？

（2）甲烷分子的正四面体构型是怎样形成的？

3. 学生质疑，合作探究

首先，教师创设情境，启发式地引导学生主动去探究甲烷分子的空间构型，然后教师结合学生提出的问题，引导学生探究甲烷分子的轨道到底是如何形成的。

研究证实，甲烷（CH_4）分子中的四个 C—H 键的键角均为 $109.5°$，从而形成非常规则的正四面体构型。原子之间若要形成共价键，它们的价电子中应当有未成对的电子。碳原子的价电子排布为 $2s^2 2p^2$，若碳原子与氢原子结合，则应形成 CH_2，即使碳原子的一个 $2s$ 电子受外界条件影响跃迁到 $2p$ 空轨道，使碳原子具有四个未成对电子，它与四个氢原子形成的分子也不应当具有规则的正四面体结构。

那么甲烷分子的正四面体构型是怎样形成的呢？

4. 创设情境，合作探究

为了解决这一矛盾，鲍林提出了杂化轨道理论：在外界条件影响下，原子内部能量相近的原子轨道重新组合的过程叫作原子轨道的杂化，组合后形成的一组新的原子轨道叫作杂化原子轨道,简称杂化轨道。

　　形成甲烷分子时,中心原子的 2s 和 $2p_x$,$2p_y$,$2p_z$ 等四条原子轨道发生杂化,形成一组新的轨道,即四条 sp^3 杂化轨道,这些 sp^3 杂化轨道不同于 s 轨道,也不同于 p 轨道。根据参与杂化的 s 轨道与 p 轨道的数目,除了有 sp^3 杂化外,还有 sp^2 杂化和 sp 杂化,sp^2 杂化轨道表示由一个 s 轨道与两个 p 轨道杂化形成的,sp 杂化轨道表示由一个 s 轨道与一个 p 轨道杂化形成的。

　　教师用多媒体展示常见的 sp^3(甲烷)杂化、sp^2(乙烯)杂化和 sp(乙炔)杂化过程:

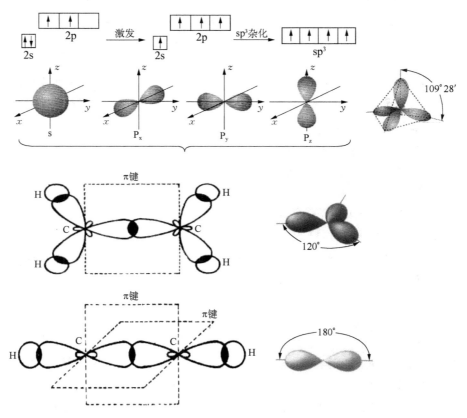

　　依据上图,可得知,杂化轨道与空间上相互排斥,为达到能量最低的稳定状态,从而使四个杂化轨道在空间上具有正四面体构型,进而推知甲烷在空间上的正四面构型。

　　设计意图:利用鲍林的杂化轨道理论解释甲烷分子的轨道是如何形成的,分析甲烷分子的正四面体构型,并对比 sp^3 杂化、sp^2 杂化和 sp 杂化,为后续学习中能够得以运用,让学生不仅做到知其然,也知其所以然,这样才能在学习中更加得心应手。

5. 拓展延伸,探究提高

用杂化轨道理论分析 BCl_3 的平面三角形构型和 BeF_2 直线形构型情况。

【智能训练　及时巩固】

	杂化类型	杂化轨道数目	杂化轨道间夹角	空间构型	实例
杂化轨道理论	sp	2	180°	直线	$BeCl_2$
	sp^2	3	120°	平面三角形	BF_3
	sp^3	4	109°28′	四面体形	CH_4

设计意图:通过这类题型,能够让学生有更多的机会体验科学探究的过程,努力培养学生分析问题、解决问题的能力。

6. 多维互动,主题探究

探究主题二　价层电子对互斥模型

【问题引领　自主探究】NH_3 分子的 N 原子的杂化类型是什么?

在形成氨分子时,氮原子的 2s 和 2p 原子轨道也发生了杂化,生成四个 sp^3 杂化轨道。

【层层推进　深入探究】NH_3 分子只有 3 个 N—H,氨气分子应为平面三角形构型,但实验测得氨分子中 N—H 键的键角为 107.30°,试解释其中的原因,并与同学们进行交流。

在所生成的四个 sp^3 杂化轨道中,有三个轨道各含有一个未成对电子,可分别与一个氢原子的 1s 电子形成一个 σ 键,另一个 sp^3 杂化轨道中已有两个电子(孤电子对),孤电子对对成键有较强的排斥作用,进而使氨气分子在空间上形成三角锥构型。

设计意图:通过 CH_4 分子的正四面体构型、BCl_3 的平面三角形构型与 NH_3 的比对,变抽象为直观,便于学生认识、观察分析价层电子对互斥模型。

7. 归纳总结

(1) 对 AB_m 型分子,若中心原子 A 价层电子对只有成键电子对(即中心原子的价电子都用于形成共价键),则价层电子对的相对位置就是分子的构型;

(2) 若中心原子 A 价层电子对包括成键电子对和孤对电子(中心原子上有孤对电子),则价层电子对的相对位置不是分子的构型。

设计意图:增强学生对价层电子对互斥模型的认识:中心原子的孤对电子占有一定的空间,对其他成键电子对存在排斥力,影响其分子的空间结构。

8. 学习延伸,探究提高

(1) 下列分子中的中心原子杂化轨道的类型相同的是(　　)。

A. CO_2 与 SO_2　　　　　　　　B. CH_4 与 NH_3

C. $BeCl_2$ 与 BF_3　　　　　　　　D. C_2H_2 与 C_2H_4

(2) 下列关于 SO_2 与 CO_2 的说法正确的是(　　)。

A. 都是直线形结构

B. 中心原子都采取 sp 杂化轨道

C. S 原子和 C 原子上都没有孤对电子

D. SO_2 为 V 形结构,CO_2 为直线形结构

(3) 原子序数小于 36 的 X、Y、Z、W 四种元素,其中 X 是形成化合物种类最多的元素,Y 原子基态时最外层电子数是其内层电子数的 2 倍,Z 原子基态时 2p 原子轨道上有 3 个未成对的电子,W 的原子序数为 29。回答下列问题:

Y_2X_2 分子中 Y 原子轨道的杂化类型为 _____ ,ZX_3 分子的空间构型为 _____ 。

设计意图:增强学生利用杂化轨道原理、价层电子对互斥理论预测相应原子杂化方式以及分子空间构型解决问题的能力。

七、板书设计

1. 杂化原子轨道理论

	杂化类型	杂化轨道数目	杂化轨道间夹角	空间构型	实例
杂化轨道理论	sp	2	180°	直线形	$BeCl_2$
	sp^2	3	120°	平面三角形	BF_3
	sp^3	4	109°28′	正四面体形	CH_4

2. 价层电子对互斥模型

设计意图:本节结合多媒体课件展示,引导学生通过合作探究等多种方式进行教学活动,并利用理论来解决实际问题。结果表明,深入开展生态课堂教学,学生能够正确预测相应原子的杂化方式以及分子的空间构型,激发了学生主动参与科学探究的激情,提升了学生分析问题、解决问题的能力。

第三节　《氮氧化物的产生和转化》的教学设计①

一、教材分析

本节为苏教版化学《必修1》第4专题第2单元"生产生活中的含氮化合物"第一节内容。教材在编排上十分注重化学与实际生活的联系,在帮助学生构建新的知识结构、形成元素化合物的知识网络的前提下,将化学学科的应用性体现出来。学生在学习含氮化合物知识的同时,还能够认识到化学物质在造福人类、推动人类社会物质文明发展中所起的作用,并形成化学物质的不合理应用也会引起环境污染等社会问题的观点,进而使学生树立科学地应用化学物质促进社会可持续发展的生态发展观。

二、教学目标

(1) 了解 NO、NO_2 的物理性质;

(2) 知道 NO、NO_2 的产生途径和相互转化;

(3) 了解氮氧化物对空气的污染及防治措施,增强学生的环境保护意识和健康意识,体会化学对环境保护的重要意义;

(4) 学会辩证地认识事物的两面性,形成人与自然和谐相处的观念及可持续发展的思想。

三、教学重点与难点

(1) 重点:NO、NO_2 的产生及两者的转化。

(2) 难点:NO_2 与水反应的探究。

四、教学思路

"课标"对本节课的要求是通过实验了解氮及其重要化合物的主要性质,认识其在生产中的应用和对生态环境的影响。

---

① 本教学设计由陆婵撰写,本设计获第二届江苏省中学化学教研活动专题研讨会观摩展示课课例。陆婵,中学一级教师,淮安市高中化学骨干教师、淮安市533骨干人才、清江浦区优秀德育工作者,曾获江苏省青年教师教学基本功大赛一等奖,江苏省化学实验调演一等奖。

本节课的教学设计从课标要求出发,既体现新课程的理念,关注培养学生的化学学科核心素养,也渗透了生态教育"生动、开放、主动、多元、和谐"的思想。首先以学生生活周边的新生事物——公共自行车引入新课,既能够调动学生学习的兴趣,也紧扣汽车尾气中的氮氧化物污染问题展开探讨。然后以"雷雨发庄稼"为例,引导学生通过实验、合作、讨论为探究手段,在掌握本节课的主要知识内容的同时,认识到事物的两面性,体会大自然的运行法则,理解人类只有与自然和谐相处,才能有更好的未来的道理。

五、教学准备

(1) 学生:去学校附近的公共自行车停靠点采集照片。
(2) 教师:实验视频、分组实验准备、演示实验准备。

六、教学过程

1. 情境创设,导入新课

展示:周边的公共自行车的照片。

提问:最近,在我们淮安市区的路边出现了一些新的设施,大家知道这些是什么吗?

学生回答:是"公共自行车"。

追问:公共自行车的推广使用给城市带来了哪些好处?

学生回答:市民出行方便;减少了汽车的使用率,从而避免了交通拥堵并减轻了汽车尾气的污染问题。

展示:如图,2011 年《中国机动车污染防治年报》结果显示 2010 年全国机动车排放污染物总量及主要污染物含量。

教师介绍:据新华社记者报道,机动车汽车尾气排放已成为我国大中城市空气污染的主要来源。2011 年《中国机动车污染防治年报》结果显示:2010 年全国机动车排放污染物 5 226.8 万吨。其中的主要污染物是一氧化碳、氮氧化物、碳氢化合物和颗粒物。

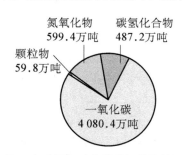

氮氧化物 599.4 万吨　碳氢化合物 487.2 万吨
颗粒物 59.8 万吨
一氧化碳 4 080.4 万吨

学生活动:对比数据。

引出新课:我们今天就来学习其中的氮氧化物。它是如何产生的? 我们又该如何

2010 年全国机动车排放污染物情况

将其转化,从而减少相应的污染问题?

板书:氮氧化物的产生和转化。

设计意图:从生活实际问题出发,引出本节教学内容,激发学生的学习兴趣,激起自身的社会责任感和使命感,并带着问题去学习。

2. 初步认识,明确重点

展示:表格:多种氮氧化物的化学式和用途(略)。

学生活动:了解,认识。

教师介绍:从 +1 价的 N_2O 到 +5 价的 N_2O_5,它们各自都有重要的用途。其中最常见的是 NO 和 NO_2。也是我们本节课要重点学习的两种氮氧化物。

学生活动:明确本节课的重点学习对象。

设计意图:通过对氮氧化物的总体认识,学生会明白氮氧化物并不是一定有害,任何物质都是有两面性的。

观察实物:在每组的实验盒内有两只注射器,分别装有 NO 和 NO_2,仔细观察它们的颜色、状态。

学生活动:观察,记录。

图片介绍:NO——登上诺贝尔奖台的"明星分子",NO 是人体不可缺少的健康信使,可促进血管扩张,防止血栓。

2013 年 12 月 2 日,搭载着"嫦娥三号"的"长征三号"乙运载火箭在西昌卫星发射中心发射升空。NO_2 的红棕色经常在火箭发射现场出现。

设计意图:以真实的物质展示于学生面前,拓展学生的眼界,感受贴近生活的科学,并为后续学习做铺垫。

3. 举例分析,实验探究

过渡:氮氧化物是如何产生的呢? 在自然界就有一种现象,能够促使氮氧化物的生成。这就是闪电!

资料:有关闪电的信息及闪电的利和弊。

电闪雷鸣是人们司空见惯的自然现象,地球上每年平均发生约 31 亿次闪电,平均每秒 100 次。闪电的电流强度可达数万甚至数十万安培,空气的温度会突然增至三万度以上,是太阳表面温度的五倍!

闪电的弊:干扰无线电信号,引起森林火灾,人畜伤亡等重大灾难。

闪电的利:据统计,每年因雷雨而降落到地面的氮元素约有 4 亿吨之多,为农业生产提供了大量的天然氮肥,相当于 20 万个小化肥厂年产量的总和!

自主学习:阅读。

设计意图:通过对闪电的了解,帮助学生理解氮气和氧气反应的条件,同时,为后面讲氮氧化物转化为氮肥做铺垫。

合作探究一：闪电与氮氧化物的产生。

视频：高压电弧模拟闪电的过程。

学生活动：观察现象。

设计意图：在烧瓶中模拟小范围的闪电，使空气中的变化更容易被观察。

讲解：在放电的条件下，空气中的 N_2 与 O_2 发生了化合，生成 NO。

板书：产生：$N_2 + O_2 \xrightarrow{\text{放电}} 2NO$

质疑：从 NO 和 NO_2 的颜色分析，闪电时空气中可能还发生了什么反应？设计实验进行证明。

学生活动：讨论并预测可能原因或结果，并通过实验验证。

设计意图：将实物呈现给学生，与视频中的现象进行对比，进而发现问题、产生怀疑、设计实验、探究求证。培养学生的主动、求真意识，锻炼其解决问题的能力。

板书：转化：$2NO + O_2 == 2NO_2$

过渡：这些氮氧化物产生后，在雨水的作用下可以进一步转化为氮肥，为植物提供营养。

合作探究二：氮氧化物的转化。

学生实验：用装有 NO_2 气体的针筒，吸入少量蒸馏水，观察气体颜色的变化，并验证生成的产物。

板书：转化：$3NO_2 + H_2O == 2HNO_3 + NO$

教师点拨：生成的硝酸进入土壤，转化为硝酸盐，可以为植物提供氮肥，促进生长。因此，农家有一句谚语："雷雨发庄稼"。

学生活动：观察现象。讨论，分析。完成化学方程式。

设计意图：培养学生根据已有知识进行推理的能力及动手能力，体现化学学科的以实验为基础的学科特点。用实验模拟自然环境下的化学反应，让学生感受大自然的运行法则。

4. 知识小结，思考探究

知识小结：(1) 空气中的 N_2 怎样转变为 NO？

(2) NO 的性质。

(3) NO_2 的性质。

学生活动：思考、讨论、发言。

设计意图：通过问题，学生及时巩固了关于"NO 和 NO_2"的知识，在后续学习中能够得以运用。

深入思考：(1) 如何收集 NO？如何收集 NO₂？

(2) 如何检验 NO 气体？

(3) 理论上如何将一瓶 NO₂ 或 NO 完全转化为硝酸？

演示实验：设计如右图所示装置，利用浓硝酸与铜片反应制出 NO₂ 气体，继而发生喷泉现象，然后通入 O₂，观察变化。

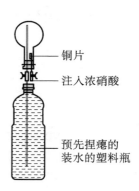

铜片

注入浓硝酸

预先捏瘪的
装水的塑料瓶

学生活动：讨论、合作、观察，回答上述问题。

5．结合实际，学以致用

图片：氮氧化物对环境的危害。

板书：危害　HNO₃ 型酸雨　光化学烟雾　破坏臭氧层。

学生活动：观看，感受。

表格：大气中氮氧化物的来源：1．自然产生每年约 5 亿吨；2．人为排放每年约 5 000 万吨。

思考：为什么人为排放量比自然排放量少很多，带来的危害却非常的明显。

学生活动：了解，对比，思考。

设计意图：人为排放量虽然只是自然产生的 1/10，但已经超出了自然界的自我修复能力，打破了自然界的平衡法则。通过对比，学生初步认识到人类必须与自然和谐相处。

反思：如何减少人为氮氧化物排放？

教师点拨：以"硝酸工厂""实验室尾气处理"和"汽车尾气"三个方面共同探讨解决方案。

板书：处理　循环利用　汽车尾气转化装置　碱液吸收。

号召：本节课的实验中也有一些氮氧化物的产生，大家一起把它们处理好吧！

学生活动：思考、讨论。实验，行动。

设计意图：培养学生的实际解决问题的能力，并认识到合理利用资源，减少有害物质的产生的重要性。学以致用，以真实的场景帮助学生树立环境保护意识。

6．本课小结，观念升华

小结：我们要学会辩证地看待事物的两面性，趋利避害，要学会合理利用资源，并学会用适当的方法及时消除危害，做到人与自然的和谐共处，这才是可持续发展的长久之计！

学生活动：感悟，建立观念。

设计意图:在学生对氮氧化物的相关知识形成了系统认识之后,帮助学生树立正确的生态价值观和可持续发展观。

七、板书设计

《氮氧化物的产生和转化》

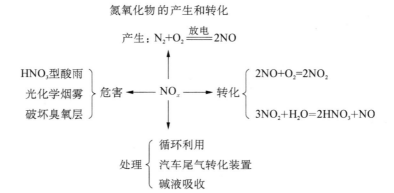

八、教学反思

什么样的课是好课? 这是同行们一直讨论的话题。其实好课没有现成的模式,也没有绝对的标准。

我一直认为课应该是活的,应该是有思想的。学生从被触动、被激发,到主动跟着老师一起探讨本节课的内容,将自己的想法表述出来或是通过分组实验进行探究,从而进行深度学习,本节课的主要教学目标就达成了。

本节课从目前关注度高的低碳问题入手,利用公共自行车的推广给城市带来的好处,创设真实的问题情境,自然引入本节课的主题和重点,同时使学生意识到空气污染问题的紧迫并激起他们的社会责任感,更加主动地学习后面的内容。在实验探究环节中,从化肥入手,迁移到"雷雨发庄稼"的原理,让学生从另一个角度认识氮氧化物并不是天生的空气污染物,任何事物都具有两面性,从而认识到自然界自有的动态平衡法则,意识到人类活动一定要有可持续发展的思想,不能以破坏自然为人类发展的代价。

在教学环节中,我利用视频将自然界中不易观察到的闪电现象缩小到圆底烧瓶中,使学生直观地认识空气中放电时发生的反应,再结合对事先收集好的 NO、NO_2 的颜色观察,学生有了思考的依据,很快能够分析出相关反应及反应的条件。在知识小结环节,我设计了一个演示实验,将本节主要知识点都串起来,进行了升华和凝练,条理清晰,学生们利用本节所学知识很快地进行了阐释。

最后,因势利导,与学生一起讨论了氮氧化物尾气的处理方法,并付诸实际行动,将本节课的分组实验和演示实验中残留在仪器里的氮氧化物全部除去,学生们能够认识到所学就要有所用,不可以是简简单单一句空洞的说教或伪环保。

通过本节课的教学,希望学生能够正确的认识物质,认识化学学科的责任,体验化学学科之美;也希望自己能够一如既往地从学生未来全面发展的角度去进行教学,达成教育的立德树人的最终目标。

第四节　《土壤中分解尿素的细菌的分离与计数》的教学设计[①]

一、教材分析

本节为人教版高中生物教材《选修一》专题二"微生物的培养与应用"的第二个课题,该课题在学生学习有关培养基和无菌技术的基本知识,掌握使用平板划线法和稀释涂布法分离和纯化微生物的实验操作的基础上,研究培养基对微生物的选择作用并测定其数量,其中既有关于特定菌株的选择策略等知识性内容,又有土壤溶液的稀释、菌落数量统计等操作性内容,难度较大、探究性也较强,是培养学生设计实验、动手操作等科学探究能力,提高生物科学素养的好素材。

二、教学目标

(1)知识性目标:简述稀释涂布平板法分离微生物和进行微生物计数的实验原理;说出选择性培养基和鉴别性培养基的用途;归纳分离纯化微生物的原理和方法。

(2)技能性目标:学会制备土壤样本稀释液,学会用稀释涂布法将菌样液

①　本教学设计由张大海撰写。张大海,中小学正高级教师,江苏省特级教师。近年来,在省级及以上专业学术刊物上发表论文三十篇,其中核心期刊十六篇,有五篇论文被人大复印资料全文转载,主持《以科学写作促进高中生生物科学素养提升的实践研究》《元认知训练对高中生物学研究性学习效果影响的实证研究》等多项省级课题研究工作。

接种到固体培养基平板;学会用稀释涂布平板法进行微生物数量测定的方法。

（3）情感态度与价值观:体验科学知识的形成过程,加深对科学本质的理解;体会在实验活动中与同学合作学习的有效性,养成严谨的科学态度。

三、教学重点、难点

（1）教学重点:稀释涂布平板法分离微生物的原理与操作。

（2）教学难点:稀释涂布平板法进行微生物数量测定的原理与操作。

四、教学思路

本课题教学实施的关键在于两点:首先是处理好知识性内容与操作性内容的关系,要让学生理解特定菌株的选择策略的基础上学习有关的实验方法和操作程序;其次是处理好课上与课下的关系,本课题的实验,操作本身所需时间并不长,但是操作前要制备培养基、对培养基和其他操作用具进行灭菌,操作后需要几天的培养时间和对微生物进行观察,因此需要教师精心设计教学程序,统筹安排教学时间。

五、教学准备

1. 土壤样品的采集以及土壤溶液的配制

为保证实验取得预期效果,应选择经常施用尿素的农田,铲去表土后采集 3～8 cm 深度范围内的土壤,回实验室后去除土壤中的植物枯枝败叶及其他杂物后,用托盘天平称取样品 10 g,加入盛有 90 mL 无菌水的锥形瓶中,震荡 10 min,即制得 10^1 稀释倍数的土壤溶液,制备完成后可置于冰箱冷藏室内备用（1～2 天）。

2. 配制培养基并进行高压蒸气灭菌

（1）配制牛肉膏蛋白胨固体培养基(配方:牛肉膏 5 g,蛋白胨 10 g,氯化钠 5 g,琼脂 20 g,加热溶解后加水定容至 1 000 mL,如条件具备可用琼脂糖代替琼脂),分装到 100 mL 带棉塞的锥形瓶中,每瓶各 25 mL。

（2）配制尿素固体培养基(配方:葡萄糖 10 g,尿素 1 g,KH_2PO_4 1.4 g,Na_2HPO_4 2.1g,$MgSO_4 \cdot 7H_2O$ 0.2 g,琼脂 15g,加热溶解后定容至 1 000 mL),分装到 100 mL 带棉塞的锥形瓶中,每瓶各 25 mL。

（3）将上述分装好的两种培养基、装有 4.5 mL 蒸馏水的带棉塞试管、装有 99 mL 蒸馏水的 250 mL 锥形瓶、包装好的培养皿进行高压蒸气灭菌。

六、教学过程

1. 导入新课

教师讲解：尿素是动物体内蛋白质代谢的终产物，也是农业生产中常用的化肥，但农作物并不能直接吸收利用尿素，但有些土壤微生物能产生并分泌脲酶，通过分解土壤中的尿素为自身和植物生长提供氮元素，由此引出课题——特定的土壤中可以分解尿素的微生物的数量如何？如何从土壤中的众多微生物中分离出能分解尿素的微生物？

2. 分析原理，学生尝试进行实验设计

教师介绍 Taq 细菌的发现和选择过程，引导学生认识到微生物的研究和利用的基础是微生物的分离和培养，而要选择出符合需要的特定微生物则要从微生物的生理和代谢特点出发，创造有利于目的菌株生长的条件，同时抑制或阻止其他微生物的生长。在此基础上，让学生提出实验的初步设想，以尿素为唯一氮源配制培养基，阻止不能利用尿素的微生物的生长，从而筛选出分解尿素的微生物。教师可让学生以实验小组为单位进行实验设计。由于本实验的综合性强，难度大，学生在设计实验流程时可能存在不少困难，教师一方面要鼓励小组内部的讨论，逐步修正设计；另一方面也要适时地参与各组的讨论过程中，提出合理的建议。

3. 总结设计结果，得出可行的实验流程

让各小组展示设计结果，组织全体学生讨论，教师给予评价，最终得出可行的实验流程，并要求学生明确各步骤的具体目的。根据教师课前所进行的预实

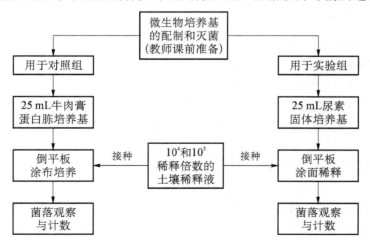

验,所取的土壤样品中每克分解尿素的微生物大约为 1.5×10^8 个,因此,可选择让学生进行 10^4、10^5 两种稀释倍数的土壤稀释液的涂布接种,这样既可保证实验效果,又减少了器材、试剂的用量,节约教学时间,提高教学效率。同时,以牛肉膏蛋白胨固体培养基的培养作为实验对照,以便让学生充分理解和认识选择性培养基的设计策略和选择效果。

4. 学生分组操作

为节约教学时间,教师可在课前将前期备好的牛肉膏蛋白胨固体培养基和尿素固定培养基用电磁炉加热融化后,于课前置于 80℃ 的水浴中进行保温,保持融化状态,以便学生及时取用。

（1）倒平板:将融化的两种培养基分发给每个实验小组,指导其按规范的倒平板的方法将两种融化的固体培养基倒入已灭菌的培养皿中,每个 100 mL 锥形瓶中盛有的 25 mL 培养基可倒两个平板,每个实验组可制得两种平板共四个。制作完成后,分别编号,置于实验台上等待其冷却凝固。

（2）配制 10^4、10^5 稀释倍数的土壤稀释液:将 10^1 稀释倍数的土壤溶液和经灭菌的装有 4.5 mL 蒸馏水的带棉塞试管、装有 99 mL 蒸馏水的 250 mL 锥形瓶分发给各小组,教师指导学生制备 10^4、10^5 稀释倍数的两种土壤稀释液。具体的方法可由教师直接给出,也可由各小组自行讨论制定方法,因学生对微量移液器的使用不熟悉,教师应给予指导。

（3）接种菌液,分离尿素分解菌:教师指导学生用微量移液器各移取 0.1 mL 的 10^4、10^5 稀释倍数的土壤稀释液分别加入装有牛肉膏蛋白胨培养基和尿素固体培养基的培养皿中,使用涂布器,在酒精灯火焰附近打开培养皿,将加入的菌液均匀涂布于整个培养基,盖上培养皿后倒置于 37℃ 恒温培养箱中培养。

（说明:以上为第一课时,在第二课时教学实施前,教师可组织学生定期观察培养情况）

（4）观察对比培养结果并计算:两天后观察比较牛肉膏蛋白胨培养基和尿素固体培养基中菌落的形态并计数。可以明显发现,牛肉膏蛋白胨培养基上的菌落形态多样,数目较多,而且随稀释倍数的增加,菌落的数目减少。而尿素培养基上的菌落形态比较单一,数目也明显少于对应稀释倍数的牛肉膏蛋白胨培养基上菌落。学生根据计数结果计算出土壤中分解尿素的微生物的数量,例如学生计数在 10^5 稀释倍数的培养基上出现的菌落为 60 个,则每克土壤中尿素分解菌数量为 $60 \times 10^5 \times 10 = 6 \times 10^7$ 个。

（5）小组讨论,促进学生对微生物选择性培养的理解

学生完成分组操作后,教师可设计问题引导学生巩固有关微生物培养的原理和方法,加深其对微生物选择性培养的理解。具体问题及设计意图如下:

① 牛肉膏蛋白胨培养基中提供碳源和氮源的物质分别是什么？

② 尿素固体培养基中提供碳源和氮源的物质分别是什么？

③ 你所在的实验小组的培养结果如何？按生长菌落的多少将四只培养皿排序，从多到少的顺序是什么？为何会出现菌落数量的差异？

④ 你所在的实验小组实现了对土壤中分解尿素的微生物的选择性培养吗？为什么？

以上问题从复习上一课题介绍的微生物培养过程中的碳源、氮源入手，让学生体会不同微生物在生长过程中利用的碳源和氮源是不同的，从而引导其深刻理解微生物的选择性培养的思路，进一步掌握特定微生物的选择和分离的方法。

（6）设计"意外"，引导课题延伸

教师展示学生的实验结果，从中选择符合实验预期的尿素固体培养基，打开培养皿，使用手持式喷壶向培养基表面喷入事先配好的 0.1% 的酚红试剂，静置片刻，让学生观察现象。

教师讲解并提问，酚红试剂是一种酸碱指导剂，其变色范围是 pH 低于 6.8 时显黄色，pH 在 6.8～8.4 之间时显橙色，pH 高于 8.4 时显红色，大家观察到的培养基上的颜色有何变化？这说明了什么问题？

学生通过观察可知，在培养基上出现了两种不同类型的菌落，一种菌落周围出现了红色圈，另一种则呈现黄色，说明这些微生物的种类是不同的，使菌落周围变红的说明微生物培养过程中产生了碱性物质，而菌落周围变黄则说明产生了酸性物质。

教师给出如下资料，指导学生阅读。

微生物将含氮有机物分解产生氨的过程被称为氨化作用。能进行氨化作用的细菌统称氨化细菌。有些氨化细菌能分泌脲酶，可将尿素分解生成氨，为微生物提供氮源，如脲芽孢八叠球菌（*Sporosarcina ureae*）。

硝化细菌可利用氨氧化过程中释放的能量将无机物转化成有机物而营自养生活，其中能将氨氧化成亚硝酸盐的称为氨氧化细菌，如亚硝化单胞菌，能将亚硝酸盐氧化为硝酸的是亚硝酸氧化细菌，如硝化杆菌等。

请学生根据以上资料进一步判断培养基上出现的两类菌群分别是资料所给出的哪一类细菌。

在此基础上，教师提出问题：本实验中使用的尿素固体培养基中的唯一氮源是尿素，其目的在于选择土壤中的分解尿素的微生物，那为何在培养基中出现了以氨为氮源的氨化细菌？如果想进一步选择分解尿素的微生物应该怎么做？

设计这些问题的目的在于帮助学生理解选择性培养基和鉴定性培养基的用途。借此问题引导学生认识到尿素分解菌可将尿素分解为氨，这时培养基中的氮源的种类就发生了变化,由原来的尿素是唯一氮源变成了除尿素外还存在其他的氮源,因此,可在这样的培养基上生长的细菌有些是可以分解尿素的,有些则是以氨为氮源的杂菌。而要想选择出其中分解尿素的微生物,可在配制尿素固体培养基时加入酚红起到鉴别作用,然后用灭菌后的接种环挑取菌落周围出现红色区域的微生物进行接种培养。

(7)总结归纳

在总结归纳阶段,教师可设计一系列问题引导学生回顾微生物分离纯化的方法以及实验设计的思路,具体问题如下。

① 分离纯化微生物的方法有哪些?(平板画线法、稀释涂布法、选择培养基分离、鉴别性培养基鉴别后挑取接种)

② 本实验中,为何要设计使用牛肉膏蛋白胨培养基培养土壤微生物的步骤?(设置对照,通过比较实验组和对照组培养基上菌落的数量和形态,证明尿素固体培养基的选择效果)

③ 要想提高土壤中尿素分解微生物计数的准确性,应该怎么做?(设置重复,取均值,减少实验误差)

④ 请归纳微生物计数的方法。(稀释涂布法、血球计数板、比浊法等)

七、教学反思

以上教学过程充分挖掘该课题的教学价值,使课程标准中"微生物的分离与培养、微生物计数、选择性培养基的选择作用"等具体要求得到有效落实,同时,该教学过程较好地处理了知识性内容与操作性内容及课上与课下的关系,可起到节约时间,提高教学效率的效果。

第八章　政治历史地理音乐通用技术学科生态教学设计

政治、历史、地理、音乐、通用技术学科,是高中学科课程的重要构成部分。在江苏省"3+2"高考模式下,政治、历史、地理、音乐、通用技术学科在"小高考"之后,学校对这些学科往往是"束之高阁",到高三阶段,这些学科更是"无人问津"了。对于这些学科课程,清浦中学并没有放弃,而是与语、数、外、物、化、生等学科课程一视同仁,要求在这些学科课堂教学中渗透生态教育思想,落实生态教育理念,运用生态教育的课堂教学策略。本章中,呈现给大家的是这五门学科基于生态教育理念的教学设计文本,通过这些教学设计文本,我们会深深地感受到,清浦中学的生态教育,并不是喊喊口号,而是脚踏实地、扎根于学科的课堂教学之中,让学生体验、分享学校倡导的生态教育,并在生态教育导引下自然、快乐、全面、健康地成长。

第一节　《收入分配与社会公平》的教学设计①

一、教材分析

经济活动分成生产、分配、交换和消费四大环节,收入分配与社会公平是属于分配环节,分配与交换是连接生产与消费的纽带,在全书中起承上启下的作用,收入分配的公平是社会主义分配原则的必然要求,也是社会主义核心价值观的题中之义。收入分配的公平是中国特色社会主义的内在要求,是实现共同富裕的体现。

---

① 本教学设计由李金钟撰写。李金钟,中小学高级教师,江苏省清浦中学政治教研组组长。

二、教学目标

1. 知识目标:收入分配公平的含义,收入分配公平的意义,促进社会公平的三个方面的举措。

2. 能力目标:能辨证地认识和对待经济生活中面临的各种矛盾,善于在相互矛盾的复杂事物中进行分析选择,初步掌握解决社会经济矛盾、平衡利益关系的方法和技巧。能全面认识现实生活中的收入分配差距,提高综合分析问题的能力。

3. 情感、态度和价值观:通过本课的学习,向学生渗透社会主义核心价值观的"富强、民主、和谐、平等、公正、法治、爱国"等理念,使学生认识到以共同富裕为目标的社会主义分配制度的优越性,认识到我国现阶段的收入分配制度和分配政策既有利于经济效率的提高,又能保证共同富裕目标的实现。

三、教学重点与难点

1. 重点

(1) 什么是收入分配公平。

(2) 促进社会公平的三个方面的举措。

2. 难点

增加居民收入,着重保护劳动所得,提高两个"比重",实现两个"同步"。

四、教学思路

把握课程标准,结合教材与现实,完成课堂教学任务,在知识与技能、过程与方法、情感态度与价值观等三方面目标的有机整合,恰当地处理好文化知识与德育融入的关系,尤其注重社会主义核心价值观在知识内容、教学流程和学生思维活动中的渗透,充分地挖掘出政治学科的德育教育的功能。

充分发挥学生的主体地位,凸现"以人为本"的理念,侧重学生的自身内化,避免空洞的德育说教。

五、教学准备

教学多媒体设备,教学课件与相关视频、图片。

六、教学过程

1. 情境导入

（1）展示我国取得辉煌成就的图片，并配以背景音乐《我爱你中国》，再展现我国西部农村的两幅图片。

（2）引用中共中央总书记习近平同志在不久前闭幕的十八届五中全会上指出："发展不能是城市像欧洲、农村像非洲，或者这一部分像欧洲、那一部分像非洲，而是要城乡协调、地区协调。"

（3）图表展示我国近十年的基尼系数。

提问：

（1）我国辉煌成就的图片反映了什么？

（2）我国基尼系数总体反映收入差距较大，但近几年呈下降趋势。进一步得出收入分配不公平的意义是什么？

设计意图：运用多媒体展示让内容形象直观，激趣导入，提高学生学习的自觉性和探究的主动性。体现我们社会主义国家的不断富强，激发学生的爱国热情和忧患意识。

2. 学生阅读《猴子分食》，巧妙对应学科术语

在很久以前，在南美洲的亚热带地区，生活着很多猴子它们分成三个族群（族群 A、族群 B 和族群 C），它们推选了各自的族长，三个族群都以采摘香蕉为生，它们为了增强抵御灾害与猛兽的侵袭，形成了一个大的部落，共同推选了一个部落总首领（猴王）。

A 族群族长名叫申猴，A 族群中有劳动能力的猴子有 30 只，这 30 只猴子每天上山去采摘香蕉，晚上回来后由申猴统一管理分配，其中大部分猴子每天采摘 20 公斤香蕉，有一只猴子（圆猴）每天采摘 40 公斤，另一只猴子（方猴）每天采摘 10 公斤。

申猴每天分给这 30 只猴子 5 公斤香蕉，并且留一部分由本族支配以备不时之需，其他交由部落总首领（猴王），由其在大部落内统一再次分配。

学科概念对应：

（1）大部落、族群、猴子分别类似于现实中的国家、企业和个人。

（2）A 族族长的分配相当于国民收入的初次分配、猴王的分配相当于国民收入的再分配。

设计意图：让枯燥的知识生动化，让学生生动有趣的感受和掌握相关经济学术语。为分配公平的含义与措施做铺垫。

3. 学生在合作中探究，在思辨中求真

几个月后，圆猴离开了族群，远走他乡。

圆猴离开后，族长申猴每天只分给方猴 1 公斤香蕉，方猴食不果腹，几个月后也被迫离开了族群。

同时族长申猴分给自己每月 100 公斤香蕉。

几个月后，族群 A 中很多猴子纷纷离去。

探究一：平均主义公平吗？公正吗？

探究二：几个月后申猴的分配公正吗？群体和谐吗？

我国宪法第六条第二款规定：国家在社会主义初级阶段，坚持公有制为主体、多种所有制经济共同发展的基本经济制度，坚持按劳分配为主体、多种分配方式并存的分配制度。

学生探究问题，回答问题：

（1）平均主义不公平，不公正。因为平均主义严重挫伤了劳动者的积极性。

（2）几个月后申猴的分配方式拉大了社会成员间的差距，与共同富裕背道而驰，不利于社会和谐。

（3）学生回答宪法的地位，宪法是国家的根本大法，是母法，是治国安邦的总章程。

设计意图：引出收入分配公平两个方面的含义。同时也引出我国当前的分配制度是解决社会公平的制度保证。提升学生的法律尤其是学生的宪法意识，正如习近平总书记强调：依法治国，首先是依宪治国。培养学生的法治精神和法治素养。

4. 学生各抒己见，启迪创新思维

族长申猴为了让族群恢复昔日生机，召开猴众大会，广泛吸收猴众意见。

猴甲：族群和大部落重大事宜应该听取猴众的意见，诸如收入分配问题。

猴乙：管理者与普遍劳动猴众收入悬殊太大，猴众意见太大，但敢怒不敢言。

猴丙：要保护劳动者的收入，尤其是香蕉生产一线劳动者。不能只见大部落和族群财富的增长，而看不到个人收入的提高。

猴丁：大部落和族群收入的增长是次要问题，无须太多关注，民生的提高才是主要的。

你认为该如何改革？

在学生回答后展示：

族长申猴吸纳猴众们的合理意见，在生产发展的基础上提高了香蕉采摘一线猴子的收入，主动将自己收入与众猴们拉平。

几个月后,A族群又重新焕发了生机。圆猴和方猴相继回到了这个温馨的大家庭。

进一步剖析猴子的想法。

将全班同学分成五组加以讨论,让每一组推选代表发言。

结论1:增加居民收入,着重保护劳动所得,提高居民收入在国民收入分配中的比重、劳动报酬在初次分配中的比重,努力实现居民收入增长和经济发展同步、劳动报酬增长和劳动生产率提高同步。

让学生分析总结其中所包含的民主思想,公正意识和和谐理念。

结论2:要顺好国家、企业与个人三者之间的关系,不可偏废其一。

设计意图:将难点问题分解,用猴子个体的观点来分解提高两个"比重",实现两个"同步",各个击破。与族群之前的情形加以对比,让学生充分体会到民主、公正与和谐对社会所起到的重大推动作用。对猴子思想的剖析激发学生的爱国意识。

5. 学生感悟情境,提升家国情怀

大部落首领猴王将族群A的分配制度推广到其他两个族群,大部落的财富也随之大大增加,猴王财富合理分配给丧失采摘能力的猴子;同时对收入高的猴子进行税收调节,大部落的财富主要用于部落的公共支出和改善老、弱、病、残者的民生。

使用若干西部大开发的成就和社会主义新农村的图片。

学生思考、讨论回答。

结论1:再分配要更加注重公平。

结论2:西部大开发离不开国家方针政策的支持。

设计意图:让学生弄清国民收入再分配的来源与去向,提升为国做贡献的自觉性与自豪感。

6. 教师自编结束语,升华学生的思想

改革是我国发展的强大引擎,科技为我国发展推波助澜,改革与科技犹如我国经济社会发展之双翼,在中华大地上展开了一幅波澜壮阔的动人画卷。

国家的不断富强为我国公平公正的最终实现立起了坚强的柱石! 同学们,让我们徜徉在民主的海洋里,为不断完善分配制度而齐心戮力,肩负起公正的神圣使命与价值追求,让法治为公平筑起一道道坚实的屏障;让公平与效率并驾齐驱,让爱国的大旗高高飘扬,向和谐的彼岸万舟竞发。那么我们国家所追求的中国梦,我们每一个中国人所追求的中国梦,还会远吗? (配以背景音乐《我的祖国》。)

(学生与老师一起有感情地朗读。)

设计意图:将本节课所涉及的社会主义核心价值观中的理念逐一加以列举,并串联在结束语中,写成文字,让学生的灵魂得以升华,师生得到了共同提升。

7. 当堂练习

(1) 下列关于社会公平问题的理解中,正确的是(　　)

A. 使社会成员的差距控制在一定范围内

B. 消除社会成员之间的利益差别

C. 平均分配,不能有收入差距

D. 只要是合法所得,不管差距多大

(2) 实现社会公平、形成合理有序的收入分配格局的制度保证是(　　)

A. 保障社会成员收入的普遍提高,保证人们的基本生活需要

B. 保证居民收入在国民收入分配中的比重不断提高

C. 坚持和完善按劳分配为主体、多种分配方式并存

D. 着力提高低收入者的收入,逐步提高最低工资标准

(3) 效率的提高意味着(　　)

A. 生产规模的扩大与产品量的增加

B. 企业技术水平与管理水平的进步

C. 劳动者收入的增长与物价的下降

D. 资源的节约与社会财富的增加

(4) 发展社会主义市场经济,健全生产要素按贡献参与分配的制度,主要是因为它有利于(　　)

A. 保障社会公平　B. 体现平均分配

C. 提高经济效率　D. 防止两极分化

8. 教学评价设计

评价内容	收入分配与社会公平			学生姓名				评价日期			
评价项目	学生自评			生生互评				教师评价			
	优	良	中	差	优	良	中	差	优	良	中	差
课堂表现												
回答问题												
知识掌握												
综合评价												

七、教学反思

教材这部分知识所对应的经济现象,学生具有一定的生活体验(或者是有些学生并没有体验——比如确定交换比例,但是它能够和学生现有的知识和经验实现很好地结合,是可以体验的),但是缺乏对这种体验的深入思考。因此进一步强化这种体验,在体验过程中进行思考和认知,使知识从学生的生活体验中来,从学生的思考探究中来,有助于提高学生的兴趣,有助于充分调动学生现有的知识和认知工具,培养学生的各种能力,也有助于实现知识与生活的交融。

从学生身边的社会现象和学生的生活体验入手,运用案例、模拟等形式创设情境呈现问题,由学生在自主探索、合作交流的过程中,发现问题、分析问题、解决问题,在问题的分析与解决中主动构建知识,引导和鼓励学生思考、体验解决问题的过程,逐步学会分析问题、解决问题的方法,既有利于发展学生的理解、分析、概括、想象等创新思维能力,又有利于学生表达、动手、协作等实践能力的提高,促进学生生动活泼、积极主动地全面发展,力求实现认知过程与结果并重,知识与能力、方法并重的目标。

第二节 《充满魅力的中国书画》的教学设计①

一、教材分析

本课主要介绍了汉字的起源和演变以及中国书画艺术的发展脉络和基本特征。第一目"汉字的起源和演变",教材主要叙述了汉字的起源和演变的基本脉络和趋势。第二目"中国书法艺术的发展",教材概述了书法艺术发展的两个阶段以及楷书、草书和行书的特点、发展概况和代表作。第三目"中国画的起源、演变及特点"。主要介绍了中国古代绘画艺术发展的七个阶段,以及各个阶段的特征、代表人物和作品。

---

① 本教学设计由张化撰写,本设计获江苏省创新教学设计一等奖。张化,中学高级教师,淮安市学科带头人,"十百千"工程培养对象,"533"技术骨干人才,三次获市优课评比一等奖,参编《高中历史必修二教师教学参考用书》等十多本教学参考用书。

二、教学目标

1. 知识与能力

识记:汉字起源和演变过程,中国书画的基本特征、发展脉络及各时期的代表作品。

理解:社会状况对书画发展的影响,以及书画作品所反映出的时代气息和作者的精神面貌。

运用:概述汉字的起源、演变过程,能说出中国书画的基本特征和发展脉络,能简单欣赏书画作品。

2. 过程与方法

(1)通过创设情境、层层设问,引导学生探究问题、合作交流,培养学生探究问题和合作交流的能力。

(2)通过各种形式的探究活动培养学生收集、筛选信息的能力,语言表达的能力,同时培养学生论从史出、史论结合的史学研究方法。

3. 情感态度与价值观

(1)了解中国书画的基本特征和发展脉络感受中国古代文化的艺术魅力。

(2)通过对中国书画作品的赏析,提高学生艺术素养,同时使学生感受中国传统人文精神,以有助于学生人文素质的培养。

三、教学重点与难点

1. 教学重点:中国古代书画艺术的演变和特点。

2. 教学难点:从历史视野中去赏析中国古代书画作品,从中国古代书画作品感受时代气息,体会中国书画的神韵和人文精神。

四、教学思路

1. 教学总体设计

(1)学生自主学习和自主探究相结合,个体学习与合作学习相结合,充分发挥学生的主体性和参与性,培养学生探究历史问题的能力和互相合作精神。

(2)教师通过创设情境激发学生学习兴趣,通过问题引导学生思考,培养学生分析、思考、探究的能力。

(3)发挥历史学科作为人文学科的优势,注重学生人文素质的培养。

2. 过程与方法设计

（1）"汉字的起源和演变"一目主要以学生的自主学习自主探究为主,教师适当指导,以培养学生自主学习的能力。

（2）"中国书法艺术的发展"一目首先由学生自主探究书法的发展阶段及三种书体的发展概况,然后重点让学生在赏析书法作品过程中感受三种书体的特点,在此基础上通过对颜真卿作品的赏析让学生感受中国书法作品的神韵。

（3）"中国画的起源、演变及特点"一目重点探究隋唐、两宋、元明清三个时期中国画的发展状况,同时各有侧重。隋唐重点探究绘画所反映出的时代特征;两宋突出探究社会政治、经济状况对绘画艺术的影响;元明清主要探究文人画的特点和文人画所蕴含的人文精神。

3. 教学情境设计

运用多媒体演示图片、文字等历史素材来创设问题的情境,形成探究核心,引导学生思考、探究,同时让学生形成对历史知识的鲜活体验。

4. 教学评价设计

（1）通过课堂提问、讨论、随堂练习考查学生对基础知识的掌握和运用情况和语言表达能力。

（2）通过讨论、撰写历史小论文等来考查学生收集处理历史资料能力、语言表达能力和历史思维能力。

五、教学准备

1. 学生准备:课前预习,初步了解本课基础知识。

2. 教师准备:

（1）布置学习任务;

（2）收集资料、制作多媒体课件。

六、教学过程

1. 激发兴趣,确定目标

教师上课前首先用多媒体展示宋代黄庭坚的书法作品《砥柱铭》,然后让学生猜测这件作品在 2010 年 6 月"北京保利 5 周年春拍会"上的拍卖价格。学生猜测后教师引入新课。

导入:同学们可能难以置信,这幅作品最终定价 3.9 亿人民币,加上佣金价格 4.368 亿成交,为什么会拍出如此天价,中国书画作品究竟有什么样的艺术魅力受到世人的如此青睐？今天我们就来学习《充满魅力的中国书画》，一起探究中国汉字的起源和演变过程，中国书画的发展脉络和基本特征。

设计意图：本课从现实入手导入新课，一方面通过拍卖价格体现中国古代书画的艺术价值，激发学生的学习兴趣，同时点出本课主线中国书画的"魅力"。另一方面同时通过教师的导入让学生明确本课的学习目标。

2. 多维互动，主题探究

探究主题一　汉字的起源和演变

【自主探究　梳理知识】

学生阅读教材第一目，思考相关问题：

（1）中国汉字起源于何时，是如何逐步演化而来的？

（2）中国汉字何时形成完整体系？简述其演变脉络和发展趋势？

【学生质疑　合作探究】

首先学生在回答问题的基础上提出问题，师生共同探究，然后教师结合学生提出的问题，引导学生重点探究汉字的起源。

【智能训练　及时巩固】

教师用多媒体展示五幅图片

学生思考：五幅图片分别是什么汉字形体？并按汉字演变的顺序进行排列。

过渡：自从有了汉字也就有了书法，那么中国书法艺术经历了怎样的发展历程呢？下面我们就一起来探究。

设计意图：汉字的起源和演变内容相对比较简单，主要以学生自主学习为主，最后借助于多媒体技术展示五幅图片对学生自主学习的情况做一个简单的检测，同时让学生对不同的字体有更为直观感性的认识。

探究主题二　中国书法艺术的发展

【问题引领　自主探究】

教师提出问题，引导学生阅读教材"中国书法艺术的发展"一目进行自主探究。

（1）中国书法艺术发展经历了哪两个阶段？

（2）中国书法艺术主要有哪几种书体？

（3）谈谈楷书、草书、行书三种书体发展的大致过程及代表作品。

【创设情境　合作探究】

教师用多媒体展示三幅书法作品：

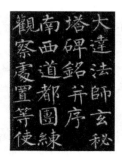
柳公权《玄秘塔碑》

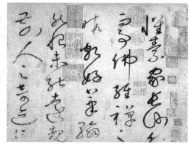
怀素《自叙帖》

王羲之《兰亭序》

学生结合作品讨论：

（1）上面三幅作品分别是楷书、草书和行书，仔细观察三幅作品，谈谈三种书体各自有什么特点？

（2）你最喜欢上面哪一书法作品，说说你的理由。

【拓展延伸　探究提高】

教师：唐朝时期是我国书法艺术发展的鼎盛时期，这一时期最突出的代表人物是颜真卿。世称"颜鲁公"，是继"书圣"王羲之之后又一位伟大的书法家，后人称之为"亚圣"。他所创立的"颜体"在书学史上缔造了一个独特的书学境界，苏轼曾有"诗止于杜子美，书止于颜鲁公"一说，下面请大家看颜真卿三幅书法作品。（多媒体展示图片）

《东方朔画赞》

《争座位帖》

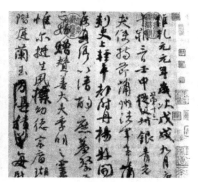
《祭侄文稿》

教师介绍三幅作品的创作背景:《东方朔画赞》为颜真卿坚守平原抗击安禄山时所书。《争座位帖》则是他指责一高官在唐朝重要集会上为谄媚宦官鱼朝恩,而无视朝廷礼仪,以致礼遇高于六部尚书的事情。《祭侄文稿》是颜真卿为祭奠就义于安史之乱的侄子颜季明所作。对于颜真卿作品世人多有评价。(多媒体展示下列材料)

材料一:颜鲁公平生写碑,唯《东方朔画赞》为清雄,字间栉比而不失清远。其后见逸少本,乃知鲁公字字临此书,虽大小相悬,而气韵良是。

——《东坡题跋》卷四

此贴在颜最为杰思,想其忠义愤发,顿挫郁屈,意不在字,天真罄露在于此书。

——宋 米芾评《争座位帖》

斯人忠义出于天性,故其字画刚劲独立,不袭前迹,挺然奇伟,有似其为人。

——宋 欧阳修

鲁公忠义光日月,书法冠唐贤。片纸只字,是为传世之宝。况祭侄文尤为忠愤所激发,至性所郁结,岂止笔精黑妙,可以振铄千古者乎。

——清王顼龄《祭侄文稿跋》

鲁公平生大气凛然,惟其忠贯日月,识高天下,故精神见于翰墨之表者,特立而兼括。忠臣烈士,道德君子,端严尊重,使人畏而爱之。

——宋 《宣和书谱》

材料二:书,如也,如其学,如其才,如其志,总之如其人。

——清 刘熙载

学生结合作品和材料讨论:

(1)材料一中苏东坡等人对颜真卿作品的评价恰当吗?

(2)结合材料二中刘熙载的观点及作品背景谈谈你对颜真卿作品的看法。

教师总结:颜真卿的书法气势充沛,劲挺豁达,字里行间横溢着粲然忠义之气,显示了颜真卿刚强耿直、朴实敦厚的性格,这正是苏轼所说的书法的神,即书法作品中所反映出的精神气度、精神面貌,也是中国书法的不朽魅力之所在。正如我们常说的"书画同源",中国画也同样追求着"以形写神"的境界,那么中国画起源于何时,有何特点,又是如何演变的呢?我们一起来学习"笔墨丹青中国画"。

设计意图:本节内容是本课重点之一,在学生自主学习古代书法发展阶段和不同书体特点的基础上,通过整合图片和文字资料来让学生思考探究颜真卿书法作品所体现的粲然忠义之气,刚强耿直、朴实敦厚的性格,即中国书法的魅力所在。

探究主题三 笔墨丹青中国画

【分组学习 探究合作】

学生阅读课文,几人一组共同探究下面问题:

(1)中国绘画起源于何时?经历了哪几个发展阶段?

(2)隋唐以前各个阶段分别呈现出什么样的特征?有哪些代表作品?

【思路引领 共同探究】

过渡并引出问题:在继承魏晋优秀传统的基础上,隋唐五代时期中国绘画达到了一个高峰,这一时期重要的代表作品有哪些呢?

学生回答后,教师用多媒体投影隋唐时期四幅代表作品。(阎立本《步辇图》、展子虔《游春图》、吴道子《送子天王图》、敦煌莫高窟壁画)

结合上述作品学生讨论:

(1)从题材、场面、色彩、风格以及人物造型等方面说明隋唐时期绘画的特征?

(2)隋唐绘画这些特点反映出隋唐时期什么样的时代特征?

教师总结:从隋唐的绘画可以看出隋唐时期我国封建社会呈现出雍容华贵的盛世景象:政治统一、经济文化繁荣、民族关系融洽、对外交流频繁。

【探究延伸 思维发散】

到两宋时期随着社会发展,绘画得以全面发展,流派纷呈,风俗画尤为突出,宫廷画院活跃,画学兴起,绘画成为商品。两宋时期为什么会出现这些特点呢?

教师用多媒体投影下面两段材料:

材料一:宋代由于城市繁荣和对绘画需求量增加,很多画师服务于贵族装堂饰壁和为寺观绘制壁画,商店、酒楼、茶肆也挂字画招徕顾客。……此时职业画家的创作具有明显的商品化性质。

——《中国美术简史》高等教育出版社

材料二:宋代皇帝不同程度地爱好书画,重视画院建设,因此,画院体制逐渐完善,规模不断扩大,尤以徽宗时最为突出,成为古代宫廷绘画最为繁盛的时期。

——《中国美术简史》高等教育出版社

学生结合上面两段材料讨论。

教师总结:绘画艺术一方面体现出时代特征,另一方面社会的政治经济状况又对绘画本身产生了影响,也就是说绘画是一定历史时期的产物,它的发展带有很强的时代烙印。

【层层推进 深入探究】

宋末随着蒙古人的入侵及元政权的建立,汉族知识分子受到了屈辱与压迫,加上封建社会后期士大夫本来就有精神的失落感和无路可走的困惑,由此产生了一种社会性的消极避世的心态,传统审美文化又给了他们以某种洁身自好恃才傲物的精神支持,在这种背景下士大夫的文人画逐步确立起来。我国绘画在元明清时期进入了一个新的阶段,文人画尤为突出的时期。请大家看三幅文人画的代表作品。(多媒体展示图片)

元 王冕《墨梅》　　明 徐渭《黄甲图》　　清 郑板桥《墨竹图》

结合三幅作品学生讨论:文人画在表现对象、色彩、笔法、构图等方面各有什么特点?

教师总结:文人画大都用写意的笔法、水墨的浓淡、简约的构图来表现山水、花鸟、树石等景物,以描绘出简淡清雅的文人意境。对此无论古人还是今人都有精辟的论述。教师用多媒体投影下面两段材料:

材料一:爱看古庙破苔痕,惯写荒崖乱树根,画到精神飘没处,更无真相有真魂。

——郑板桥评黄慎绘画

材料二:文人画的重要审美特色在于"尚意"。……元代以及明清的文人画不太重视对客观事物的模仿,而注重主体的思想情感与审美趣味的表现,侧重于画家主观意念的抒发,画中的山水、树石、花卉等景物等成为画家情感的寄托物。

——胡健《中国审美之魂》

学生结合两段材料讨论:文人画的精髓是什么?

教师总结:文人画的精髓在于借物抒情,追求神韵意趣。文人画在借物抒情的同时,往往还会在画上题诗,以表达自己的情感。用多媒体投影下面三首

题画诗:

王冕 《墨梅》题画诗:"吾家洗砚池头树,个个花开淡墨痕;不要人夸好颜色,只流清气满乾坤。"

徐渭 《螃蟹图》题画诗:"稻熟江村蟹正肥,双螯如戟挺青泥,若教纸上翻身看,应见团团董卓脐。"

郑板桥 《墨竹》题画诗:"一节复一节,千枝攒万叶,我自不开花,免撩蜂与蝶";"秋风昨夜渡潇湘,触石穿林惯作狂,唯有竹枝浑不怕,挺然相斗一千场。"

学生讨论:从上面几首诗中可以看出作者什么样的精神与品质?

教师总结:正如同学们刚才分析的,作品中体现出了淡泊名利、不附权贵、刚直不阿、宁折不弯的精神,这更增加了文人画的艺术魅力。

设计意图:本主题从三个角度来帮助学生理解中国古代绘画的发展和特点,唐代借助于多媒体展现不同题材的五幅绘画作品,让学生体会绘画所反映的时代特点;宋代绘画通过美术史的相关资料帮助学生感悟一个时代的艺术是一个时代的产物;文人画则通过整合图片和文字资料让学生感受文人画的意境和文人画所体现的最大特点:借物抒情,追求神韵意趣,这也是中国绘画的一个基本特征和魅力。

3. 知识整合,归纳提升

教师引导学生回忆本节内容并投影知识结构。

本课小结:通过本节课的学习,我们了解到中国的书画以其独特的用具、颜色、表现手法和审美情趣,创造出了一种独特的艺术形式,他所追求的精神、意境和气韵折射出中国传统的宇宙观、自然观和人生观,构成了中国传统文化的重要组成部分,成为世界文化宝库中的无价之宝,这也正是中国书画艺术的魅力所在。

4. 学习延伸,探究提高

(1) 从你熟悉的中国书画中选一幅你喜欢的作品,从时代背景、人物生平、艺术特点等方面写一篇赏析文章。

(2) 宋代宫廷画院常用诗句作题目来进行考试,如"竹锁桥边卖酒家",大多数人都在酒家上下功夫,唯一善画者只是在桥头竹外挂一酒帘,上写"酒"字而已,便见得酒家在竹内也。

除此之外还有"踏花归去马蹄香""嫩绿从中一点红,动人春色不须多""蝴蝶梦中家万里"等诗句,如果让你参加考试,你会如何构思画面呢?

设计意图:本课小结重点概述中国书画艺术的特点,点明中国书画的魅力所在，做到前后呼应，课后作业设计的两道开放性的题目，重在整合学生资源，培养学生独立思考、自我评价和创新能力。

第三节　《岩石圈与地表形态》的教学设计①

一、教材分析

　　岩石圈是构成自然地理环境的四大圈层之一，地表形态（地貌）是自然地理环境的五大要素之一，是人类生产、生活的重要场所。教材首先叙述了地球内部的三个圈层，详细说明了岩石圈的结构，具体论述了地壳的特征、类型与分层，用正文和示意图说明了岩石圈物质在内、外力作用下的循环规律，说明三大类岩石的相互转化过程及岩石圈与人类生产生活的关系。

　　教材从增强感性认识的角度，将图文对照与野外观察相结合，使学习内容具体化、形象化，注重图文结合，注重观察，加深学生的感受和认识。

二、教学目标

　　1. 利用地球圈层结构示意图，说明岩石圈的结构。

　　2. 观察岩石标本，说明三大类岩石的特征及其成因。

　　3. 绘制简单示意图说明三大类岩石的相互转化过程。

　　4. 通过学习和探究，提高观察问题、分析问题的能力，锻炼学生自主学习和研究的能力，形成正确的环境观。

三、教学重点与难点

（一）教学重点

　　1. 岩石圈三大类岩石的特征。

　　2. 岩石圈物质的物质循环过程。

---

　　①　本教学设计由孙建祥撰写，本设计获 2015 年"一师一优课"评比省优课例。孙建祥，中学地理高级教师，江苏省清浦中学年级主任，多年担任高三毕业班的教学和管理工作，教育教学经验丰富，成绩突出。

（二）教学难点

1. 三大类岩石的成因。
2. 岩石圈物质的物质循环过程。

四、教学思路

首先,通过示意图使学生了解地球的内部圈层和外部圈层,内部圈层划分的依据,掌握岩石圈的范围,强调岩石圈与地壳的区别。然后运用岩石标本、多媒体动画演示、学生绘制示意图引导学生进一步学习岩石圈的组成、三大类岩石——岩浆岩、沉积岩、变质岩的形成和特征、岩石圈物质的循环过程。

讲授本节内容应始终贯穿物质运动的观点和辩证的观点,教学时应选取学生熟知的图片或例子,动画演示、图片和教具展示贯穿于教学过程,使学生增强感性认识,以更好地理解比较抽象的地理过程,让学生通过初步了解内容—深入分析原因—学会判断案例,最终达到理解和掌握知识、锻炼能力的教学目标。

五、教学准备

课本插图、景观图片、岩石标本、多媒体等。

六、教学过程

1. 情境导入

教师问:由课本第二单元题图"地球的圈层结构",说出地球的外部圈层和内部圈层分别是哪些?

学生答:内部圈层由内到外依次是地核、地幔、地壳;

外部圈层有水圈、生物圈和大气圈。

教师问:那么如何区分地球的内部与外部圈层呢?

学生答:以地球的固体表面为界。

总结:很好。地表以上为地球外部圈层,包括大气圈、水圈和生物圈;地表以下为地球内部圈层,包括地壳、地幔和地核。

特别提出:地壳及上地幔顶部是由固体岩石组成的,又称为岩石圈。

岩石圈、大气圈、水圈、生物圈四大圈层相互联系、相互渗透、相互作用,共同形成了人类赖以生存的自然地理环境。

教师问:那么,外部圈层划分的依据是什么呢?

学生答:以物质组成的不同来划分的

教师问:由"地表形态"你想到了什么?

设计意图:通过一组展示千姿百态地表形态的景观图片,来展示地形的多姿多彩,激发学生的学习兴趣和学习动机。

接着问:由"地表形态",你又想知道什么呢?

【**设计意图**】引入新课

(板书)　　　　第二单元　　从地球圈层看地理环境

　　　　　　第一节　岩石圈与地表形态

2. 合作探究

探究一　读材料一及课本 26 页"图 2-1-2　地球内部圈层结构示意",思考:地震波的什么特点可以用来作为划分地球内部圈层的依据?

材料一　地震波由天然地震或通过人工激发的地震而产生的弹性振动波,在地球中由介质的质点依次向外围传播的形式。地震被按传播方式分为三种类型:纵波(P 波)、横波(S 波)和面波(L 波)。

由于地球介质的连续性,这种波动就向地球内部及表层各处传播开去,形成了连续介质中的弹性波。

纵波(P 波)和横波(S 波)的实际传播速度取决于岩石的密度和内在的弹性。对线弹性物质而言,当波与运行方向无关时,波速仅取决于两个弹性性质,称为弹性模量:岩石的体积模量 k 和剪切模量 μ。

设计意图:地球内部圈层的划分依据,比较抽象,学生理解比较困难,通过提供一些相关资料,既可以拓展同学的知识面,又利于对本知识点的理解与掌握。

(板书)　一、地球内部圈层和岩石圈的结构

　　　　1. 地球内部圈层

　　　　2. 岩石圈的结构

探究二　读材料二与课本 27 页"图 2-1-4　花岗岩与玄武岩",思考:

(1) 花岗岩与玄武岩的特征有什么不同?

(2) 哪个属于侵入岩,哪个属于喷出岩?

材料二　岩浆岩主要有侵入岩和喷出岩两种产出情况。

侵入在地壳一定深度上的岩浆经缓慢冷却而形成的岩石,称为侵入岩。侵入岩固结成岩需要的时间很长。地质学家们曾做过估算,一个 2 000 米厚的岩体完全结晶大约需要 64 000 年;由于没有喷出地表,因此岩浆有充分的时间和压力来降温,这样形成的岩石的颗粒都是比较大的,也没有气孔。

岩浆喷出或者溢流到地表,冷凝形成的岩石称为喷出岩。喷出岩由于岩浆温度急剧降低,固结成岩时间相对较短。1 米厚的岩体全部结晶,需要 12 天,10

米厚需要 3 年,700 米厚需要 9 000 年。可见,侵入岩固结所需要的时间比喷出岩要长得多。

　　喷出岩由于冷却发生在地表,所以压力和温度的骤减造成造岩矿物结晶不完好,表现出颗粒很小,甚至会有点像玻璃的质感。岩浆里是溶解有气体的,压力突然变小以后气体会从溶解状态游离出来,这样就形成一个个气泡,最后就形成岩石中的气孔。

　　设计意图:此处是难点,通过提供学习资料,开展自主学习与合作探究,培养学生的地理核心素养。

　　探究三 读材料三,与课本 28 页"图 2-1-5 沉积岩形成示意",思考:为什么把岩层和化石称为记录地球历史的"书页"和"文字"?

　　材料三 沉积岩,又称为水成岩,是三种组成地球岩石圈的主要岩石之一(另外两种是岩浆岩和变质岩)。是在地表不太深的地方,将地壳中已形成岩石的风化产物和一些火山喷发物,经过水流或冰川等的搬运、沉积、成岩作用形成的岩石。在地球地表,有 70% 的岩石是沉积岩。其主要特征是:① 层理构造显著;② 沉积岩中常含古代生物遗迹,经石化作用即成化石;③ 有的具有干裂、孔隙、结核等。

　　设计意图:通过提供学习资料,开展自主学习与合作探究,培养学生获取地理信息,并能进行有效的分析、归纳与总结等方面的地理核心素养。

　　(板书) 二、岩石圈的组成与物质循环

　　1. 岩石圈的组成

类型	成因	常见岩石	主要特征
岩浆岩	岩浆活动	花岗岩、玄武岩	侵入岩:结晶度好,晶体颗粒较大 喷出岩:具有气孔等构造
沉积岩	外力作用	石灰岩、砂岩、页岩	具有层理构造,常含有化石
变质岩	变质作用	大理岩、石英岩、板岩、片麻岩	具有片理结构,重结晶作用明显

　　设计意图:通过学生的自主学习与合作探究,培养学生归纳、总结与概括等方面的地理核心素养。

　　【过渡】

　　老师:同学们填的很好。石灰岩、页岩、石英砂岩都是沉积岩,花岗岩是岩浆岩,它们在一定温度和压力作用下都会发生变质,从这里我们看出岩石是可以转化的,这种转化被称为岩石圈的物质循环。

　　(板书)2. 岩石圈的物质循环

（1）岩石圈物质循环示意

下面,请同学们根据各类岩石形成的过程,绘制出地壳物质循环过程示意图。

（同桌协作,绘制出地壳物质循环过程示意图）

（实物投影,展示学生绘制的较好的图）

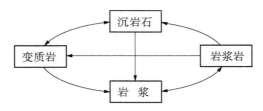

老师:实际上地壳物质循环简图和变式图有很多种,但大家可以根据这幅母图及岩石形成的过程加以理解与掌握。

【例题】读右图"地壳物质循环简图",图中字母和数字分别表示岩石及地壳物质循环的过程,完成下列各题:

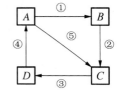

（1）写出框内字母表示的含义:

A _____ ,B _____ ,C _____ ,
D _____ 。

（2）写出下列数字的含义:

① _____ ,② _____ ,③ _____ ,④ _____ ,
⑤ _____ 。

（3）具有层理构造并可能含有化石的岩石代号是_____ ,最不可能有化石的岩石代号是_____ 。

解题指导:三类岩石是可以相互转化的,各种类型的岩石在高温熔化而成岩浆之前都会经历变质岩这一环节,所以有两个箭头指向的方框必然为变质岩,即C。同理推导 A~D 的名称。在三大类岩石中,只有沉积岩形成的环境是有生物活动的,古代生物的遗体和遗迹才可能保留于岩层中而形成化石。岩浆中不可能有生物存在,岩浆岩中无化石。

参考答案:(1)岩浆岩　沉积岩　变质岩　岩浆　(2)① 外力作用　② 变质作用　③ 重熔再生作用　④ 岩浆活动　⑤ 变质作用　(3) B　A

设计意图:通过此环节,对课堂教学的效果进行检测反馈,及时纠错,进一步加强对本节主要内容的理解与掌握。

3. 知识拓展

老师:岩石圈物质循环是自然界最重要的物质循环之一,对地理环境的形成有着重要的影响,主要表现在哪些方面呢?

生答:形成了地球上丰富的矿产资源。

生答:改变了地表的形态,塑造出了千姿百态的自然景现。

生答:实现了地区之间、圈层之间的物质交换和能量传输。从而改变了地表的环境。

(2)岩石圈物质循环的意义

老师:(归纳)地壳物质循环需要的时间很漫长,往往需要几十万年,有的要经过几亿年,远远超出了人类历史的长度,从这个意义上说,岩石和矿产是不可再生的;因此,我们要提倡保护和合理利用矿产资源。

4.本课小结

岩石圈的物质循环一刻不停地进行着,我们今天所看到的地表形态,只是岩石圈的物质循环在一段时期内留在地表的痕迹而已。因此在自然界中物质的运动是绝对的,静止是相对的,我们要用发展的眼光来看待地壳的演化。

5.板书设计

第二单元　从地球圈层看地理环境

第一节　岩石圈与地表形态

一、地球内部圈层和岩石圈的结构

1.地球内部圈层

2.岩石圈的结构

二、岩石圈的组成与物质循环

1.岩石圈的组成

类型	成因	常见岩石	主要特征
岩浆岩	岩浆活动	花岗岩、玄武岩	侵入岩:结晶度好,晶体颗粒较大 喷出岩:具有气孔等构造
沉积岩	外力作用	石灰岩、砂岩、页岩	具有层理构造,常含有化石
变质岩	变质作用	大理岩、石英岩、板岩、片麻岩	具有片理结构,重结晶作用明显

2.岩石圈的物质循环

(1)岩石圈物质循环示意

(2)岩石圈物质循环的意义

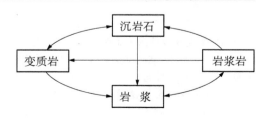

6.课堂检测

内容略

七、教学反思

（1）教育职能的转变，丰富与延伸了地理教学目标与功能。

当前课程改革的方向是帮助学生获得适应学习社会需要的基础知识和掌握基本再学习的能力，培养学生学科核心素养。因此在本节内容的教学中我的注意力不仅仅在于对基础知识的传授，还特别注意了学生的自主学习、生生合作探究能力的培养，渗透运动、变化、发展的观念。

（2）在教学过程中讲究教学模式的选择，重视探究，注重过程与结果评价的结合。

高中地理课程的基本理念之一是"重视对地理问题的探究，倡导自主学习、合作学习和探究学习，开展地理观测、地理考察、地理实验、地理调查和地理专题研究等实践活动。"

重视学生的探究活动，是本课的一个特色。但在设计的过程中又不是为探究而探究。在探究内容的选择上我选择了"地震波的传播速度与地球内部圈层划分""花岗岩与玄武岩的特征与形成环境""岩层和化石被称为记录地球历史的'书页'和'文字'"三个内容。我觉得前两个内容是难点，第三个内容是重点。通过学生的自主探究既可以解决难点，也可以突出重点。

另外，本节内容的另一个重点就是岩石圈的物质循环。因此，在教学中既有板书，也有投影，在课堂巩固中还进行了及时的反馈。

教学中还有一定的不足，如不同教学内容之间的承转还不是很自然。

第四节 《独特的民族风》的教学设计①

一、教材分析

本节课是人音版普通高中课程标准实验教科书《音乐鉴赏》第二单元《腔调情韵——多彩的民歌》中的第三节内容《独特的民族风》。本课将主要欣赏学习

---

① 本教学设计由王子铭撰写。王子铭，中学高级教师，省"333"高层次人才，市拔尖人才，市学科带头人，淮阴师院兼职导师，曾兼任市教研员，省教学成果奖获得者，省教师基本功大赛一等奖，市艺体督导专家，多次任市音乐中考命题组长。兼任中国文化艺术人才库艺术家，中国声乐学会会员，江苏省教育学会音乐专业委员会常务理事，淮安市流行音乐学会副会长，清江浦区音协副主席，清江浦区首届政协委员。

蒙古族长调歌曲、藏族传统歌舞曲等民族的民歌,感受我国独特的民族音乐。培养学生喜爱民族音乐并乐于主动探究民族歌曲与生活的关系,培养热爱祖国优秀音乐文化的感情,增进民族文化意识和民族自豪感。

二、教学目标

(1)了解蒙古族、藏族等少数民族风俗文化,并对它们的民歌产生兴趣,感受地域文化与其民歌之间的关联。

(2)通过聆听、联想、演唱等多感官方式感受体验蒙古族、藏族、维吾尔族民歌的音乐特征,能结合唱腔、音乐要素等方面对它们的民歌进行分析和鉴赏。

三、教学重点与难点

能运用音乐要素分析歌曲,同时结合地域文化特征及唱腔特点鉴赏少数民族的民歌。

四、教学思路

本课时主要以蒙古族、藏族、维吾尔族富有独特的民族音乐为主,旨在引导学生从多个角度,多个层次去感受不同民族所具有的特异的音乐风格,初步了解其音乐风格形成的文化、历史、地域方面的原因,并且认识了解"长调""囊玛""爱情歌曲"等民歌体裁。具体从对地域文化的交流与了解引入音乐学习,为音乐学习注入文化滋养,感受音乐与地域文化的关联,对作品整体的风格、情绪进行多感官体验,为学生积累一定音乐经验之后,引导他们学会运用音乐要素、唱腔等对作品进行实践分析,同时结合人文内涵,总结出所属民族具体的音乐特征。具体思路可以概括为审美体验—理性分析—感知理解—文化链接—文化理解(综合文化)。

五、教学准备

教学多媒体设备、地方文化图片及视频、钢琴等。

六、教学过程

1. 情境导入

教师:老师准备了一段视频,请大家看看。(主要呈现中国少数民族的风俗习惯、服饰以及舞蹈等)

（1）提问：视频中向我们展现了什么？（生回答）

总结：对，展现了我国少数民族的风土人情。

（2）展示大屏幕——因为每个民族的风俗不同，所以他们的服饰也各具特色。提问：大屏幕中的服饰都是哪个少数民族的呢？（生：蒙古族、藏族、维吾尔族、苗族、布依族、傣族等）

——今天这节课我们就来着重学习蒙古族、藏族音乐文化。

设计意图：通过学生对地方服饰及文化的初步印象，引入具体学习。

2. 新课教学

（1）蒙古族音乐文化

【导入】

——开放性谈话：请同学们说一说对蒙古族的了解。

（学生从蒙古族地域环境、气候、服饰、饮食、音乐等方面进行自由反馈）

——出示蒙古族地方文化的相关图片（同时配上背景音乐《辽阔的草原》）

学生结合图片介绍相关文化——服饰：同学们是否发现他们身上穿的都是长袍、靴子，因为他们历来以游牧和狩猎为生，服饰色彩鲜艳，非常有特点。男服宽领大袖，腰系彩绸，他们身边还习惯佩带银质蒙古刀，女服多为红绿长袍，丝绸束腰。饮食：烤全羊是蒙古族一具特色，配上马奶酒，别有一番风味。蒙古包：蒙古族是一个游牧民族，靠放牛羊为生。他们居无定所，不管走到哪里，蒙古包就是他们的家。刚才有一些图片中呈现出一片无垠的白云和碧绿辽阔的草原，那就是游牧文化的摇篮，蒙古族文化的发祥地，充满着神秘和诱人的魅力。

设计意图：通过开放性谈话与出示相关图片，加深学生对蒙古族地方文化的了解，同时配上本节课学习的蒙古族音乐《辽阔的草原》，潜移默化地带领学生体验地域文化与音乐的感性联系，为学习蒙古族音乐增强敏锐的想象思维能力和积累感性音乐经验。

过渡语：想象一下，生长在这样的一个环境下，他们的音乐将是什么样的风格呢？

【蒙古族长调】

——导入：听说很多感官都能体会到音乐的存在，同学们想不想试试？闭上眼睛想象草原的景象且音乐就在你的前方，伸出双手，随着音高节奏的变化，触摸着它，感受它的变化。

设计意图：通过听觉、联想、触感等多感官感受音乐，体验蒙古族长调音乐的特点，为后续理性思考积累音乐感性经验。

——简介并聆听《辽阔的草原》。提问：音乐给你的整体感受是什么？

【初听反馈】引导学生从情绪风格角度作答（悠扬、辽阔、自由的、舒展的）

——再次聆听《辽阔的草原》，思考：音乐的节奏、旋律、速度有什么特点？

【律动体验】A. 引导学生用手划一划旋律线条，体会旋律的起伏变化。

B. 跟音乐哼唱旋律。

C. 围绕音乐要素总结出：节奏自由、旋律舒展、速度较慢

设计意图：运用音乐要素对作品进行初步分析，了解音乐要素是如何表现的？从而认识长调的特点。

（4）出示歌谱，跟钢琴学唱歌曲片段。提问：歌谱中是怎样体现歌曲的基本特点的？

【感知理解】引导学生从歌词、装饰音（诺古拉）、延长音、小节线等方面分析歌谱。（学生反馈：歌词较少，前倚音、后倚音、延长音等较多，没有小节线）

【探究深入】三听《辽阔的草原》。

A. 思考：唱腔是怎么样的？

（学生反馈：字少腔唱，腔远悠长）

B. 提问：为什么会形成这样的唱腔与风格？（结合地域文化分析）

【归纳总结 1】蒙古族是游牧民族，地域辽阔，那里的人民生活自由，淳朴敦厚，他们与蓝天白云、草原羊群为伴，蒙古长调市游牧文化的一朵永不凋谢的花朵，哪里有草原哪里就有长调，哪里有牧人，哪里就有长调。长调是草原上的歌，也是马背上的歌。长调以真声为主，它感叹自然、讴歌母爱、赞美生命、诉说爱情，内容以草原、骆驼、牛羊、蓝天、白云、江河为主。长调常流传于牧区。

【归纳总结 2】这就是蒙古族独具特色的音乐风格"长调"。出示课件：长调——节奏自由，音域宽广，旋律舒展、字少腔长。

【蒙古族短调】

——导入：蒙古族民歌除了长调，还有短调，短调会给我们什么样的感觉呢？

设计意图：通过此提问，激发学生对短调音乐的主观想象。

——聆听歌曲《草原上升起不落的太阳》，说说歌曲的情绪与旋律有什么特点？

【聆听反馈】旋律比较平稳、情绪波动不大。

——比较分析与蒙古族长调《辽阔的草原》有何不同之处？

【理性分析】引导学生从节奏、旋律、速度等方面谈感受。

（节奏规整、旋律平稳、速度中等，与《辽阔的草原》截然相反）

——出示歌谱。跟钢琴学唱歌曲片段。提问：歌谱中是怎样体现歌曲的基本特点的？

【感知理解】学生反馈：装饰音少，有小节线，节奏简单规整，字多腔短等。

交流总结：短调：节奏紧凑，篇幅短小，旋律规整，字多腔短。

【归纳总结】与长调比较，短调常流行于半农半牧区，内容以情歌、九个、婚礼歌、叙事歌、摇篮曲为主。（出示幻灯片）：

蒙古族音乐的特点：长调——节奏自由，音域宽广，旋律舒展、字少腔长。

短调——节奏紧凑，篇幅短小，旋律规整，字多腔短。

设计意图：通过师生交流（综合体验和学习经验），总结出蒙古族长调与短调的不同之处，加深对它们的记忆和理解。

【知识拓展】

——聆听马头琴音乐片段

【聆听体验】A. 提问：在蒙古族最具魅力的和典型的乐器是什么呢？

（生：马头琴）

B. 它的音色是什么样的呢？

（生：悠扬、深沉、豪放……）

【激趣交流】A. 聊聊马头琴动人的故事，加深对其了解和记忆。

B. 由于受蒙古草原文化的影响，带有浓郁的草原气息，因此该乐器最适合表达蒙古人生活和情感的乐器。2008年，我国数十把马头琴在世界著名音乐王国维也纳之都金色大厅中首次登台亮相，以它独具的魅力，营造出万马奔腾的音响效果，震撼了在场的每一个观众。它让外国人更深刻的了解了中国最具魅力的乐器。为中国民族音乐走向国际化奠定了重要的基础。

——欣赏蒙古族舞蹈视频片段

【试听体验】观看视频，说一说蒙古族舞蹈的特点。

（生：奔放、骑马、绕肩、提手腕动作多，具有浓郁的草原气息）

【律动体验】教授学生几个典型动作（骑马、绕肩、提手腕等）

【综合体验】播放马头琴音乐的同时，跳一跳蒙古族舞蹈，感受身临其境的草原氛围。小结：蒙古族文化历史悠久，博大精深，仅靠以上短短的介绍是远远不够的，同学们有兴趣可以搜集相关的资料了解的更深刻一些。

设计意图：马头琴与蒙古族舞蹈是蒙古族社会生活重要的艺术载体，是蒙古族人民生活的一部分，拓展本部分内容有助于帮助学生加深认识蒙古族艺术的丰富特征和民族文化魅力。

（2）藏族音乐文化

【导入】

——开放性谈话：请同学们说一说对藏族的了解。

（学生从藏族地域环境、气候、服饰、饮食、音乐等方面进行自由反馈）

——出示藏族地方文化的相关图片（同时配上背景音乐《宗巴朗松》）

　　学生结合图片介绍相关文化——A. 布达拉宫——宏伟壮观,最大特点就是依山建造,也是藏族典型宫廷式建筑。B. 服饰首饰:服饰主要是单肩长袖,腰带较宽,因为高原昼夜温差较大,中午的时候温度较高,可以脱下外套,系在腰间,进行劳作。早晚温度转凉的时候,再将外套穿上。再看看衣服的颜色对比特别强烈,大多由亮色搭配而成,显得很精神。此外,藏族男女都喜欢佩戴首饰,看看他们的腰上,肩上,耳朵上,都戴有当地特有的装饰,尤其是男挎长剑,女挎腰刀,显得粗犷彪美。C. 饮品:看看图片上的藏族人民在倒些什么? 对了"酒",这种酒的名字叫作"青稞酒",度数特别低,所以男女老少都适宜。(题外话:那么,同学们知道藏族人喜欢喝的茶是什么吗,"酥油茶",正如歌曲《天路》中唱到的……踏上神奇的青藏铁路,来到美丽的西藏,那里的人们会用最好的青稞酒和酥油茶招待您,可想而知,青稞酒与酥油茶是他们待客重要的招待饮品。)唱酒歌也是藏族酒文化的一大特点,当与客人对饮时,不唱上一曲酒歌,对方有可能拒绝与您对饮。所以,唱酒歌已经成为藏族人民生活的重要文化。它的歌词根据当时的气氛,以即兴创作为主,内容多以赞颂、祝福为主。D. 献哈达:同学们看看他们在干什么呢? 献哈达是藏族最高的礼仪,表示对客人热烈的欢迎和诚挚的敬意。哈达的长宽和我们的围巾差不多,颜色多为白色,五彩哈达多用在最隆重的仪式上。

　　设计意图:学生对藏族传统文化有了初步印象之后,对音乐文化学习起到促进作用。

　　【藏族音乐】

　　——导入:同学们熟悉的藏族民歌有哪些?

　　(天路、青藏高原等,教师范唱几句)

　　——这些藏族民歌给你什么样的印象?

　　【聆听反馈】引导学生从情绪风格角度回答(高亢、舒展、悠长、山歌风)

　　【感知体验】欣赏藏族歌曲《宗巴朗松》。

　　A. 思考:《宗巴朗松》与《天路》《青藏高原》有何异同?

　　B. 唱腔怎么样? 为什么形成这样的唱腔?(师生交流)

　　C. 出示歌谱,跟琴哼唱歌曲主体部分,体会歌曲的风格特点。

　　交流反馈:《宗巴朗松》嘹亮、舒展、典雅、明朗,旋律相对平稳。

　　《天路》《青藏高原》高亢、旋律舒展悠长、山歌风。

　　唱腔:因为处在高原,它们的唱腔高亢、声音较扁(绵羊音)。

　　设计意图:通过对比欣赏,让学生感受藏族民歌的多种音乐特色。

　　【探究理解】A. 简介藏族音乐:可分为寺庙音乐、宫廷音乐、民间音乐;提问:歌曲《宗巴朗松》从感官上,你觉得属于哪一类? 说说自己的看法。

B. 师生交流得出答案。（宫廷音乐）

C. 简介《宗巴朗松》与"囊玛"音调。"囊玛"音调是藏族歌舞中非常重要的形式，通常称为宫廷歌舞。旋律优美动听，速度徐缓从容，音调悠长典雅，节奏平稳舒展。这首歌曲的主音落在 f 上。

【归纳总结】藏族民歌特点：节奏自由，旋律快扬稳降起伏大，音域宽广等。

【知识拓展】藏族乐器扎木年（丝线制作琴弦）。

——导入：同学们可能会质疑，用丝线能演奏出美妙的音乐吗？不相信，你们听听，在不久前央视春节晚会中表演的一段扎木年歌舞。

——课件播放视频，交流听完感受。

（3）维吾尔族民歌《牡丹汗》

——聆听歌曲《牡丹汗》，提问：听完感受？新疆民歌的特点？

【聆听反馈】A. 结合情绪、节奏、旋律、唱腔、伴奏乐器等进行交流。

B. 音调明朗、奔放、感情充沛，风格浓郁，特色鲜明。

——简介歌曲《牡丹汗》，爱情歌曲，它的场次是对女性恋人的深情赞美，充满哲理，气势宏大，反映了维吾尔族人开阔博大的胸怀，正词四句，衬词4句，篇幅大大扩充，富有变化。音调明朗、奔放、感情充沛，风格浓郁，特色鲜明，体现了维吾尔族人的精神气质和特殊个性。

3. 学习评价与总结

（1）听听音乐片段，它们分别属于蒙古族长调还是短调？说说理由。

曲名	长调或短调
《黑缎子坎肩》	短调
《牧歌》	长调
《嘎达梅林》	短调
《富饶辽阔的阿拉善》	长调

（2）听一听，辩一辩，它们属于哪个民族的歌曲？说说你的理由。（达坂城的姑娘、北京的金山上、赞歌等）。

曲名	所属民族
《达坂城的姑娘》	维吾尔族
《北京的金山上》	藏族
《赞歌》	蒙古族

（3）从音乐要素、地域环境、人文风俗等方面总结藏族、蒙古族、维吾尔族音乐的特点。

（4）教师总结：中国是一个多民族统一的国家，每个少数民族音乐都有其独具的特点和魅力，它反映了不同民族的人文、地理、生活等，课后请同学们多听多了解，获得更多的少数民族音乐知识，做一个热爱民族音乐的好青年。下课。

七、教学反思

这节课，从学生熟悉的几个少数民族的音乐入手，结合地域元素，加深文化了解，通过聆听、演唱、联想等方式对音乐进行感性认识，引导学生运用旋律、节奏、速度、和声等音乐要素对音乐进行理性分析，提高学生的音乐感受力与鉴赏力，从形象的地方生活文化到抽象的音乐文化再到具体的音乐特征，领略了不同少数民族的音乐风格及特点。教学环环紧扣，深入浅出，层层递进，效果良好。但是，由于课的容量较大，对风俗文化知识的介绍应再紧凑些，时间的把握上要更得体。

第五节　《技术图样——正投影与三视图》的教学设计①

一、教材分析

苏教版"技术与设计1"第六章《设计图样的绘制》侧重于培养学生识读技术图样的能力。这种能力的培养对于学生的生活甚至今后的工作有重要意义。三视图是最常见的技术图样之一，许多工程图如机械加工图等多用三视图的形式来表达。因此，识读三视图是识读一般的机械加工图的基础；识读简单组合体的三视图是识读一般机械加工图的起点或平台。

其次，"识读三视图"教学涉及本章的绘制草图、正等轴测图和第七章的模型制作、工艺等教学内容，通过"识读三视图"教学可以使前后章的联系更加的紧密。既能培养学生识读一般机械加工图的能力，又能增强学生知识的综合运用能力和动手操作能力。

故本节课的教学内容选择为"识读三视图（识读简单组合体的三视图）"，也

___

① 本教学设计由张嵩撰写，本教学设计获江苏省优课评比设计一等奖。张嵩，中学一级教师，淮安市"553"技术骨干人才，获省优课评比一等奖1次，获淮安市基本功大赛一等奖1次，淮安市优课评比二等奖1次，获清江浦区优课评比一等奖多次。

是对第六、七章教学内容进行重排的课时之一。

二、教学目标

1. 知识与技能目标

（1）了解一般技术图样所采用的投影方法。

（2）掌握正投影法方法、特性及三视图成图原理和规律。

（3）理解并掌握三视图的投影规律——"长对正、高平齐、宽相等"。

2. 过程与方法目标

（1）能绘制（识读）简单的三视图。

（2）学会规范作图的方法和技能。

3. 情感态度和价值观目标

（1）认识到三视图的绘制和识读在设计、交流与表达中的重要性，并在实践过程中逐步养成严谨、细致、规范的技术行为习惯。

（2）形成科学的空间三维思维方式，养成一丝不苟的态度。

三、教学重点与难点

1. 教学重点

（1）三视图成图原理和规律；

（2）简单的三视图的绘制（识读）。

2. 教学难点

能规范绘制和识读简单的三视图。

四、教学思路

1. 设计理念

本节目标是在介绍技术图样表达手法的同时培养学生空间想象能力，所以要充分利用模型、动画等多种方式加以引导，并通过物体与图样之间转换的反复训练达到教学效果。

2. 教学策略设计

采用由简单实物三视图的画法入手，由简至繁，循序渐进，训练学生基本绘图能力；采用自学学习与教师讲授相结合；案例解说与实践练习相结合的教学方法。

3. 学情分析

学生已学过立体几何,有了一定的空间想象力和形体的表达能力,通过对三视图形成的讲解,让学生能够在平面的三视图与实物的立体图之间自由的转换,并且能够表达出来。

五、教学准备

1. 教学资源的准备

多媒体教学设备、教学课件 PPT、自制教具等。

2. 教学课件的准备

教学课件要充分利用 Flash 动画等多种方式加以引导,突破难点。

六、教学过程

引入新课:

有许多同学可能都注意过这样一个生活现象:同一个人或同一棵树在同一天的不同时间里投射到地上的影子的长度、大小是不一样的。为什么会出现这种现象? 到底什么样的影子才能如实反映一个人或一棵树的大小呢? 学习了今天的"正投影与三视图"后,你就会找到答案。

新课教学:

(一) 投影的基本知识(教师利用 PPT 图片讲解)

点的投影、线的投影、面的投影:

过空间点做投影面的垂线,垂足就是点的投影。

连接相应的点的投影,就是线和平面图形的投影。

投影的种类

中心投影法:投影线相交于一点;

平行投影法:投影线互相平行。

① 斜投影:投影线与投影面不垂直。

② 正投影:投影线与投影面垂直。

在绘制图样时,一般采用正投影法。

【目标引领】

为什么要用三视图?

(1) 正等轴测图不能如实地反映物体的内部结构。

(2) 在许多情况下,只用一个投影不加任何注解,是不能完整清晰地表达和确定形体的形状和结构的。如下图所示,三个形体在同一个方向的投影完全相同,但三个形体的空间结构却不相同。可见只用一个方向的投影来表达形体形状是不行的。一般必须将形体向几个方向投影,才能完整清晰地表达出形体的形状和结构。

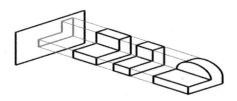

设计意图:学生对投影有一个直接的感知,初步了解正投影。通过创设情境、播放视频,引起学生学习兴趣。讲授"投影法"的目的,让学生更能体会投影法和影子的区别。"问题驱动"让学生参与学习、主动学习,让学生知道为什么要用三视图,为下面的内容作铺垫。

【教师点拨】

(二)三视图及其画法

1. 什么是三视图?

一般我们采用三个互相垂直相交的投影面建立一个三投影面体系,再采用正投影法将物体同时向三个投影面投影,所得的图形合称为三视图(出示实物模型)。

2. 认识三视图:三面投影体系的建立与名称

我们对体系采用以下的名称和标记:正对着我们的正立投影面称为正面,用 V 标记(也称 V 面);水平位置的投影面称为水平面,用 H 标记(也称 H 面);右边的侧立投影面称为侧面,用 W 标记(也称 W 面)。投影面与投影面的交线称为投影轴,分别以 OX、OY、OZ 标记。三根投影轴的交点 O 叫原点。

(1)正面投影面 V:物体由前向后投影所得的图形,反映物体的长和高,通常反映物体的主要形状特征。

(2)水平投影面 H:物体由上向下投影所得的图形,反映物体的长和宽。

(3)侧面投影面 W:物体由左向右投影所得的图形,反映物体的高和宽。

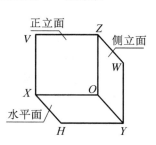

3. 三视图的形成

如下图所示,首先将形体放置在我们前面建立的 V、H、W 三投影面体系中,然后分别向三个投影面作正投影。

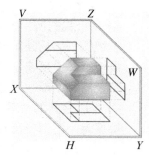

形体在三投影面体系中的摆放位置应注意以下两点：

（1）应使形体的多数表面（或主要表面）平行或垂直于投影面（即形体正放）。

（2）形体在三投影面体系中的位置一经选定，在投影过程中是不能移动或变更，直到所有投影都进行完毕。

这样规定的目的主要是为了绘图读图方便和研究问题的方便。

在三个投影面上作出形体的投影后，为了作图和表示的方便，将空间三个投影面展开摊平在一个平面上。其规定展开方法是，如下图所示：

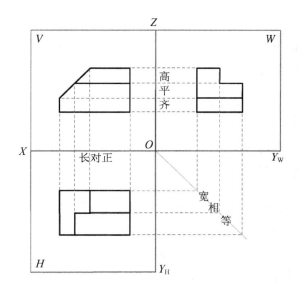

V 面保持不动，将 H 面和 W 面按图中箭头所指，方向分别绕 OX 和 OY 轴旋转 90°，使 H 面和 W 面均与 V 面处于同一平面内，于是将三个图放到了同一张图纸上，即三视图的展开图。

4. 三视图的投影规律

从前面的例子中可以看出：三视图之间、形体和三视图之间存在着下列投影规律。

（1）三视图间的位置关系

俯视图在主视图的正下方，左视图在主视图的正右方。

（2）视图之间的对应关系归纳如下：

① 每个视图所反映的形体尺寸情况；

主视图——反映了形体上下方向的高度尺寸和左右方向的长度尺寸；

俯视图——反映了形体左右方向的长度尺寸和前后方向的宽度尺寸；

左视图——反映了形体上下方向的高度尺寸和前后方向的宽度尺寸。

② 视图之间的关系

根据每个视图所反映的形体的尺寸情况及投影关系，有：

主、俯视图中相应投影（整体或局部）的长度相等，并且对正；

主、左视图中相应投影（整体或局部）的高度相等，并且平齐；

俯、左视图中相应投影（整体或局部）的宽度相等。

这就是我们今后画图或看图中要时刻遵循的"长对正，高平齐，宽相等"规律，需要牢固掌握。

【自主学习】

活动一：根据实物简单画三视图

小结：① 只有在主视图投影方向确定的情况下，物体的三视图才是确定的。

② 三视图中所要可见的轮廓线用实线表示，不可见轮廓用虚线表示。

（3）形体与视图的方位关系

任何形体在空间都具有上、下、左、右、前、后六个方位，形体在空间的六个方位和三视图所反映形体的方位如下所示

主视图——反映了形体的上、下和左、右方位关系；

俯视图——反映了形体的左、右和前、后方位关系；

左视图——反映了形体的上、下和前、后位置关系。

比较形体与视图。

设计意图：通过展开三投影面，使学生大致了解三视图在一个平面上的位置，通过简单的绘制三视图让学生初步掌握三视图的画法，并从中找出绘制过程中的不足，为下面的教学作铺垫。有助于学生学习方式的变革和动作技能的学习和发展。

【合作探究】

活动二：根据三视图"搭建"实物模型

请两组同学上来比一比谁搭建的快。

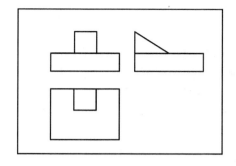

【精讲点拨】

5. 三视图的绘制步骤

① 结构分析（分析物体的基本形体组成及其形状、大小、位置关系）；

② 确定主视图（反映物体的主要形状特征）；

③ 根据模型尺寸，选择合适的绘图比例；

④ 先用铅笔画对称轴线，再用铅笔画底图，最后用铅笔勾出轮廓线。（轮廓线与底线粗细比例为2:1）；

⑤ 擦去辅助线。

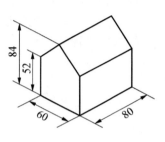

【总结反馈】

活动三:绘制三视图——根据所给的形体和主视图画出左视图并补齐俯视图。

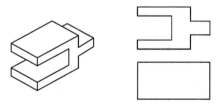

注意步骤:先画出 45°线,再进行高平齐、宽相等,最后把轮廓线描浓。

（以下活动学生在草稿纸上练习,画好后教师分析点评。）

设计意图:初步选择比较简单的形体,进行三视图的绘制。理解三视图各个视图表示的方位。在学会画简单的形体的三视图后,学会观察组合体,根据绘图步骤和三等关系画出三视图。有助于学生以问题解决能力为核心的思维能力的提升,形成一定的图样表达能力。

七、教学反思

在教学实验中,总会出现各种问题,比如我原本的设计是让学生根据所发的黏土分组制作模型,然后根据模型画出相应的三视图。但发现学生拿到黏土时无法抑制自己的情绪,在课堂上捏出了各种形状,虽然也能够调动他们的积极性,但是大大超过了活动的时间,没有完成课程所设定的目标。所以后来,想用一种可以让学生动手,而又不会太过于散漫的课堂,我选择了积木。积木,只是用来堆积,花的时间较少,有更多的时间花在绘制三视图上,也实现了绘制三视图的目标。

在讲授的过程当中,我改变了先讲知识点,再实践的教学模式,采用了"任务驱动"的模式设置了一系列的任务,引领学生用图样形式对意念中或客观存在的技术对象进行可视化的描述和交流,培养学生的图样表达能力,最终达成了本节课的教学目标。

参考文献

[1] 陈敏. 思维导图及其在英语教学中的应用[J]. 外语电化教学. 2005(1).

[2] 陈爱萍. "思维导图"应用于"物理解题"的探究[J]. 新高考:升学考试,2015(8).

[3] 方创琳. 论生态教育[J]. 中国教育学刊,1993(5).

[4] 董建奎. 矫正错解的策略[J]. 中学数学月刊,2016(5).

[5] 高涵,周明星. 关于教育生态学学科发展的思考[J]. 教育研究与实验,2014(4).

[6] 高淮微,樊美筠. 建设性后现代生态教育:问题与路向[J]. 自然辩证法研究,2015(5).

[7] 郭珊. 以诗育心,是为诗教[N]. 南方日报,2010-04-28.

[8] 黄成夫. Jigsaw 模式在英语阅读教学中的应用研究[J]. 鸡西大学学报,2008(2).

[9] 黄娟,傅霖. 切块拼接法(Jigsaw):一种行之有效的协作学习方式[J]. 电化教育研究,2010(5).

[10] 黄惠暄. 顺"错"思"措":小学数学解题错误矫正策略[J]. 福建教育学院学报,2015(11).

[11] 何茜. 美学取向课程探究[D]. 西南大学,2014.

[12] 江家华. 试论以"诗教"培育青年学子的人文素养[J]. 淮阴师范学院学报(自然科学版),2010(5).

[13] 江已舒. 错误也是一种课程资源[J]. 化学教与学,2016(10).

[14] 龚丽娟. 从生态教育到生态美育——生态审美者的培养路径[J]. 社会科学家,2011(7).

[15] 郭丽君,陈中. 试析教育生态学的学科定位[J]. 现代大学教育,2016(2).

[16] 李海龙,邓敏杰,梁存良. 基于任务的翻转课堂教学模式设计与应用[J]. 现代教育技术,2013(9).

[17] 李绯,王雁. 特殊教育生态课程:内涵、依据及其建构[J]. 现代特殊教育,2016(6).

[18] 蔺素珍,李宏艳. 协作学习中的激励机制研究[J]. 教育理论与实践,2010(24).

[19] 刘贵华,岳伟. 论教育在生态文明建设中的基础作用[J]. 教育研究,2013(12).

[20] 刘贵华,朱小蔓. 试论生态学对于教育研究的适切性[J]. 教育研究,2007(7).

[21] 刘伟,张万红. 从"环境教育"到"生态教育"的演进[J]. 煤炭高等教育,2007(6).

［22］马歆静.生态化与可持续发展——现代教育发展的必然［J］.教育理论与实践，1998(5).

［23］马萌.新型演示软件 Prezi 介绍及其教学应用［J］.现代教育技术，2011(3).

［24］王加强，范国睿.教育生态分析：教育生态研究方式初探［J］.教育理论与实践，2008(19).

［25］万星星.巧用化学课堂"错误"资源，生成学生智慧［J］.求知导刊，2016(1).

［26］文晶晶.中学生态课堂教学研究［D］.湖南农业大学，2016.

［27］温远光.世界生态教育趋势与中国生态教育理念［J］.高教论坛，2004(2).

［28］吴波.浅谈如何培养学生对音乐的兴趣［J］.剑南文学：经典教苑，2012(3).

［29］吴小春，张伟宁，温立国，脱琳琳.绿色生态校园建设探究［J］.教育实践与研究(B)，2016(10).

［30］邢永富.世界教育的生态化趋势与中国教育的战略选择［J］.北京师范大学学报(社会科学版)，1997(4).

［31］肖磊.用先进的办学理念引领学校发展［J］.科学咨询(科技·管理)，2017(1).

［32］徐湘荷.生态教育思想研究［D］.山东师范大学，2012.

［33］孙芙蓉.生态教育与生态文明建设［N］.光明日报，2012-06-23.

［34］杨克涛，陈敬佑.生态文明理念下的生态教育探析［J］.经济与社会发展，2010(10).

［35］阴祖宝.困境与超越：生态课程的意蕴及建构［J］.重庆电子工程职业学院学报，2013(1).

［36］余治平."生态"概念的存在论诠释［J］.江海学刊，2005(6).

［37］余志亮.巧妙引导，让学生发现高中数学之美［J］.求知导刊，2015(21).

［38］姚冬梅，王少蓉.生态校园建设的思考与实践［J］.科教导刊(上旬刊)，2010(9).

［39］姚军.浅谈博客写作对中学作文教学的辅助作用［J］.西北成人教育学院学报，2008(5).

［40］郑勇.论柔性管理在现代学校管理中的应用［J］.教育探索，2004(5).

［41］钟志贤.建构主义学习理论与教学设计［J］.电化教育研究，2006(5).

［42］张小亚.试论教育公平在中小学课堂教学中的实现［J］.江苏教育研究，2006(11).

［43］张晓黎.论生态教育思想的基本原则［J］.嘉兴学院学报，2002(4).

［44］张汉玉，钱冬明，任友群.推进电子书包教学应用：教师接受度的实证研究［J］.电化教育研究，2015(10).

［45］保罗·布伯，陈伟功.培育为生态文明服务的公民［J］.深圳大学学报(人文社会科学版)，2014(4).

［46］范国睿.教育生态学［M］.北京：人民出版社，2000.

［47］顾明远.教育大辞典［Z］.上海：上海教育出版社，1998.

［48］黄承梁.生态文明简明知识读本［M］.北京：中国环境科学出版社，2010.

［49］李聪明.教育生态学导论——教育问题的生态学思考［M］.台北：台湾学生书局，1989.

［50］李光对.生态的教育与教育的生态［N］.光明日报，2016-02-16(14).

［51］李培超.自然的伦理尊严［M］.南昌：江西人民出版社，2001.

［52］欧阳志远.生态化——第三次产业革命的实质与方向［M］.北京：中国人民大学出版社，1994.

［53］皮连生.教学设计——心理学的理论与技术［M］.北京.高等教育出版社，2002.

［54］吴鼎福.教育生态学［M］.南京：江苏教育出版社，2000.

［55］余谋昌.生态文明论［M］.北京：中央编译出版社，2010.

［56］郑师章.普通生态学——原理、方法和应用［M］.上海：复旦大学出版社，1994.

［57］谢幼如，何清超，尹睿.教学设计原理与方法［M］.北京：高等教育出版社，2016.

［58］［美］菲利普·库姆斯.世界教育危机［M］.赵宝恒，李环等译.北京：人民教育出版社，2001.

［59］［美］劳伦斯·克雷明.公共教育［M］.宇文利译.北京：中国人民大学出版社，2016.

［60］Fien, J. Advancing sustainability in higher education：issues and opportunities for research［J］. Higher Education Policy, 2002(15)：143-152.

［61］Theobald Paul & Nachtigal Paul. Culture, Community, and the Promise of Rural Education［J］. Phi Delta Kappan, 1995, 77(2)：25.

［62］Chery Glotfolty & Harold Formm. The Ecocriticism Reader：Landmark in Ecology［M］. Georgia：the University of Georgia Press, 1996.

［63］David Orr. Earth in Mind：On Education, Environment, and the Human Prospect［M］. Washington, DC：Island Press, 2004.

［64］Pivnick, J. Against the Current：Ecological Education in a Modern World［D］. Canada：University of Calgary, 2001.

序二　　萧兵

　　江苏省清浦中学提倡《生态教育》并且研究，这是一件带有创新性、引领性、变革性的大好事。

　　现代"生态"观念，似乎是从国外学来的。但是，中国早就有《生态》思想的珍贵萌芽。先秦时期，人与自然关系的观念与实践，主流是《天人以和》。它虽然还承认天有意志人格与，但更强调自然的意志（或"天命"）必须通过人的行为来实现。天视自我民视，天听自我民听。"皇天无私阿兮，览民德兮错辅。"（屈原《离骚》）"天人以和"，初步认知天人将通过对立面的斗争走向和谐，是《和而不同》，而不是《同而不和》。这是孔夫子的意思。但前此的史伯就指出："和实生物，同则不继。"（《国语·郑语》）"和"就是不同或对立的事物冲突而后和合，就像有男女而后有夫妇，有夫妇而后有父子，有人类。如果没有男女之异，这和就不能"生物"逸对的"同"，就是"离增到最大值"，人类与世界全都"不继"了。所以要保证自然的多样性，生态的和谐性，"以他平他谓之和。"（引同上）这个"平"不是平定而是"平衡"，如汉·韦昭注所说，"谓阴阳相生，异味相和"，是积极的平衡，这应该成为现代生态观念、生态教育的中国话语，中国背景。动态的平衡。

萧兵序1

孔子的一大贡献，是把"仁"独立与突出起来，并且使之系统化。"仁"已见于殷商的甲骨刻辞，是"人二"与"二人"的意思。"人是社会关系的总和。"二人以上就构成"关系"触及"社会"。但"仁"又不限于人与人，还顾到人与自然，即"天人关系"。"子在川上曰：'逝者如斯夫！'"敬畏自然、赞美自然、热爱自然。还有纲领性的行动：

子钓而不纲，弋不射宿。（《论语·述而》）

简单说，就是钓鱼而不用"排钩"的办法（"纲"或作"綱"，指在横流处堵不可一网打尽），射鸟不射归巢的鸟。可谓泽施万物，仁及宇宙。也引出了一系列保护生态与生物，多样性的办法。如《礼记·月令篇》以正月的措施为例："禁止伐木，毋覆巢，毋杀孩虫、胎夭飞鸟，毋麛毋卵。"（汉·郑玄说是"为伤萌幼之类"）真是民胞物与，仁至义尽。

还有个故事说，鲁宣公在泗水之渊滥捕鱼，里革把他的渔网砍断，丢掉。讲了一大段尊重自然规律、季节变化，万物动态的重要性，护幼养生，"蕃庶物也，古之训也"。鲁宣公接受劝诫，把断网保藏起来，引以为戒。乐师师存认为，这样还不够，提出："藏罟（网）不如置（倡导生态保护的）里革于侧之不忘也。"（《国语·鲁语》）这样的好事好人真应该纳为文化自信和生态教育的内容。

萧兵序2

生态教育当然要基于人的全面发展。上古儒家"六艺"，"礼"（德育）乐（美育）/射/御（体育）/书/数（智育）"，四育兼具而统一于：   的以德育为首成人、做人、为人的教育，这很了不起，但还有缺失。所以，现在的 提法是"德智体美劳"，五育并举。先秦儒家对"劳"的看法与说法都不全面，（尤其"劳力"）在人的理解更成问题，以致养成了一批四体不勤、五谷不分的庸才或者饭桶。樊迟希望学种庄稼，孔子说："吾不如老农。"又说要学种菜。孔子更生气："吾不如老圃。"老先生的本意也许是，人的"分工"不同，业有专精，儒家的君子应该学习齐家治国平天下的大事，"劳心者治人，劳力者治于人"，不应该醉心于琐屑之类小事，"农艺"和体力劳动全都给漠视乃至放弃了。这是传统教育的致命伤。

我们从前对"劳"的理解也很片面，以为"劳"只是"劳力"，连马克思说的"简单劳动/复杂劳动"的区别与联系都不顾了。物极必反吧？现在很多人以为"劳"只是技术操作，不明白其与"劳力"、与基础研究的关系。现代生态教育必须是主德、立人、立艺的"全面发展"和"可持续发展"的教育。普通教育必须跟职业教育结合起来，还是要提倡"干一行爱一行"，"行行出状元"。南湖中学与淮阴师范学院合作探讨并实验"生态教育"，又揪着专题"劳"然可能会有些混乱或偏颇，但其建树之巨，实行之力，决心之大，都是值得称道的。

萧兵 2019年5月8日

萧兵序3

中国当代著名作家、学者、文化部原部长、中国作家协会名誉主席王蒙先生为清浦中学题词